Beck'scheReihe

Länder
BsR 873

Unser Nachbarland Tschechien hat gute Aussichten, demnächst auch Mitglied der Europäischen Union zu werden. Die Hauptstadt Prag wirkt wie ein Magnet auf unzählige Touristen, aber kennen sie auch das Land, das im Herzen Europas liegt und aufs engste mit der deutschen und österreichischen Geschichte verknüpft ist? Josef Schwejk und das Pilsener sind fast jedem ein Begriff, aber wer kennt schon die heutigen Biotope „des" Tschechen, wer die jüngste Wirtschaftsentwicklung, die Probleme im Umweltschutz oder wer weiß noch über die Charta 77 Bescheid? Burgerstein vermittelt das nötige Basiswissen – und augenzwinkernd noch einiges mehr – über Tschechien und die Tschechen.

Jiří Burgerstein, geb. 1955, studierte Slavische Philologie, Germanistik und Kommunikationswissenschaften in Göttingen und unterrichtet derzeit an der Universität Pilsen (ČR).

Jiří Burgerstein

Tschechien

Verlag C. H. Beck

Mit 22 Abbildungen und 2 Karten

*Ein großer Dank gebührt meiner deutschen Frau,
die mir und der gesamten Tschechischen Republik gegenüber
eine unendliche Geduld bewiesen hat.*

Die Deutsche Bibliothek – CIP-Einheitsaufnahme

Burgerstein, Jiří:
Tschechien / Jiří Burgerstein. – Orig.-Ausg. – München :
Beck, 1998
  (Beck'sche Reihe ; 873 : Länder)
  ISBN 3 406 39873 1

Originalausgabe
ISBN 3 406 39873 1

Umschlagentwurf von Uwe Göbel, München
Umschlagbilder: Seite 1: Brücke über die Otava in Písek,
© Tschechisches Fremdenverkehrsamt, Prag;
Seite 2: Havel und Dubček im Januar 1990 vor dem Parlament in
Prag. – Foto: Süddeutscher Verlag; Seite 3: Übermalte Straßenschilder
in Prag 1968 – Foto: Süddeutscher Verlag
© C. H. Beck'sche Verlagsbuchhandlung (Oscar Beck), München 1998
Gesamtherstellung: C. H. Beck'sche Buchdruckerei, Nördlingen
Gedruckt auf säurefreiem, alterungsbeständigem Papier
(hergestellt aus chlorfrei gebleichtem Zellstoff)
Printed in Germany

INHALT

ANHANG

DES NACHBARN NEUE KLEIDER?

Es war früh am Morgen, der 17. November 1989. Ein regnerischer Tag. Ohne großes Getöse hat sich das Proletariat von seiner historischen Führungsrolle verabschiedet. „Was ist geschehen?", fragten sich die Tschechen und schauten aus dem Fenster. Und da sahen sie ihn, den Wenzel und seine Ritter.

Eine bekannte Geschichte der tschechischen Mythologie ist Wirklichkeit geworden. Sie besagt, daß, wenn es dem tschechischen Volke am schlimmsten ergeht, der Heilige Wenzel an der Spitze seiner Ritter dem Lande zur Hilfe komme. Der Wenzel (Václav) weilt dieser Legende nach mit seinen Rittern an einem strategisch sicheren Ort, nämlich im Inneren des Berges „Blaník" und schläft dort. Der Blaník befindet sich ungefähr einen Tagesritt südöstlich von Prag und ist nicht mit „Bráník" zu verwechseln. Bráník ist ein Prager Vorort, vor allem durch seine Brauerei bekannt.

Als das Volk an jenem besagten Morgen aus den unruhigen Träumen erwachte, fand es sich von der verwünschten Diktatur befreit. So stand es da, eine Mischung aus „nackt wie ein Küken" und „Alice im Wunderland". Vorbei die Tage, in denen das Fachblatt der Kommunisten, die Parteizeitung „Rudé Právo" (Rotes Recht) mühelos jede Blöße bedecken konnte. Die altbekannte Frage zwang sich auf: „Was tun?" Einen Nachbarn zu Rate ziehen? Mit jedem Nachbarn gab es irgendwann schon mal Querelen. Sich einem anderen Mächtigen anvertrauen? Alles schon mal daneben gegangen. Erfahrungen der Vergangenheit nutzen und dieses oder jenes Requisit der glorreichen Vergangenheit behalten? Von allem ein bißchen.

Nun sind einige Jahre ins Land gegangen und die Tschechen haben Ibiza gesehen („naja"), Italien bereist („zu laut") und Florida besucht („zu heiß"). Den Vidoerecorder haben sie natürlich auch schon längst gekauft. Dann kam die Ernüchterung. Oder gar eine leise Enttäuschung? Nicht nur in die Stammkneipen von Bráník kehrten Sätze wie „Die da oben

machen sowieso, was sie wollen" zurück. An manchen Stamm-
tischen findet man die Ankunft der Ritter aus dem Berge
Blaník gar zu voreilig: „So schlecht ist es uns auch wieder
nicht gegangen." Die samtenen Revolutionäre von einst zogen
sich größtenteils zurück, wurden von Machern abgelöst oder
mutierten zu Berufspolitikern. Die Ergebnisse der letzten
Wahl bescherten den kommunistischen Schergen satte 10%
Stimmen. Das Gerichtswesen ist überlastet, die Cafés voll von
Touristen. Das berühmte Literaten-Café „Slavia" war sogar
jahrelang geschlossen. Die tschechische Wirtschaft ist nach
wie vor ein in der übrigen Welt bestauntes Phänomen: Der
Tscheche gibt wie eh und je mehr aus, als er verdient.

Und der Wenzel? Er beobachtet die Wechseljahre des Volkes
und mahnt. Trotz alledem gehört er zu den beliebtesten Politikern des Landes. Die meisten Tschechen sprechen ihm ihr
volles Vertrauen aus. Denn sogar im Gegensatz zu manchem
westlichen Nachbarn spricht es sich langsam herum: nur mit
der Marktwirtschaft ist es nicht getan. Der Zusammenbruch
des sozialistischen Systems ließ zerbrochene, wenn auch un-
geliebte Strukturen zurück und er hinterließ Menschen, die
mit dem Erbe der nahezu sechzig Jahre nationalsozialistischer,
dann kommunistischer Diktatur (1939–1989) zurechtkommen
müssen. Es sind Menschen, die die Freiheit nie kennengelernt
haben und die nun in einer von ihnen selbst geschaffenen
Demokratie zu leben beginnen. Da kann auch die modernste
Kaffeemaschine nicht viel helfen.

Deswegen gleich wieder ein neues Buch über Tschechien?
Ja. Aber kein Buch über seine Kultur- und Kunstgeschichte
oder Architektur, sondern über das Unbekannte in einem
bekannten Land. Ein Buch über das sanierungsbedürftige
Gemäuer unter der neuen Fassade, in dem die Wurzeln der
scheinbar unverständlichen Verhaltensweisen stecken und
Probleme lauern, vor denen die Tschechen selber nicht selten
nur die Schultern zucken.

Im Riesengebirge: Pantschefall und Elbgrund. –
Foto: Süddeutscher Verlag, Frank

Im Herzen Europas

Zur Geographie des Landes

Für Shakespeare lag Böhmen am Meer. Vielleicht kompensiert der geläufigste tschechische Gruß *Ahoi*! die Abwesenheit des Ozeans?

Das an Deutschland, Österreich, Polen und die Slowakei grenzende Land ist das Herz in der Mitte Europas. Laut Eigenwerbung befinden sich dort neben Tschechien zwar bereits das Saarland, die Schweiz, Elsaß-Lothringen, Luxemburg und sogar die Ukraine, und somit wird es in der Mitte zunehmend eng. Auch Städte wie Heilbronn, Krakau oder Duderstadt wähnen sich im Mittelpunkt, den Prag allein für sich beansprucht. Wie dem auch sei, „Herz Europas" zu sein ist zwar eine schöne Metapher, aber die Erfahrung lehrte, daß dies unter dem politischen Aspekt nicht immer günstig war.

Eine weitere Metapher spricht von der „Festung Böhmen", denn das ganze Land – Tschechien setzt sich aus Böhmen und Mähren zusammen, eine weitere Teilung ist zur Zeit nicht vorgesehen – ist nahezu vollständig von Bergen umgeben. Die Böhmisch-Mährische Höhe (Českomoravská vysočina, auch Tschechisch Sibirien genannt) trennt, wie der Name verrät, den böhmischen Löwen und den mährischen Adler voneinander, sowie das Biergemüt der Tschechen und den Wein-Esprit der Mährer. Auch die Grenze zwischen Mähren und der Slowakei verläuft entlang dem Javorníkgebirge, den Weißen und den südlichen Kleinen Karpaten. Gemeinsam mit den Österreichern erfreut sich Tschechien des südlichen Böhmerwaldes (Šumava, auf deutsch „die Rauschende"), einer romantisch verträumten Gegend, deren Unberührtheit mitten im zersiedelten Europa überrascht. Sie ist die Folge weitläufiger Militärsperrzonen, in denen man unter den erstaunten Blicken der Rehe, Störche und Füchse mit geschulterter Kalaschnikow den Kapitalisten die Stirn bot. Heute tragen Ökonomen und Ökologen den Kampf aus. Die ökologischen Nischen sollen

erhalten und dadurch der vorhandene Nationalpark erweitert werden.

Den weiter in nordwestlicher Richtung verlaufenden Böhmerwald teilt Tschechien mit den Bayern. Mit 1 378 Metern Höhe ist der Plechy der zweithöchste Berg Böhmens (der mährische Praděd, Altvater, erreicht 1492 m). Weiter, im Uhrzeigersinn, folgt der Oberpfälzer Wald (Český les), an dessen Ende die Heimat der Egerländer Musikanten, die Stadt Eger, liegt. Die Grenze der Republik bildet hier eine in Richtung Westeuropa schnuppernde Nase. Die Berge machen an diesem Ort einen Knick und verlaufen nun nordöstlich: das Erzgebirge (Krušné hory). Hier heißt es bezeichnenderweise nicht mehr Wald. Beim nächsten Knick geht es östlich weiter, das ist das Lausitzer Gebirge (Lužické hory). Erst hier endet die Grenze mit dem deutschsprachigen Raum, und die Grenze mit dem polnischen Nachbarn beginnt. Sie formt an dieser Stelle zwei neugierig aufgerichtete Ohren. Danach folgen das Isergebirge (Jizerské hory) und das Riesengebirge (Krkonoše).

Das Riesengebirge, die Heimat von Rübezahl (*Rýbrcoul* oder *Krakonoš*), hat seinen Namen nicht zu Unrecht. In dem beinahe 40 000 ha großen Nationalpark sind nicht nur recht steile Hügel zu finden, inmitten des Parks liegt auch die Schneekoppe (Sněžka), mit 1602 m der höchste Berg Tschechiens. Es lohnt sich, Skier mitzunehmen, das Riesengebirge ist nämlich „das" Skigebiet der Tschechen. Die besonderen klimatischen Bedingungen sorgen für einen fast subarktischen Charakter. Das Riesengebirge bleibt fünf bis sechs Monate im Jahr von Schnee bedeckt. Es ist das einzige Gebirge Tschechiens, in dem häufiger ernstzunehmende Lawinengefahr droht.

Eine andere Gefahr lauert in den Beskiden, hinter dem südöstlich verlaufenden Adlergebirge (Orlické hory) und dem Gesenke (Jeseníky), nach einem Schritt über die Mährische Pforte, zu deren Linken, Richtung Ostrau, die Oder entspringt. (Sie fließt ganze 136 km durch Mähren.) In den letzten Wintern sorgten in den Beskiden immer häufiger die aus Polen eingewanderten Wölfe für Aufregung. Ab und zu wurde auch ein Bär gesichtet. Wer nun für die hohe Anzahl der getöteten

Nové Město nad Metují (Neustadt an der Mettau)
im Vorland des Adlergebirges. –
Foto: Tschechisches Fremdenverkehrsamt, Prag

Schafe verantwortlich gemacht werden kann, ist unklar. Böse
Zungen behaupten, daß manches Schaf wohl eher von der
Versicherungsprämie gerissen worden ist. Nach 2 310 km
Landesgrenze endet der Rundgang an der hier verlaufenden
Grenze zur Slowakei. Die Wege der beiden Staaten trennten
sich zwar im Jahre 1993, doch noch 1997 gab es keinen de-
finitiven Grenzverlauf. Es wurde diskutiert, die 285 km lange
Grenze auf 251 km zu kürzen. Die beiden Länder wollten
dabei ein 425 ha großes Gebiet tauschen. Leute, die das Haus
in Tschechien haben und das Weideland in der Slowakei,
müßten dann nicht mehr das Futter für ihr Vieh „im Ausland" holen.

Die meisten Schwierigkeiten machte das kleine Dorf „U Sabotů". Es sollte an die Slowakei fallen, die meisten Bewohner jedoch wollten nach Tschechien. Das führte zu einem langen Hin und Her im tschechischen Parlament, bis man sich nach mehreren Verhandlungsjahren für eine angemessene finanzielle Entschädigung der Einwohner aussprach. Das Problem der Grenze zur Slowakei wurde im Sommer 1997 endlich vom Tisch geräumt – aber es fehlte nicht viel, und Tschechien hätte ein mährisches San Marino haben können.

Der Eiserne Vorhang

Der Terminus „antiimperialistischer Wall" bezeichnete im Gegensatz zu der Friedensgrenze mit den Bruderstaaten den von Winston Churchill so genannten Eisernen Vorhang. Beim Versuch, über diese Grenze in den Westen zu gelangen, wurden seit 1948 Hunderte von Leuten umgebracht. Die Flüchtlinge wurden meist erschossen, traten auf eine Mine oder wurden an Hochspannungszäunen getötet. Das Prager Amt für Dokumentation und Untersuchung der kommunistischen Verbrechen begann im Sommer 1996 mit der Untersuchung dieser Vorfälle. Ein Jahr später meldete es schon Erfolge: acht Strafermittlungsverfahren.

An dieser Grenze wurde oft ohne Vorwarnung geschossen. Den Wahnsinn bezeugen Leichen, an deren Körpern dreißig bis vierzig Einschüsse gezählt wurden. Die Durchlässigkeit des Vorhangs belegen gut dokumentierte Zahlen aus der Znaimer Gegend. Bis 1989 versuchten auf diesen 200 km, die von über zweitausend Soldaten bewacht wurden, mehr als achttausend Flüchtlinge ihr Glück. Nur 704 gelangten nach Österreich.

Während der Arbeiter- und Bauernstaat es nicht zustande-brachte, einen Bäckerladen vor dem Nachmittag mit frischen Backwaren zu versorgen, zeigte er an der Grenze bei der Verteidigung sozialistischer Errungenschaften einen ungeheuren Erfindungsgeist. Zum Repertoire gehörten neben Hochspannungszäunen, Tretminen und Hunden auch falsche, einige Kilometer vor der tatsächlichen Grenze befestigte Grenzstei-

ne. Dahinter wartete der Staatssicherheitsdienst, der gelegentlich sogar in James Bond-Manier deutsche und amerikanische Uniformen anlegte, um Flüchtende zu täuschen.

Betongrenze

Eine Reihe von 1935 gebauten Betonfestungen und Bunkern entlang der gesamten Grenze erinnert an das gespannte Verhältnis zum deutschen Nachbarn. Diese Verteidigungskette ist eine tschechoslowakische Variante der bekannten französischen Maginot-Linie. Die hier gelernte Bauweise wurde auch später bei den Plattenbausiedlungen mit Erfolg angewendet.

Von der leichtesten Variante eines Betonbunkers, der nur wenigen Schützen diente, gibt es ganze 6000 Stück. Auf einen Kilometer Verteidigungslinie wurde mit vier bis zwölf solcher Festungen gerechnet. Daneben standen 250 zweistöckige Monstren für die Infanterie, an den akut gefährdeten Stellen dann neun schwere „Römer", mit dicken Kanonen bestückte Verteidigungsanlagen. Zusammen mit den gegen die Preußen gebauten Festungen wie Theresienstadt, Josefov, Königgrätz oder Olmütz bilden sie sicherlich einen wenn auch traurigen, so doch sehenswerten Teil gemeinsamer Geschichte.

Der zum Grünstreifen entschärfte Eiserne Vorhang bleibt weiterhin problematisch. Sofern man schick angezogen und in einem guten Wagen die Grenze passiert, braucht man die Video- und Wärmebildkameras oder Nachtsichtgeräte nicht zu fürchten. Für Tausende von Flüchtlingen ist diese Grenze aber das ersehnte Tor zum Paradies der EU. Bei Nacht und Nebel wird sie auch von Schwarzarbeitern, Schmugglern, Drogen- und Mädchenhändlern überschritten. Aber auch andere Geschäfte erregen die Gemüter. Im ehemaligen „Niemandsland" ließen sich Hunderte von vietnamesischen Händlern, Duty-Free-Shops und sonstigen Geschäften mit aller Art Krimskrams nieder. Angesichts der Warenauswahl vom Abendbrot bis zum Zahnstocher und non-stop-Öffnungszeiten, fühlen sich die grenznahen langansässigen Geschäftsinhaber in Österreich und Deutschland existenzgefährdet.

Einem Besucher kommen heute die Grenzorte häufig noch unglaublich heruntergekommen vor. Manche Orte, die auf einer alten Karte noch verzeichnet sind, verödeten oder wurden mutwillig zerstört. Das hängt nicht unbedingt nur mit der stark ausgeprägten zentralistischen Verwaltungsstruktur des Landes zusammen. Die Bewohner der Grenzgebiete und deren Nachkommen sind größtenteils die zugewanderten Statisten jener Politik, die zum Ziel hatte, das Gebiet der Sudeten nach dem Zweiten Weltkrieg neu zu besiedeln. Diese entwurzelte Bevölkerung, darunter viele „Goldgräber", entwickelte erst mit der nächsten Generation einen Bezug zu der gewählten oder gar zugewiesenen Lokalität. Diese Besiedlungspolitik erklärt, warum gerade die Grenzgebiete einen so hohen Anteil an Roma haben. Sie wurden aus der Ostslowakei geholt, die umzugswillige Bevölkerung in Böhmen reichte einfach nicht aus.

Das Inland

Die schützende Bergkette gibt Böhmen die Form einer Raute, an deren rechter Seite Mähren klebt. Sie erstreckt sich zwischen 48°30' und 51° nördlicher Breite und 12° bis 19° östlicher Länge. Das ergibt 78 864 km^2 Fläche (ein Fünftel Deutschlands), bewohnt von 10,33 Millionen Einwohnern. 94,4 % davon sind Tschechen. Ein Olmützer oder Brünner würde zwar behaupten wollen, er sei ein Mährer, aber diese Beteuerung stößt bei der Statistik auf taube Ohren. Die Einwohnerzahl entspricht einer Bevölkerungsdichte von 131 Einwohnern je km^2. Die maximale Ausdehnung des Landes vom Westen nach Osten beträgt 493 km, vom Norden nach Süden 278 km.

Die Raute wird senkrecht, vom Süden in den Norden, von der im Böhmerwald entspringenden Vltava (Moldau) durchtrennt. Sie ist der längste Fluß Tschechiens (435,4 km). Die rauschende Moldau der Vergangenheit allerdings, so wie sie Bedřich Smetana in seiner Symphonie rühmt, mit ihrer Flößerei, ihren Furten und den romantischen Königskerzen an den steilen Ufern, gehört endgültig der Vergangenheit an. Der

Strom dieses von den Tschechen geliebten Flusses wird schon im Böhmerwald durch den Lippener Staudamm unterbrochen. Bis nach Prag wird die Moldau dann durch eine Reihe von Staudämmen zur Ruhe gezwungen.

Die Staudämme, deren größter der Orlicker Staudamm ist, eine Art „doppelter Speer", wurden zu der Zeit gebaut, als nicht die Vernunft, sondern die Größe als Zielsetzung galt. Der Volksmund behauptet, der See mußte entstehen, damit die spätere Geschichtsschreibung dem kommunistischen Widerstand gegen die Nazis auch eine Seeschlacht zuschreiben könne. Dafür wird hier der Fluß zu einem großen und attraktiven Badesee, der teilweise 40 m tief ist. Die hier lebenden Welse sind bis zu hundert Kilo schwer. Der Eindruck, man stehe am Ufer eines großen Flusses, täuscht aber. Die Moldau ist kein großer und wasserreicher Fluß. Würde das Orlicker E-Werk auf vollen Touren laufen müssen, kämen in wenigen Tagen die Kirchenspitzen der überfluteten Dörfer ans Tageslicht. Diese verschwundene Landschaft erlebt zur Zeit eine Renaissance in Bilder- und Fotoausstellungen und zahlreichen Artikeln. Es wird erneut diskutiert, ob die Landschaft durch diese Sakralbauten des Kommunismus gewonnen hat oder verschandelt wurde.

Im ganzen Land verstreut sind neben den kolossalen Staudämmen die Plattenbausiedlungen, die die meisten tschechischen Städte wie eine Zwangsjacke schnüren. Eine weitere Zierde sind die gigantischen Parteigebäude und sonstige landschaftsdominierende Monolithe. Der Abriß solcher Bauten ist zu teuer, die Kosten astronomisch hoch. Die meisten ereilt irgendwann sicherlich das Schicksal der gleichaltrigen Denkmäler. Gestern noch wurden sie in bester Tradition der römischen Kaiser im Streben nach Unsterblichkeit errichtet, heute werden sie von nostalgischen Ausländern gekauft, die jene historische Erfahrung missen. Allerdings gibt es noch genug von solch naiver Kunst. (Der steinerne Goethe übrigens kehrte nach Marienbad zurück). Eines der größten Denkmäler, das Abertonnen schwere Väterchen Stalin, wurde am 1. Mai 1955 in Prag enthüllt. Für das 14 000 Tonnen schwere und dreißig

Meter hohe Monument wurden 7 000 Kubikmeter Granit benötigt, 600 Arbeiter waren über 500 Tage mit dem Auftrag beschäftigt. Dieses Monument, vielleicht eine Art „zehnfacher Braeker", das hoch über Prag thronte, haben die Prager allerdings schon 1956, nach der berühmten Rede von Nikita Chruščëv beseitigt. Pikanterweise geschah es im Monat der tschechoslowakisch-sowjetischen Freundschaft. Das Denkmal war so monumental, daß man es nicht auf einmal sprengen konnte: Das Väterchen wurde mit Dynamitstangen Stück für Stück abgetragen.

Die südwestlichen Berge sind gleichzeitig ein Teil der europäischen Wasserscheide, und so enden alle Flüsse Böhmens in der Moldau, der Elbe (Labe, 357 km) und dann in der geplagten Nordsee. Sollte daher in die Eger (Ohře), die Beraun (Berounka), Wotau (Otava), Luschnitz (Lužice), Sazawa (Sázava) oder die Iser (Jizera) Flaschenpost geworfen werden, gelangt sie unweigerlich in die Elbe. Später kann sie aus dem mitgeführten Dreck von den Landungsbrücken in Hamburg herausgefischt werden.

„Hamburg an der Moldau"

Während die Moldau am Zusammenfluß mit der Elbe eine Gesamtlänge von 435,4 km und eine durchschnittliche Durchflußmenge von 153 Kubikmetern pro Sekunde aufweist, ist die Elbe an dieser Stelle um ganze 200 km kürzer und führt im Schnitt nur 99 Kubikmeter Wasser pro Sekunde mit. Da nach der gängigen Praxis jeweils der größere, mündungsfernste Fluß für die Namensgebung sorgt, müßte Hamburg eigentlich an der Moldau, nicht an der Elbe liegen.

Apropos Hamburg: diese Stadt ist der wichtigste „tschechische" Hafen. In Hamburg wird die Ware aus Übersee umgeladen und tuckert stromaufwärts. (Die Tschechen litten nicht unter dem bekannten Bananentrauma der Brüder und Schwestern der DDR.) Die Schiffe passieren die Enge im Elbsandsteingebirge hinter Dresden, links bleibt die aufregende tsche-

chische Schweiz liegen, und sie kommen in Mělnik an. Hier kann man dann entweder die Elbe bis ins Riesengebirge weiterschippern, ab Pardubitz (Pardubice) allerdings nur noch im Kanu, oder man kann die Moldau hinauf schwimmen.

Die Binnenschiffahrt ist in Tschechien nahezu ohne Bedeutung. Nur 303 km von Elbe und Moldau sind schiffbar, und der Schiffsgütertransport ist weiterhin rückläufig. Zukünftig rechnet man allerdings mit einer Wiederbelebung, das heißt auch mit einer Verlängerung des schiffbaren Teiles der Elbe bis nach Pardubitz. Auch wird über die Möglichkeit nachgedacht, eine Verbindung der Wasserstraßen zur Donau nach Österreich zu schaffen.

Mělnik ist gleich aus dreierlei Gründen wichtig. Zunächst kommen hier vor der malerischen Kulisse der Stadt die Flüsse Moldau und Elbe zusammen. Zweitens wähnt die Mythologie die Anfänge der Tschechen in dieser Gegend. Drittens ist Mělnik das einzige wirkliche Weinbaugebiet Böhmens. Das zweite Weinbaugebiet unweit von Prag, an wenigen Hängen rund um die Burg Karlštejn gelegen, ist nur insofern der Rede wert, als daß Karl IV. den Weinanbau forciert haben soll. In jener landschaftlich reizvollen Gegend stand in den 50er Jahren eins der gefürchtetsten Lager für Zwangsarbeiter – auch Tschechisch-Mauthausen genannt.

Abgesehen von dem Kranz der umliegenden Berge ist Böhmen angenehm hügelig: Böhmisches Plateau, Böhmisch-Mährisches Hügelland, Böhmisch-Mährische Höhen. Die Höhe über dem Meeresspiegel reicht von 500 bis über 900 m und wechselt sich mit kleineren Ebenen des Eger-Elbe-Beckens, des Pilsner Beckens, des Budweiser Beckens und den Flußniederungen ab. Das Elbgebiet gehört neben dem March-Gebiet in Mähren mit einem Jahresdurchschnitt von 10°C zu den mildesten Zonen des Landes. Das kälteste Gebiet bilden die Kämme des Böhmerwaldes. Das Klima wird sowohl vom ozeanischen Klima als auch vom Kontinentalklima beeinflußt. Die umliegende Gebirgskette schützt vor Kaltlufteinbrüchen und dient als Niederschlagsfänger.

Die Regionen

Tschechien wird in fünf böhmische und zwei mährische Verwaltungsbezirke, die Regionen, aufgeteilt. Die achte Verwaltungseinheit bildet die Landeshauptstadt Prag, in der 12% aller Einwohner Tschechiens leben. Prag ist mit seinen 1 217 000 Einwohnern die einzige richtige „Großstadt". Nur noch die Regionalhauptstädte erreichen eine Einwohnerzahl von über 100 000. Die erwähnten Regionen werden in 72 Bezirke (81 Wahlbezirke) und die Stadtverwaltungen von Brünn, Ostrau und Pilsen gegliedert.

Jede böhmische Region hat rund eine Million Einwohner, wobei Südböhmen die wenigsten Bewohner (701 000), Ostböhmen die meisten (1 236 000) aufweist. Die beiden mährischen Regionen haben jeweils etwas doppelt soviele Einwohner wie die böhmischen Regionen, begründet auch durch die dort verstärkt angesiedelte Industrie.

Diese Verwaltungsaufteilung läßt sich mit den deutschen Regierungsbezirken oder französischen Provinzen vergleichen. Dennoch wird eine Reform dieser Verwaltungseinheiten angestrebt. Es sollen natürliche regionale Bindungen respektiert werden. Dahinter ist unschwer das Bemühen zu erkennen, eine Annäherung an die Europäische Union zu finden.

Renaissance

Am 23. Oktober 1997 stimmte das tschechische Abgeordnetenhaus einer neuen Aufteilung der bestehenden Verwaltungsbezirke zu. Mit diesem Gesetz werden de facto die im Jahre 1990 aufgehobenen Kreisverwaltungen wieder eingeführt, allerdings verdoppelt sich ihre Zahl. Diese Struktur ist an eine ähnliche Aufteilung, so wie sie zwischen 1948 und 1960 bestand, angelehnt. Ab dem 1. Januar 2000 wird Tschechien somit in vierzehn „Kreise" aufgeteilt, deren Bezeichnung den Namen der entsprechenden Verwaltungsstadt trägt: Budweiser Kreis, Iglauer Kreis, Brünner Kreis usw.

Die Region Südböhmen, mit der Hauptstadt Budweis (České Budějovice) ist in der Tat südlich sonnig, außerdem die von Umweltverschmutzung wohl am wenigsten betroffene Gegend Tschechiens. Sie besitzt eine abwechslungsreiche Landschaft und ist unter anderem aufgrund des verträumten Seenbeckens um Budweis und Třebon attraktiv. Die Hunderte von Seen in dieser Region sind überwiegend schon im Mittelalter angelegte Zuchtteiche. Innerhalb der Agrarwirtschaft kommt der Binnenfischerei zwar keine Schlüsselbedeutung zu, dennoch ist sie durchaus wichtig: Die Teiche liefern jährlich an die 25 000 Tonnen Süßwasserfische, darunter der unverzichtbare Karpfen für alle Weihnachtstische der Republik.

Das waldreiche Westböhmen wird von Pilsen aus regiert. Die Stadt wurde von der kommunistischen Regierung bis auf die Škoda-Werke stark vernachlässigt. Anscheinend sollte im Falle eines Falles die „kapitalistische Soldateska" nur verbrannte Erde erobern können. Verkommene Häuser und löchrige Straßen wurden zur Strategie erhoben. Pilsen selber ist Böhmens zweitgrößte Stadt (über 200 000 Einwohner) und ein wichtiger Industriestandort. Die Schlote der Škoda-Werke qualmen unermüdlich, und das Stadtbild selber hat nur in wenigen Blocks um den Marktplatz Schönes zu bieten. Allerdings steht hier die Bartholomäuskirche mit dem höchsten Kirchturm der Republik (103 m).

Die Stadt hat unter dem Bombardement der Alliierten stark gelitten, vieles wurde in Schutt und Asche gelegt, nur die ein ganzes Stadtviertel einnehmenden Škoda-Werke wurden nie getroffen. Gegen Ende des Zweiten Weltkrieges wurde Pilsen durch die amerikanischen Soldaten befreit. Nicht weit hinter Pilsen, Richtung Prag, verlief die sogenannte Demarkationslinie. Die Kommunisten versuchten, die Anwesenheit der Amerikaner durch eine Überzeugungsarbeit in bester Goebbelscher Manier ungeschehen zu machen. Sie erklärten allen Ernstes, es habe sich, aus strategischen Gründen, um Russen in amerikanischen Uniformen gehandelt. Aber am ersten 9. Mai nach

der „Samtenen Revolution" hingen überall amerikanische Fahnen aus den Erkern. Überraschend war auch die Anzahl der Jeeps und anderer Equipments, die nach vierzig Jahren Verborgenseins in Scheunen und auf Dachböden das Tageslicht erblickten. Dieses Paradoxon der Geschichte ist nun jedes Jahr aufs Neue zu besichtigen: Tschechen in amerikanischen Uniformen spielen die Befreiung nach, und die junge Generation deutscher Touristen fotografiert sie mit Begeisterung.

Pilsen förderte noch eine verschwiegene Geschichte zutage: den ersten Aufstand im Ostblock gegen die kommunistische Herrschaft. Am 1. Juni 1953 demonstrierte die Pilsner Bevölkerung gegen die Wirtschaftsverhältnisse aufgrund der damaligen Währungsreform. Die Demonstration wurde durch Arbeitermilizen unterdrückt, das Denkmal der „Befreiung" mit einer Masaryk-Statue wurde abgerissen.

Kohle um jeden Preis

Ein Beispiel großzügiger Fehlplanung ist die Stadt Brüx (Most). Brüx ist eine riesige Plattenbausiedlung für hunderttausend Menschen – ohne jegliche Geschichte, normale Miethäuser oder sehenswerte Gebäude. Sie wurde auf der grünen Wiese gebaut, gleich neben dem überdimensionalen Krater des Kohletagebaus. In diesem Loch ist das alte königliche Brüx so gut wie spurlos verschwunden. Das neue Brüx ist eine Stadt ohne Traditionen und natürliche Umgebung, es hat keine Straßen und Häuser im üblichen Sinne, nicht einmal einen Markplatz. In die Plattenbauten zogen Einwohner der Dörfer, die der Braunkohle zum Opfer fielen und an deren Existenz nur noch die Namen der trostlosen „Prospekte" erinnern.

Von Aussig (Ústí nad Labem) aus wird Nordböhmen verwaltet. Hier steht der „Turm von Aussig": Die Spitze der Kirche ist nahezu zwei Meter von der vertikalen Achse entfernt. Ansonsten ist die Region Nordböhmen ein Sinnbild für Umweltzerstörung, auf die wir noch zu sprechen kommen werden. Der Galgenhumor ihrer Bewohner spricht sogar von einem

Königgrätz in Ostböhmen. –
Foto: Tschechisches Fremdenverkehrsamt, Prag

besonderen „Teplitzer Blutbild". Was nicht heißen soll, daß es dieser Region an Lokalitäten von ausgesprochener Schönheit fehlt. Entlang der Elbe, im Erzgebirge, in der tschechischen Schweiz – dort überall findet der Besucher Landschaften, die den Smog vergessen lassen können.

Die ostböhmische Metropole Königgrätz (Hradec Králové) gehört zu den ältesten Städten Böhmens. Im Jahre 1866 spielte sich in der Nähe eine der größten Schlachten der damaligen Zeit ab. Auf beiden Seiten standen sich 430000 Soldaten gegenüber (nur bei Leipzig 1813 waren es mehr). Die Schlacht war übrigens einer der ersten Schritte, die zur Entstehung des Zweiten Deutschen Reiches führten. Ostböhmen scheint der Knallerei der kriegerischen Auseinandersetzung auch heute noch verbunden. Unweit von Königgrätz liegt nämlich Pardubitz (Pardubice). Die dortigen Betriebe stellen Semtex her, einen Plastiksprengstoff, der bei der Explosion eines Flugzeugs über dem schottischen Lockerbie traurige Berühmtheit erlangte. Als im Jahre 1991 die Semtex-Angestellten einen Betriebsausflug nach München absolvierten, fand eine Putzfrau nicht rechtzeitig zurück zum Bus. In ihrer Not und des Deutschen nicht mächtig, stürzte sie auf ein paar Polizisten zu und rief verzweifelt den Firmennamen: Semtex, Semtex! Die Reaktion darauf sorgte später in Pardubitz für Lobreden auf die schnelle Reaktion der bayrischen Polizei. Pardubitz ist außerdem berühmt wegen seiner Lebkuchen und eines europaweit bekannten Pferderennens: Velká Pardubická steeple chase (7200 m, 32 Hindernisse; die Konflikte zwischen militanten Tierschützern und der Polizei werden von Jahr zu Jahr intensiver).

Über die Ebenen an der Elbe entlang und über die Berge im Nordosten hinaus hat Ostböhmen noch eine andere Seltenheit anzubieten. Während die Staudämme der Planwirtschaft ab und zu sogar Energie lieferten, erzeugten die Denkmäler der Art „die Fahnen hoch!" nur frostigen Schatten. Ob sie zu Recht oder zu Unrecht vom Aussterben bedroht sind, wäre sicherlich eine Diskussion wert. Kaum einem Denkmal aber widerfährt das, was der Statue eines kommunistischen Mini-

sters der fünfziger Jahre widerfahren ist. Dem sowjetischen Beispiel folgend, reformierte dieser Minister das Schulsystem, das infolgedessen bis heute nicht bildet, sondern drillt. Die Einwohner seiner ostböhmischen Heimatstadt Litomyšl (Leitomischl) rissen sein Denkmal nicht ab, aber sie befestigten am Sockel eine neue Tafel, auf der nun zu lesen steht: „Zdeněk Nejedlý 1878–1962. Er hat große Verdienste erworben, brachte jedoch auch Schande über seine Heimatstadt. Sie schätzt daher seine guten, verurteilt aber seine schlechten Taten." Aus Litomyšl kommt übrigens auch Bedřich Smetana. Sein Vater hatte hier – was sonst ist in Böhmen lukrativ? – eine Brauerei betrieben.

Ein müder kleiner Mann

Bedřich Smetana schlurfte schweren Schrittes dahin. Er fühlte sich zurückgesetzt: „… jetzt erst sehen sie, daß meine Opern der Theaterkasse so viel einbrachten, daß sie das ganze Theater erhielten, das Schauspiel und das Singspiel. ‚Die verkaufte Braut' brachte der Genossenschaft 50 000 Gulden … Mich fertigen sie mit 92 Gulden monatlich ab, mich, der ich die Ursache bin, daß die Oper überhaupt existiert!"

Solche Klagen muß man jedoch nicht ganz wörtlich nehmen. Der Komponist hatte kein klares Verhältnis zur Realität mehr. Der Arzt untersagte ihm jedwedes längeres Lesen und die Beschäftigung mit der Musik überhaupt (doch Smetana gab nicht auf und komponierte weiter). Dennoch, ein halbes Jahr vor seinem Tode wurde sein Gehalt vom Nationaltheater von 1200 Gulden pro Jahr endlich auf 1500 Gulden aufgebessert. Er freute sich nicht mehr darüber. Seine letzte Freude war die glanzvolle Neuaufführung von „Libuše" zur zweiten Einweihung des wiederaufgebauten Nationaltheaters am 15. November 1883. Am 12. Mai 1984 starb der im Jahre 1824 geborene Schöpfer der tschechischen Nationalmusik in völliger geistigen Umnachtung in einer Prager Anstalt für Geisteskranke. Die Begräbnis des geliebten Meisters auf dem Wischehrader Friedhof wurde zu einer Volkskundgebung.

Nordöstlich von Prag, an der Elbe, liegt das tschechische Köln
(Kolín). Das dortige Chemiewerk lieferte während des Krieges
Zyklon B. Von hier aus, den Fluß stromabwärts, ist das Land
sanft hügelig, mitunter richtig flach. Eine landschaftlich be-
sonders reizvolle Gegend, übrigens eines der bevorzugten
Gebiete für Prager Datscheneigentümer, liegt im Osten der
Region, an der Sazawa. Im Süden Mittelböhmens sind es die
typischen, in Habsburger Gelb gestrichenen, barocken Höfe,
die den Übergang von Mittel- nach Südböhmen markieren.
Für ein ähnlich deutliches Zeichen sorgen in den Grenzgebie-
ten, insbesondere in den Gegenden um Tetschen (Děčín) oder
Freudenthal (Bruntál), die Fachwerkhäuser: Sudetendeutsches
Gebiet.

Auch Mittelböhmen birgt eine Besonderheit – den Brdywald. Das Dreieck des Waldes zwischen Pilsen und Příbram
reicht bis kurz vor Prag. Weite Teile dieser Landschaft sind
unbesiedelt. Als im Jahre 1939 die Tschechoslowakei besetzt
wurde, quartierten die Besatzer viele Dörfer aus und errichte-
ten hier einen Truppenübungsplatz. Von den Kommunisten
wurde er beibehalten, später stellten hier die Sowjets ihre
SS 20 Raketen ab. Das Betreten dieser Landschaftsstriche ist
heute noch verboten, woran sich die Bewohner der umliegenden Dörfer, Prager Pilzesammler und gelegentliche Wanderer
mit entwaffnender Natürlichkeit nicht halten.

Eine Aufhebung der Sperre wurde kurzfristig diskutiert und
Gott sei Dank nicht verfügt. Denn von den *cruise missiles* unbeeindruckt gedeihen hier seltene Biotope, Mengen ungestört
lebender Kleintiere, Rot- und Schwarzwild. Die tschechische
Fauna ist der deutschen und österreichischen Tierwelt ähnlich: Rotwild, Rehe, Wildschweine, Mufflons, Hasen, Fasane,
Rebhühner. Ähnlich auch die Pflanzenwelt: eine mitteleuro-
päische Flora, variierend entsprechend der Meereshöhe. Böhmen ist stark bewaldet, vorwiegend allerdings mit der recht
anfälligen Monokultur des Fichtenwaldes, weiter dann mit
Kiefern und Tannen. Zu den meistverbreiteten Laubbäumen

zählen die in Europa heimischen Bäume und der „National-baum", die Linde. Insgesamt verfügt Tschechien über 2,6 Mill. ha Wald, ein Drittel der Staatsfläche.

Beachtenswert ist auch die erwähnte Stadt Příbram. Nicht nur, weil sie ein weit über die Region hinaus bekannter Wall-fahrtsort ist (etwa mit Altötting vergleichbar), sondern weil die neueren Teile dieser Stadt allesamt von politischen Häft-lingen der 50er und 60er Jahre gebaut wurden. Seit Hunder-ten von Jahren wurde in Příbram Silber abgebaut, ab den 50er Jahren aber buddelten hier die „Politischen" nach dem rei-chen Uranvorkommen. Infolgedessen ergänzen Halden tauben Gesteins rund um die Stadt und zum Teil auch in der Stadt selber das Erscheinungsbild. Uranhaltiges Material wurde auf offenen Lastwagen herumgekarrt, und die Krebsforschung in dem betriebseigenen Krankenhaus hatte Hochkonjunktur. Über die Krebsrate selbst schwieg man sich aus. Die Stadt sollte von angehenden Architekten, Ökologen und Soziologen unbedingt studiert werden. Sie ist ein seltenes Beispiel urbaner Planungsinkompetenz.

Caput regni

Genau in der Mitte Böhmens liegt das i-Tüpfelchen: Prag. Sämtliche politischen, kulturellen und gesellschaftlichen Ent-scheidungen werden hier getroffen oder von hier aus abge-segnet. Prag ist ein zentraler Verkehrsknoten des Landes, der Sitz der Karlsuniversität (1348) und großer Forschungs- und Wissenschaftszentren, dazu ein bedeutender Industriestandort. Der unbedingte Zentralismus wirkt von hier bis an die Rand-gebiete des Landes. Die strukturelle Aufteilung erinnert daher an eine Kleinausgabe von Frankreich unter dem Sonnenkönig. In der Provinz liegt der bekannte Hund begraben.

Das architektonische Erbe der westlichen Kultur findet sich in Prag im romantischen Durcheinander entlang den mittelal-terlichen Gassen. Prag ist nach wie vor ein Ausstellungsstück der Republik, eine Stadt, von der nur rigide Architekturpuri-sten nicht begeistert sein würden. Wie ein Journalist schrieb:

Prag. Aus der Schedelschen Weltchronik (1493)

Falls einmal ein Geschichtskurs in Architektur in der Form eines Nachmittagsspaziergangs stattfinden sollte, so müßte dies in Prag sein. Der Barock der Nikolauskirche (von ihrem Turm beobachtete die Staatssicherheit die umliegenden westlichen Botschaften) glänzt vor dem Hintergrund des gotischen Veitsdomes, am Wenzelsplatz, im „modernen" Zentrum der Stadt, bilden Jugendstilpaläste mit neoromantischen Bürohäusern eine sehenswerte Kulisse, und die Karlsbrücke des 14. Jahrhunderts ist nicht weit von den sonderbar anmutenden Kubismus-Appartmenthäusern entfernt. Eine Überlieferung besagt, daß die Baumeister aus dem ganzen Lande Eier für den Mörtel angefordert hätten, um das Gemäuer der Karlsbrücke ganz besonders widerstandsfähig zu machen. Nur eine bestimmte Region im Süden, die Gegend um Taus (Domažlice), über die man bis heute in der tschechischen Variante der Ostfriesenwitze schmunzelt, schickte die Eier hartgekocht.

Vieles in Prag wirkt heute, als ob es erst gestern hingestellt worden wäre. Denn während der Diktatur des Proletariats waren die meisten Baudenkmäler Prags von der Außenwelt durch ein rostiges Gerüst abgeschirmt. Ähnlich wie in Deutschland die Baustelle an der deutschen Nord-Süd-Autobahn, die sich seit zwanzig Jahren zwischen Hildesheim und Kassel hin und her bewegt, war in den Jahren des Kalten Krieges das Gerüst ein Wahrzeichen Prags. Nun hat die Hauptstadt eine Fülle an renovierten Häusern, und doch wird sich an ihrem unfertigen Aussehen auch in naher Zukunft nur wenig än-

dern. Prag ist gleich nach Berlin die größte Baustelle Europas geworden. Und der Bauboom hält an. Beispielsweise weisen die Übernachtungskapazitäten für Besucher katastrophale Defizite auf. Seit 1989 wurde Prag von über fünfzig Millionen Touristen besucht. Darauf und auf den Zuzug von Ausländern war die Stadt nicht vorbereitet. In den letzten zwei Jahren, wuchs die Zahl der „Prager" um mehr als 10 % an.

Auch die in Scharen nach Prag übergesiedelten Firmen wollen Flagge hissen, und die Banken möchten ihre Kathedralen des Mammons präsentieren. Das hat Folgen: die Stadtmitte stirbt aus. Anstelle der Haushalte mit Knödelproduktion, Palatschinken und Sauerkrautgeruch machen sich im Zentrum Anrufbeantworter, Kopierer und Computer hinter verglasten Bürofassaden breit. Die Mieten schießen nach oben. Zu den tausenden von Touristen kommen auch 200 000 Prager, die nun täglich zur Arbeit in die Stadtmitte eilen.

Das Goldene Prag mit seinen hundert Kirchtürmen, einem alles überragenden Fernsehsender und einigen am Himmel kratzenden, verglasten Schuhkartons von Hotels, ist unbestritten besuchenswert. Die jede Großstadt zierende, endlos graue Peripherie schaltet ein erfahrener Reisender mühelos aus. Über Prag sind Unmengen von Büchern geschrieben worden. Ganze Regalmeter von Bildbänden, Reiseberichten und Monographien handeln nur über Prag. Es wäre daher sinnlos, diesen Publikationen nacheifern und an dieser Stelle die Reichtümer der Stadt beschreiben zu wollen.

Eins aber sollte angemerkt werden: Tschechien, das ist leider für die meisten der Fall, ist Prag. Und das ist schade. Vielleicht spielt dabei Gewohnheit eine Rolle. Erst in den letzten Jahren wird die tschechische Provinz entdeckt, und an Sehenswürdigkeiten reiche Städte werden zunehmend gewürdigt wie Kuttenberg (Kutná Hora), Leitmeritz (Litoměřice), Tschechisch Krumau (Český Krumlov, kurz nach der Wende unter UNESCO-Denkmalschutz gestellt), das hussitische Tábor, Prachatice oder Telč.

Mähren (Morava), nach dem Fluß Morava (March) genannt, teilt sich in zwei Regionen: Nord- und Südmähren. Nordmähren wird von seinem Nachbarn Polen durch Gesenke und Beskiden getrennt. An der Grenze, in einem Zipfel des über die Grenze reichenden Schlesiens, liegt eines der größten Industriegebiete Tschechiens – Ostrau (Ostrava), Karviná, Bohumín und Havířov. Die erstgenannte Stadt ist das Zentrum des größten Bergbaugebietes Tschechiens und ein Verkehrsknotenpunkt zwischen Polen, Österreich und der Industriestadt Brünn. Auch Ostrau, ähnlich wie das benachbarte Havířov, das in den 60er Jahren entstand und in seiner Atmosphäre der Stadt Brüx zum Verwechseln ähnlich sieht, wurde Opfer des planwirtschaftlichen Schwachsinns.

Ostrau ist eine Stadt, in der ein weißes Hemd anzuziehen einer Definition für Optimismus gleichkommt. Außerdem ist einem Besucher nicht immer klar, ob man sich noch innerhalb eines aus Eisenhütten bestehenden Firmengeländes bewegt oder schon außerhalb. Ostrau setzt sich zusammen aus von Horizont zu Horizont stehenden Plattenbauten, die hier und da von riesigen Wärmeleitungsrohre, einer Art langgestrecktem Centre Pompidou, aufgelockert werden. Daher empfiehlt es sich nicht, von Olmütz (Olomouc), der Hauptstadt Nordmährens, direkt nach Ostrau zu reisen. Einen interessanten Umweg bietet die Anreise über Příbor, die Geburtsstadt Sigmund Freuds. Sein Geburtshaus soll eine Erinnerungsstätte werden. Zur Zeit beherbergt es nur einen „Massagesalon".

Olmütz ist eine Perle, deren weitläufige Innenstadt aus unzähligen Kirchen, einer alten Universität und anderen, nebeneinander gereihten Baudenkmälern besteht. Das umliegende flache Land gilt als die Kornkammer Tschechiens. Vielerorts, auch in Olmütz, fand eine länger währende Schlacht zwischen Denkmalschützern und dem McDonald-Konzern statt. Nun dürfen in naher Zukunft in einem barocken Palast Coca Cola, das den meisten Tschechen immer noch als Milch der Demokratie gilt, und Hamburger verkauft werden. Der Konzern

mußte sich allerdings dazu verpflichten, jenen Palast zu renovieren.

Die Renovierung von Baudenkmälern und anderen historischen Gebäuden ist ohnehin ein wunder Punkt. Mancherorts müssen gar Gebäude, die Schulen oder öffentliche Institutionen beherbergen, wegen Einsturzgefahr schließen. Außer wenigen Vorzeigeobjekten ließ man die meisten Gebäude einfach verkommen. Hier gaben sich Dummheit und ideologische Absicht die Hand. Das ging an die Bausubstanz. Viele dieser Objekte gehören immer noch dem Staat. Nun gilt es, bei der Renovierung Prioritäten zu setzen, bürokratische Hürden zu nehmen und Finanzen freizusetzen. Hunderte solcher Objekte wurden den ehemaligen Eigentümern zurückgegeben. Aber die verfügen häufig nicht über die nötigen Mittel, um plötzlich eine Burg, ein Schloß oder ein barockes Haus instandzusetzen.

Leider gingen und gehen so Bau- und Industriebaudenkmäler von unschätzbarem Wert verloren. Das ist die Rechnung für eine jahrzehntelange Nutzung ohne Investitionen. Vor heruntergekommenen Häusern, wo das Klo nicht selten noch auf dem Hausflur zu finden ist, glänzt dafür oft der erste Mercedes. Leider ändern die Besucher des Landes ihre Meinung nicht, und der bröckelnde Putz und die dunklen Hinterhöfe, die die Touristen in Italien in Entzückung versetzen, gilt ihnen nach wie vor als miefiges Erbe der Mißwirtschaft.

Von der Kornkammer der Olmützer Gegend ist es nur ein Sprung nach Südmähren, in den Weinkeller Tschechiens. Das warme Klima und die sonnigen Lagen ließen südlich von Brünn (Brno), der „Hauptstadt Südmährens", bis zur österreichischen Grenze Weinberge entstehen. Auf der anderen Seite der Grenze liegt das Weinviertel. Böhmens Anbau um Mělník und Karlštejn halten weder in Quantität noch in Qualität mit den Weinen aus Mähren Schritt. Böhmen kann demgegenüber auf seine Hopfenanbaugebiete in der Gegend um Žatec und Louny verweisen. Brünn, die zweitgrößte Stadt Tschechiens (400 000 Einw.) bildet mit ihrer Universität, den internationalen Messen und der bedeutenden Industrie eine

Art „Gegenzentrum" zu Prag. In Ostrau und in der Nähe Brünns spielt der Roman „Scherz" (*Žert*) des hier geborenen Schriftstellers Kundera (1929), in dem der Leser unter anderem viel über mährische Folklore erfahren kann.

Winzertradition

Die Weinwirtschaft Mährens scheint sich gegenüber der Landwirtschaft schneller erholt zu haben. Zum einen, weil der französische, italienische, deutsche oder spanische Qualitätswein für den tschechischen Endverbraucher noch zu teuer ist, zum anderen, weil der Geschmack ohnehin in Richtung süß tendiert. Drittens wurde die Struktur der Weinwirtschaft nicht so weitgehend zerstört, wie dies im Bereich der Landwirtschaft der Fall war. Selbstverständlich mußten zwar Produktionsgenossenschaften gebildet werden. Hunderte von kleinen Privatkellern blieben jedoch erhalten, und die Produktion der Weinbauern für den Eigengebrauch überlebte. Das rettete die Kenntnis von Arbeits- und Produktionsabläufen über vierzig magere Jahre hinweg.

Östlich von Brünn, kurz vor der Grenze zur Slowakei, liegt die Stadt Zlín, die bis 1989 stolz den Namen des ersten „Arbeiterpräsidenten" trug (Gottwald). Aus dieser Stadt kommt ein vom ganzen Volke geachteter, tschechischer Vorzeigekapitalist namens Baťa. Sein Vater, dem Mythos nach ein armer Schuster, ging nach Amerika, sah die Fließbandarbeit bei Ford und kehrte sofort nach Mähren zurück. Millionen Schuhe vom Band – das war der Anfang eines wunderbaren Aufstiegs.

Die ländliche Idylle

Die Landwirtschaft erlebte einen sozialistischen Kahlschlag ohnegleichen. Die sogenannten Kulaken wurden enteignet, und nach und nach wurden alle Bauern zum Eintritt in die JZD (*Jednotné zemědělské družstvo*), das Gegenstück zur LPG der DDR) gezwungen. Das Vieh, die Felder und die Maschinen wurden der Genossenschaft einverleibt.

Nun ist jeder Bauer nicht nur meist ein sturer Kopf, sondern auch ein der heimatlichen Scholle stark verbundenes Wesen. Das gilt anscheinend unabhängig vom System. Es fiel ihm schwer, eine fremde Kuh zu melken und Getreide nicht in voller Reife, sondern nach den Direktiven aus Prag zu mähen. Die Megalomanie der gigantischen Rinder- und Schweineställe war ihm, unter ideologischen Gesichtspunkten betrachtet, wesensfremd. Das Aufackern der Raine, um die Entstehung endloser Felder in einer Landschaft voller Feldhecken zu erreichen, erfüllte ihn nicht mit Stolz. Außerdem, noch bevor eine Generation halbgebildeter Führungsköpfe die Leitung der LPGs übernehmen konnte, war es durchaus üblich, solche Stellen mit Arbeiterkadern zu besetzen. Es wurde erwartet, daß die Natur sich ihrer Linientreue fügte. Heute werden die Folgen der sozialistischen Flurbereinigung in großangelegten Regierungsprogrammen angegangen und Unsummen ausgegeben, um Teiche zu erneuern und wieder Hecken, Windbrecher und Alleen zu pflanzen.

Die erste „kollektivisierte" Generation der Bauern wurde mürbe gemacht. Für ihre Nachfolger war das Bauerndasein in der LPG einfach ein Job wie jeder andere auch. Die Kontinuität und somit auch der Wissenstransfer wurde unterbrochen, Traditionen wurden nach Möglichkeit liquidiert. Als nach 1989 die Felder an die ehemaligen Eigentümer zurückgingen, waren nur wenige gewillt oder gar in der Lage, sie zu bestellen. Es fehlt an Erfahrung, der von der LPG zurückerhaltene Maschinenpark gleicht einem technischen Museum, ungeklärte Eigentumsverhältnisse bremsen die Transformation. Es wurde zwar seit Ende der 50er Jahre erlaubt, eine „persönliche Hofwirtschaft" zu führen. Die war aber außerstande, dem plötzlichen Anspruch nach 1989 Rechnung zu tragen. Die Produktion in kleinen Mengen ist somit zu teuer geworden, der Apfel von der Elbe kostet mehr als eine Tüte Golden Delicious aus Chile oder von den sonnigen Obstgärten der EU. Mithin produziert der Dorfbewohner für den Eigenbedarf, für den Normalverbraucher wird die Ware eingeführt. Unbestellte Felder und brachliegende Obstgärten gehören zum

Landschaftsbild. Da hat Tschechien den Salat, und zwar aus Holland.

Privatisierung

Im Jahre 1990 gab es in der Tschechoslowakei noch über 1700 Kooperativen (Durchschnittsgröße je Betrieb 2 500 ha, insgesamt 644 000 Beschäftigte) und 257 Staatsgüter (Durchschnittsgröße 7 900 ha, 170 000 Beschäftigte). Der früher hohe Beschäftigungsanteil übrigens – er zählte auch die „Bau- und sonstigen Brigaden" dazu – sank deutlich. Die Privatbetriebe erhielten einen Anteil von 5 % der landwirtschaftlich genutzten Fläche. Die Kooperativen wurden durch die Transformation in der Regel nicht aufgelöst, sondern in privatrechtliche Unternehmensformen überführt. So entstanden 1 679 Agrargenossenschaften (Durchschnittsgröße je Betrieb 1 357 ha), 944 privatisierte Betriebe (Durchschnittsgröße 600 ha) und über 52 000 reine Privathöfe. Wesentlich produktiver als ihre Vorgänger sind sie bisher nicht.

Der Beitrag des Agrarsektors zum Bruttoinlandsprodukt (BIP), Forstwirtschaft und Fischerei mitgerechnet, ist von allen Reformstaaten des Ostblocks in Tschechien am niedrigsten. Seit 1990 fiel er von 7,3 % auf 5,6 %. In den westlichen Ländern ist der niedrige Anteil der Landwirtschaft am BIP Ausdruck der Effizienz der Landwirtschaft, in Tschechien allerdings eher der Unfähigkeit zur Umstrukturierung. Das Land ist nicht in der Lage, sich selbst zu ernähren. Erst 1996 kam es zu einem leicht positiven Ergebnis. Das betrifft allerdings nur die Gesamtheit der großen Betriebe. Diese Situation hat außer den genannten noch andere Gründe: Die Einkaufspreise für Maschinen, Düngemittel, Saat etc. wachsen sehr schnell (seit 1989 um 172 %), wogegen die Verkaufspreise der Erzeugnisse mit einem Wachstum von nur 36 % hinterherhinken. Das Verhältnis der Produktionssubventionen zu der Gesamtheit der landwirtschaftlichen Produktion ist mit 26 % eines der niedrigsten in Europa (EU-Durchschnitt: 49 %). Langfristig allerdings sind die Aussichten der tschechischen Landwirtschaft

als erfolgversprechend zu beurteilen, nicht zuletzt aufgrund der Durchschnittsgröße der entstehenden Betriebe. Sie sind mit 135 ha etwa zehnmal so groß wie der EU-Durchschnitt. Das ermöglicht eine intensive und konzentrierte Produktion, über deren mögliche Folgen für die Umwelt allerdings niemand nachdenkt. Der Bio-Anbau erzeugt in Tschechien noch keine Produkte, sondern unverständiges Lächeln.

Ein ähnlicher Einbruch wie in der Landwirtschaft ist durch die Verstaatlichung, nebenbei bemerkt, auch dem Handwerk widerfahren. Das hat – wohlgeplante? – politische Folgen mit sich gebracht. Die gewachsenen Strukturen und Interessenvertretungen, Vereine und Verbände verschwanden. Das bedeutete die Liquidation und Entwurzelung ganzer Handwerksbereiche. Der Bau eines privaten Hauses beispielsweise, zog sich auch aus diesem Grunde oft über Jahre hinweg. Die entsprechenden Handwerker waren rar, somit mußte der Bauherr improvisieren. Durch die Zerschlagung der Interessenverbände entstand auch zwischen der „Basis" und der Staatsführung ein Vakuum. Das Fehlen dieser Zwischenebene ist ein Defizit, das die heutige Generation lähmt und sie nur langsam in die wiederbelebten Arbeitsbereiche und die Teilhabe an politischen Entscheidungsprozessen, und sei es nur im lokalen Bereich, hineinwachsen läßt.

Böhmische Dörfer

Anfang der 90er Jahre hat man auch auf dem Dorf zum Kampf gegen die Tristesse geblasen. Die frühe sozialistische Flurbereinigung und die 50er bis 70er Jahre hatten die Dorfgemeinschaft mit einem Pendant zum deutschen „Unser Dorf soll schöner werden" beglückt. Und so kam es, daß viele der baulichen Eigenheiten der Höfe und Bauernhäuser im Zuge der Modernisierung verschwanden. Sie wurden mit einem einheitlichen Putz überzogen, und unter die barock geschwungenen Giebel wurden moderne Schaufenster eingebaut.

Dazwischen stehen Neubauten, deren Stil sich nicht unbedingt nach dem Geschmack der Besitzer richtete, sondern dem

entsprach, was es gerade an Baumaterialien zu kaufen gab. Aus diesen und heute auch aus finanziellen Gründen leben viele Tschechen auf einer Baustelle. Das Innere des Hauses wird so schnell wie möglich fertiggestellt, und die Familie zieht ein. Das Verputzen kann warten.

Relikte der Moderne

Der Dorfteich eines „modernen" Dorfes wurde sauber mit Steinen eingefaßt, gepflastert, Bäche begradigt und der Dorfplatz asphaltiert. In besonders schweren Fällen stellte man alte, farbig gestrichene Traktorreifen in die Mitte, die so zu gepflegten Blumenkübeln umfunktioniert wurden. In der Regel steht irgendwo in der Nähe noch das Häuschen einer Bushaltestelle, dessen verbeultes Blech hartnäckig den seltenen Versuchen der Verkehrsbetriebe widersteht, einen Fahrplan anzukleben (das ist in der Stadt oft nicht besser), aber dafür den Dorfjugendlichen ein Dach überm Kopf bietet.

In den meisten Dörfern nämlich stehen den Jugendlichen nur zwei Möglichkeiten der Zusammenkunft offen: die Dorfkneipe oder der Warteraum der Haltestelle. Der Bund der sozialistischen Jugend, ein Ausbund an ideologisch vernebelten Bürokraten, ging klaglos ein. An Freizeitgestaltung bot er ohnehin nicht viel. Die Langeweile der Freizeit führt geradewegs in den Alkohol- und Drogenkonsum oder zum Vandalismus. Diese Erscheinungen hält das Sozialgefüge des Dorfes mehr oder weniger unter Kontrolle. In der Anonymität der Plattenbausiedlungen entlädt sich der Frust jedoch um so heftiger.

Die unmittelbare Umgebung der Dorfhäuser bietet einen typischen, an deutschen Maßstäben gemessen, ungepflegten Eindruck. Der Besucher ist allerdings jedesmal aufs Neue überrascht, wie schön, sauber und gemütlich die Wohnungen in den trostlosesten Gegenden sind. Bevor man sie betritt, werden auch schon konsequent vor der Tür die Schuhe ausgezogen. Das ist in Tschechien ein Muß, mag der Gastgeber noch so oft widersprechen. In dem Augenblick, in dem der Besucher seine Schuhe auszieht, werden griffbereite Puschen hervorgezaubert.

Ein Tscheche sammelt alles, was man einmal gebrauchen könnte. –
Foto: Jiří Burgerstein

Der äußere Eindruck des Ungepflegten kommt daher, daß ein Tscheche alles sammelt. Der Dauerengpaß der Planwirtschaft ist nicht vergessen. In der Scheune, hinter dem Haus oder in der Ecke des Gartens werden alte Autoteile, Reifen, Werkzeug, Bau- und anderes Material gestapelt. Kurzum alles, was man einmal gebrauchen könnte. Das, was man nicht mehr braucht, wird einvernehmlich an den Rand des nächsten Waldes gekarrt und dem Zahn der Zeit überlassen. Parkplätze, Strände und Picknickwiesen werden konsequent nach der Devise behandelt: Was allen gehört, gehört keinem, und keiner fühlt sich dafür verantwortlich. Die Verursacher schwarzer Mülldeponien werden jedoch in den letzten Jahren zunehmend und recht hart verfolgt. Leider nur vom Gesetz her, ein Problembewußtsein ist in dieser Hinsicht noch nicht besonders ausgeprägt.

Ein Recyclingprodukt entzieht sich jedoch vollends der öffentlichen Kontrolle: die Fäkalien. Die Häuser der Dorfgemeinschaften sind oft nicht an die Kanalisation angeschlossen, die Dörfer verfügen über keine Kläranlage. Die Abflüsse führen auf die grüne Wiese oder in den nächsten Bach. Das gilt auch für viele Industriebetriebe (Formaldehyd- und Schwermetallbelastung) und die großbetriebliche Landwirtschaft (Pestizide, Dünger und Nitrate). Dadurch kommt es zu einer hohen Grundwasserbelastung. Der Staat greift an dieser Stelle zwar mit Subventionen für Kläranlagen ein, doch viele Gemeinden oder individuelle Haushalte haben einfach noch nicht genügend Mittel dafür – oder verspüren nicht den Druck der Notwendigkeit. In ganz Tschechien sind nur 73 % der Bevölkerung an das öffentliche Abwassersystem angeschlossen; nur ca. 79 % des Abwassers passieren irgendeine Kläranlage. Da es genausowenig Anschlüsse an die öffentliche Wasserversorgung gibt, muß ein eigener Brunnen her. Man schafft sich damit für den eigenen Dreck auch einen eigenen Kreislauf. Und somit auch ein Gesundheitsproblem: 95 % des Wassers aus privaten Brunnen sind von schlechter Qualität, in der Regel bakteriologisch verseucht und mit Nitraten belastet.

Die Landeszeit entspricht zwar der mitteleuropäischen Zeit (MEZ), dennoch hat man den Eindruck, daß die Uhren auf dem Dorfe stehengeblieben sind. Insbesondere am Samstagnachmittag oder Sonntagmorgen, wenn Mitteilungen an die Dorfbewohner über öffentliche Lautsprecher verkündet werden, die früher der Propaganda dienten.

Wohnhaft: in Beton

Zu den drei wichtigsten Problembereichen nach 1989 zählt die Kriminalität, der Gesundheitssektor und die Wohnungspolitik. Die Resultate auf dem letztgenannten Gebiet gehören zu den schlechtesten Ergebnissen der bisherigen Regierungsarbeit.

Jeder dritte Tscheche wohnt in einem Plattenbau Typ „Atlantischer Wall". Der Zustand der Häuser ist miserabel, obwohl

sie relativ jungen Datums sind. Im übrigen sind die an den Eingängen angebrachten weißen Nummern auf rotem Hintergrund die Hausnummern, die roten Zahlen auf weißem Hintergrund bezeichnen die Reihenfolge, in der die Häuser gebaut wurden. Ein solcher Bau besteht aus nackten Betonplatten (Lebensdauer 50 Jahre). Eine Wärme- oder Schalldämmung ist nicht vorhanden. Wenn der Nachbar im zwölften Stock die Spülung betätigt, wird sein Zellengenosse im Erdgeschoß zwar nicht immer naß, dafür aber genötigt, wohl aus egalitären Gründen, sich das Rauschen der Natur anzuhören.

Der schlechte Zustand der Wohnburgen beschränkt sich nicht allein auf die schlampige Bauweise, dies gilt auch für die sozialen Umstände. Die fehlende Betreuung und der Mangel an Freizeitmöglichkeiten in solchen Ballungsgebieten tragen wesentlich zum Vandalismus und zur Kriminalität bei. Tatsächlich ist die Kinder- und Jugendkriminalität direkt proportional zur Größe der Siedlungen und Industrieagglomerationen der Republik. Am höchsten ist sie in Prag-Südstadt, wo die Jugend das sowjetische Vorbild fallen ließ und regelrechte Gangs à la New York oder Los Angeles bildet.

Der Größe nach zu urteilen, dürften die riesigen Siedlungen mit bloßem Auge ohne weiteres auch aus dem All erkennbar sein, ihre Höhe und Länge kann es mit der Chinesischen Mauer aufnehmen. Ein solches Gebäude nimmt nicht selten 120 Familien auf. Es verfügt über identisch geschnittene Wohnungen, die nach der Devise „das Billigste ist das Beste" gebaut wurden. Demzufolge sind die Wohnungen auch relativ klein. In den letzten Ausführungen vor 1989 ist es sogar notwendig, das an einer Art Gelenk befestigte Waschbecken zur Seite zu schwenken, um die Badewanne benutzen zu können.

In der Wohnzelle einer solchen Siedlung wurde der neue Mensch gezüchtet und gezüchtigt. Vieles weist interessante, symbolische Eigentümlichkeiten auf: Bei der Benutzung des Aufzugs beispielsweise mußte man, um in die oberen Stockwerke fahren zu können, zunächst hinunter in den Keller und dort einsteigen. Ansonsten wurde alles von einer Zentrale geregelt, und das war strategisch wichtig. Im Handumdrehen

Plattenbau: Wohnburgen aus Beton. – Foto: Jiří Burgerstein

konnte die Versorgung von Abertausenden von Menschen mit Wasser, Licht und Wärme unterbunden werden.

In diesen Wohnungen wird noch häufig der Traum aller Soziologen und Pädagogen wahr. Hier leben mehrere Generationen nebeneinander – eine Großfamilie in der Kleinstwohnung. Die junge Generation hat kaum Chancen auszuweichen. Um unter den Kommunisten eine Wohnung beantragen zu dürfen, somit auch flügge werden zu können, mußte das Paar heiraten. Das ist einer der Gründe, warum das Heiratsalter der Tschechen so niedrig gewesen ist (18–21 Jahre). Mit einem Bezugsschein in der Hand und theoretisch selbständig, blieben sie dann fünf bis zehn Jahre in der Wohnung der Eltern sitzen – und warteten.

Daran hat sich kaum etwas geändert, denn der Plattenbau im sozialistischen Sinne starb zwar aus, aber der staatliche Wohnungsbau stagniert. Während im Jahre 1985 genau 66 678 Wohnungen gebaut wurden, waren es 1992 nur 36 397 und 1995 lediglich 31 000. Für die nächsten zehn Jahre bedeutet das eine enorme Verschärfung der Wohnungskrise, denn dringend benötigt werden mindestens 100 000 Wohnungen für

junge Familien. Im Wahljahr 1996 wurden aber nur 12 000 Wohnungen fertiggestellt – 70 % weniger als 1989.

Eine Pflege der Wohnobjekte existiert so gut wie nicht. Die Situation wird dadurch zusätzlich verschärft. Aufgrund der Mietzinsbindung nimmt der Vermieter wenig ein und kann in die im erbärmlichen Zustand vom Staat zurückerhaltenen Objekte nicht weiter investieren. Der Kapitalaufbau für den Bau neuer Wohnungen kommt nicht in die Gänge, es fehlen etwa 300 Milliarden Kronen. Baufällige oder gesundheitsgefährdende Häuser (Wasser, Schimmel) müssen zudem geräumt werden. Eine absurde Situation: Es herrscht Wohnraummangel, in Prag aber werden 30 000 Wohnungen, in der ganzen Republik etwa 10 % des Wohnraums, nicht genutzt. Nicht selten ist allerdings eine solche Misere den Aktivitäten eines Spekulanten zu verdanken. Längst kennen auch die Tschechen die Schikanen eines wildgewordenen Vermieters: die Abschaltung von Strom, Gas, Heizung, die willkürliche Zerstörung der Bau- und Wohnsubstanz, um einen Umbau oder Neubau bewilligt zu bekommen.

Die Wohnungsnot, der Zuzug von Ausländern, die unberechtigte Nutzung von Wohnfläche als Bürofläche (insbesondere in Prag) usw. steigern die Nachfrage. Die Wohnfläche wird zum -zigfachen Preis der offiziellen, vom Staat festgelegten Miete schwarz weitervermietet, wobei an den Staat nur eben diese offizielle Miete abgeführt wird. Der reguläre Mieter schränkt sich ein oder weicht auf die Datscha aus. Der Staat nutzt den Neid der Wohnungssuchenden aus und wartet mit entsprechenden Forderungen zu Spitzeldiensten auf. Wer eine schwarz weitervermietete Wohnung anzeigt, darf dort Eigenbedarf anmelden.

Im europäischen Vergleich bezahlen Tschechen eine noch vernünftige Miete: gerade 13 % der Ausgaben eines Haushalts. Nur 30 % von diesen 13 % macht die tatsächliche Miete aus, 15 % fallen für Strom, Gas und 17 % für Wasser und Kommunaldienste ab. Den größten Betrag, 40 %, nimmt die Heizung ein. Alle Posten werden nach wie vor vom Staat bezuschußt. Um der Entstehung eines freien Wohnungsmarktes

auf die Sprünge zu helfen, soll dies nach und nach abgebaut werden. Der Mieter soll den realen Preis für seine Wohnung entrichten. Das bringt Unzufriedenheit mit sich und birgt soziale Spannungen. Das Angebot an preiswertem Wohnraum ist längst erschöpft, der enge Markt verzeichnet ein Überangebot an teuren Häusern. Aber auf eine Mietwohnung sind zur Zeit um die 60 % der Bevölkerung angewiesen, der Rest besitzt ein Eigenheim. Um die Familien vor dem finanziellen Ruin zu bewahren, fing der Staat an, jeweils nach Einkommenshöhe gestaffeltes Wohngeld auszuzahlen, das 1996 400 000 Familien beanspruchten. Denn leider wurde bei der Schaffung der Finanzierungsmodelle für Eigentumshäuser und -wohnungen der Durchschnittsverdiener so gut wie vergessen. Ein Lehrer, der pro Monat 8 000 Kronen (etwa 500 DM) nach Hause bringt, wird sich hüten, von seinem Gehalt einen Hauskauf für 2 bis 3 Millionen Kronen finanzieren zu wollen.

Neben dem gebundenen Mietzins ist auch das vom Staat regulierte und mit Zuschüssen bedachte Entgelt für die Wärme ein sozialistisches Relikt. Da man die Wärme unabhängig vom Verbrauch bezahlen muß, sind tschechische Wohnungen und Büros chronisch überheizt. Die Wärmeregulierung erfolgt auf die bekannte Weise: Ist es zu heiß, öffnet man die Fenster, ist es zu kalt, werden sie geschlossen. Auch hier, wie bei Mietzins, Strom und Gas, geht die Regierung eine konsequente Deregulierung an, die Zuschüsse werden abgeschafft. Im Jahre 1997 zogen dadurch die Heizkosten um etwa 40 % an. Die Verschiebung der Kosten vom Steuerzahler zum eigentlichen Verbraucher soll sich nicht nur ökonomisch, sondern auch ökologisch bemerkbar machen. Das betrifft auch den Wasserverbrauch, der früher mit einer Pauschale abgegolten wurde. Die Wasserpreise steigen, der Wasserzähler läuft mit und zwingt zur Vernunft. Der Wasserverbrauch der Tschechen, insbesondere in den Mietskasernen, sank in den letzten drei Jahren bis um ein Drittel.

Die Datscha

Die Anonymität der Trabantenstädte, die Enge der Wohnungen und der Anblick der grauen Betonwände ließ in Tschechien die auch in anderen Ländern des real existierenden Sozialismus verbreitete Datscha-Kultur entstehen. Als Außenstehender gewinnt man den Eindruck, daß die binnenländische tschechische Bevölkerung eine Art Ebbe und Flut nachspielt: Die Woche über verbringt die Nation „zu Hause". Am Freitagnachmittag verschwindet sie auf die Datscha. Hier entfaltet der Tscheche sein wahres Selbst, pflegt das Häuschen und maniküirt den Garten. Vergessen sind Wasser- und Heizkosten, auch das schwenkbare Waschbecken. Dieses Wochenend-Bedürfnis führte zur Entstehung ausgedehnter Gartenlaubenkolonien, Datschasiedlungen oder zu eigenartigen Kontrapunkten in dem ansonsten euphemistisch als eher mediterranlässig umschriebenen Erscheinungsbild des Dorfes. Ein tip top gepflegtes Haus mit englischem Rasen davor ist mit Sicherheit das Wochenendhaus eines fleißigen Pragers. Das ruhige Dorf kommt ohnehin nur in Romanen vor. Insbesondere an Wochenenden und Feiertagen wird gehämmert, gezimmert und gesägt. Die Überlegung, der Nachbar könnte sich über die Ruhestörung beschweren und wie in Deutschland gar die Polizei um Unterbindung derselben bitten, wird mit eindeutigem Klopfen auf die Stirn kommentiert.

Nun droht diese Datscha-Kultur zu verschwinden. Der politische Druck, der einst die Flucht in die abgeschiedene Privatsphäre erzeugte, läßt nach. Außerdem sind Ibiza oder Mallorca für viele das neue Urlaubsglück geworden. Der Trend bewegt sich in Richtung individuelles Wohnen oder „schöner Wohnen am Wohnort".

Burg Bouzov in Mähren gehörte einst dem Deutschen Orden. –
Foto: Tschechisches Fremdenverkehrsamt, Prag

GESCHICHTE

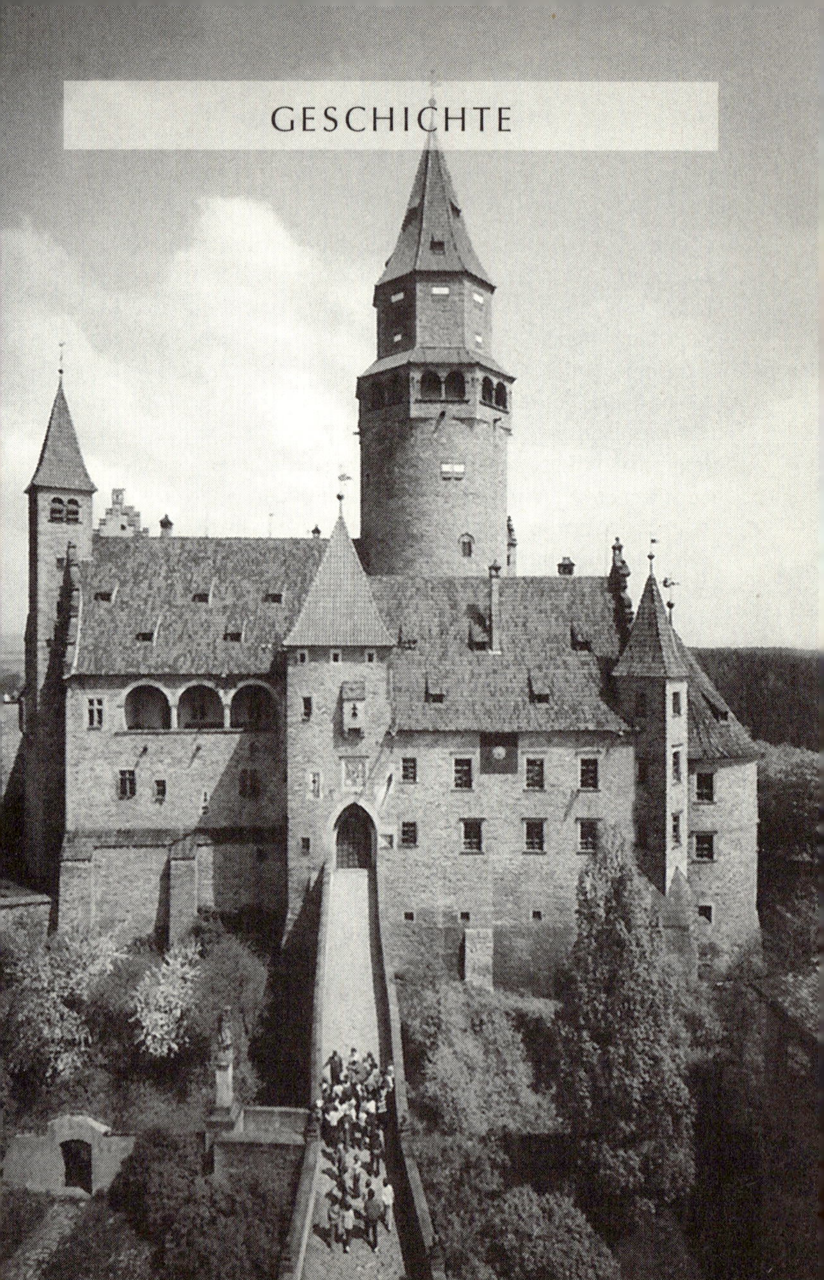

Ist die Geschichte machbar?

Zur Frühgeschichte

Eines Tages, wahrscheinlich des kalten Klimas überdrüssig, begab sich irgendwo im fernen Osten der Urvater aller Tschechen auf den Weg gen Westen. Er war auf der Suche nach einer neuen Heimat. Der Mann hieß Čech. Im Gefolge liefen ihm Leute nach, die sich später – und welches Volk gedenkt seiner Führer nicht mit Liebe? – „Tschechen" nannten. Der wohlstandsbewußte Ur-Tscheche peilte ein Land an, in dem „Milch und Honig" floß. Unbegreiflicherweise machte er jedoch nicht erst in den Vogesen oder den Schweizer Alpen halt. Er stieg auf einen Vulkankegel, den Říp (Reifberg), unweit von Mělník am Zusammenfluß von Moldau und Elbe, und meinte, das sei das Richtige. Man ließ sich nieder. Soweit die Mythologie.

Die Archäologie brachte Funde zutage, die aus der Bronze- und Eisenzeit stammen und eine keltische Besiedlung belegen. Römische Geschichtsschreiber sprachen von den Siedlungen, den *oppida*, der Bojer, der blutrünstigen Kelten aus dem Lande Boiohaemum. Die lateinische Bezeichnung des Landes Bohemia, von dem auch das deutsche Böhmen stammt, hat also hier seinen Ursprung. Die Bewohner, Bojer, wichen später entweder, wie eine Historikerthese vermutet, dem Druck germanischer Stämme nach Bayern aus oder sie wurden assimiliert. Im übrigen stehen die Bayern von allen Deutschen den Tschechen am nächsten. So die geläufige Meinung in Tschechien. Ist das ein Kompliment?

Zu Zeiten der Völkerwanderung im 6. Jahrhundert drangen die Slawen in die Gebiete Böhmens ein. Ein fränkischer Bericht erwähnt unterworfene Slawen und Awaren, die sich gegen ihre Herrscher unter der Führung eines fränkischen Händlers erhoben. Der Mann hieß Samo. Das von ihm Anfang des 7. Jahrhunderts beherrschte Gebiet sollte demzufolge Samos Reich heißen und wird unter anderem im Raum des

heutigen Böhmen und Mähren vermutet. Samos Reich gilt als das erste Staatsgebilde der Slawen. Es zerfiel wohl unmittelbar nach seinem Tode, etwa im Jahre 660.

Nach weiteren hundert Jahren geriet das böhmische Gebiet unter den Einfluß Karls des Großen. Nach seinem Tod 814 wurde die Macht des östlichen fränkischen Reiches zwar geschwächt, dauerte jedoch an. Der Name Karl blieb allerdings bei den Slawen die Bezeichnung für einen Herrscher: Karl = *král* (König).

Anders in Mähren. Der erste namentlich erwähnte slawische Fürst Mojmír (830–846) machte es dem Samo nach und baute sein Einflußgebiet zum Großmährischen Reich aus. Zuvor mußte Pribina weichen, ein anderer Slawenfürst, der an seinem Residenzort in Neutra (Slowakei) den Bau einer Kirche erlaubte, die dem hl. Emmeranus, einem bayerischen Schutzheiligen irischer Observanz, geweiht wurde. Derweil teilte sich das Frankenreich, und Ludwig der Deutsche wählte Regensburg zu seinem ersten Wohnsitz. Hier nahm im Jahre 845 eine Gruppe böhmischer Stammesfürsten die Taufe an. Das tschechische Christentum ist somit älter als die von Kyrill und Method verkündete Botschaft aus Byzanz. Die älteste Schicht der christlichen Kultur ist hier demnach westeuropäischen Ursprungs und irisch-monastischer Prägung. Nur das politische Interesse des Mährerfürsten Rastislav führte das Land (vorübergehend) in die Einflußsphäre der östlichen Kirche. Die Rückkehr zur westlichen Kirche prägte fortan Böhmen und Mähren in allen Bereichen des gesellschaftlichen Lebens (lateinische Liturgie, Schrift, Literatur).

Rastislav, ein Neffe Mojmírs, übernahm im Jahre 846 das Zepter. Er überwarf sich mit Ludwig dem Deutschen, und außerdem behagte ihm der Einfluß der fränkischen Bischöfe nicht. Deswegen suchte er anderweitig nach religiöser Unterstützung. Da sich Papst Nikolaus I. taub stellte, rief er Byzanz an. Kaiser Michael III. schickte eine von den Mönchen Kyrill und Method (Konstantinos und Methodios aus Thessaloniki) angeführte Gelehrtendelegation nach Mähren. Sie kamen am 5. Juni 864 an. Das bestätigten namhafte Historiker, und

Tschechien ist ihnen dafür dankbar – der Tag ist ein Feiertag geworden.

Zur Untermauerung der politischen und religiösen Unabhängigkeit Mährens erhielten die beiden Slawenlehrer den Auftrag, das Evangelium bei den Slawen nicht in Latein, sondern in der Landessprache zu verkünden. Das hatte die Übersetzung der religiösen Schriften in die slawische Sprache zur Folge. Kyrill entwarf zu diesem Zweck eine Schrift, die *Glagolica*. Sie verlor schnell an Bedeutung, die kurze Zeit später von Kyrills Schülern in Makedonien entwickelte *Kirilica* hielt sich. Und so kamen die Tschechen, zumindest vorübergehend, zur kyrillischen Schrift. Im übrigen waren die Tschechen das erste slawische Volk, dem die ganze Bibel in seiner eigenen Sprache vorlag. Dies sollte allerdings erst im 14. Jahrhundert der Fall sein.

Kyrill starb im Jahre 869, und sein Bruder Method wurde vom Papst zum Erzbischof von Mähren ernannt. Inzwischen erschien ein Neffe Rastislavs auf der Bühne, nahm seinen Onkel fest, lieferte ihn bei den Franken ab und regierte fortan selber. Er hieß Svatopluk und begünstigte nach dem Tode von Method im Jahre 885 erneut die lateinische Liturgie. Das bedeutete das Ende der byzantinischen Mission. Unter Svatopluk erlebte das Großmährische Reich seine größte räumliche Ausdehnung: es umfaßte Mähren, Südpolen, Nordungarn und Böhmen.

Die Přemysliden

Svatopluk selber starb im Jahre 894, sein Thronfolger war Mojmír II. Dieser war jedoch nicht imstande, das Reich zusammenzuhalten. Sein Tod im Jahre 904 bedeutete für Großmähren das endgültige Aus. Zunächst fiel Böhmen ab, das zu einem neuen Machtzentrum wurde. Nun lagen sich zwei konkurrierende Dynastien in den Haaren: die Přemysliden und die Slavnikiden.

Der Konflikt wollte gelöst werden. Zunächst wurde Ludmila ermordet. Ludmila war die Frau von Bořivoj, dem ersten hi-

storisch belegten Přemysliden. Die Přemysliden schlugen zurück und schlachteten alle Slavnikiden konsequent ab.

Přemysl und Libussa

Eine Legende erzählt von Libussa, der Tochter des sagenhaften Königs Krok. Libussa, des Alleinseins überdrüssig, trug Entscheidendes zur Gründung der Přemyslidendynastie bei. Sie wählte einen Lebenspartner, der Přemysl hieß und Bauer war. Libussa wohnte auf der Burg Vyšehrad. Diese Burg, heute am Rande Prags gelegen, wurde von den ersten Přemysliden der Burg auf dem Hradschin vorgezogen. Sie hat daher für die Tschechen eine hohe historische und mythologische Bedeutung. Im Jahre 1870 wurde sie zum Nationalen Ehrenfriedhof für die großen Söhne des Volkes erklärt. Prag als Stadt beeindruckte damals kaum jemanden, doch Libussa sah es kommen. Sie zeigte in die Richtung und leistete sich ein Orakel: „Ich sehe eine Stadt, deren Ruhm bis zu den Sternen reicht."

Ludmila war gleichzeitig auch die Großmutter des Fürsten Wenzel (Václav). Wenzel wurde um seine Stellung beneidet, und das ausgerechnet von seinem Bruder Boleslav. Im Jahre 929 ermordete ihn der Mißgünstige (neuere Forschungen geben das Jahr 935 an). Mit seinem Tod wurde Wenzel zu einem Märtyrer, und, später heiliggesprochen, zum Schutzpatron aller Tschechen. Die wichtigsten politischen Ereignisse oder Umwälzungen nehmen oft am Fuße seines Reiterdenkmals auf dem nach ihm benannten Platz ihren Anfang.

In der zweiten Hälfte des 10. Jahrhunderts breiteten sich die Přemysliden auch in Schlesien bis an die obere Weichsel, in das Lausitzer Sorbenland und nach Mähren aus. Nur Mähren blieb bis heute dabei. Ein Přemyslide wurde auch zum ersten böhmischen König: Vratislav, gekrönt im Jahre 1085 auf der Prager Burg. Erst Kaiser Friedrich bestätigte im Jahre 1212 in der Goldenen Bulle von Sizilien Přemysl Otakar I. die Erblichkeit seiner Königswürde. Als dann der fünfundzwanzigste Přemyslide, Přemysl Otakar II., auch der „Goldene

König" genannt, in den Jahren 1253 bis 1278 an der Macht war, erlebte das Land eine beachtliche Ausweitung. Es reichte vom Riesengebirge bis in die Steiermark. Im 13. und 14. Jahrhundert, im Zusammenhang mit der Weiterentwicklung und Neugründung der Städte, strömten Kolonisten aus den Niederlanden und dem Norden und Süden Deutschlands nach Böhmen, und das vor allem in die bis dahin wenig besiedelten Grenzregionen: das spätere Sudetenland. Der Name „Sudetendeutsche" wurde jedoch erst im Jahre 1902 geprägt. Angeführt wurden sie von einer Art Manager, dem Lokator. Er suchte die richtigen Leute zusammen und führte sie dorthin, wo die lokalen Ressourcen – beispielsweise Bergleute – nicht ausreichten. Ähnlich wie in deutschen Ländern vergab in Böhmen die Burg ihrer Vorburg das Marktrecht, und dadurch verwandelte sich die Ansiedlung unterhalb der Burg zu einer Stadt. Da der Ursprung vieler Namen in dem Städtenamen wiedergegeben wurde, kommen auch in Tschechien häufig Städte mit der Endung *-burk* (-burg) vor (z. B. Nymburk). Die Kolonisten brachten in der Regel ihre eigene Gesetzgebung mit und verlangten deren Anwendung. Das erklärt die Vielfalt der Stadtrechte zu dieser Zeit, etwa Städte mit schwäbischem oder sächsischem Recht.

Die Luxemburger

Nach über 400 Jahren Přemysliden-Herrschaft wurde im Jahre 1306 Wenzel III., der Nachfolger von Přemysl Otakar II., in Olmütz umgebracht. Mit ihm starb die Dynastie aus. Allerdings hinterließ er eine achtzehnjährige Witwe, an der Johann von Luxemburg Gefallen fand. Johann heiratete sie und wurde 1311 zum böhmischen König gekrönt. Im Jahre 1316 wurde den beiden ein Sohn geboren, der 1347 als Karl IV. böhmischer König wurde. Karl mochte Prag, und das brachte der Stadt und dem Lande eine sowohl wirtschaftliche als auch kulturelle Blüte. Es hat sein Wahrzeichen bekommen, die Karlsbrücke, die heute unter japanischen Blitzlichtern und Touristenkohorten mit dem unverzichtbaren Fähnlein vorne-

weg stöhnt. Auf dem Hradschin wurde renoviert und umgebaut, große Künstler wie Matthias von Arras und Peter Parler legten Hand an. Prag bekam seine Neustadt und eine Universität. Auch sei noch an die Burg Karlštejn mit ihren Weinbergen erinnert. Sie wurde als Aufbewahrungsort für die Kronjuwelen gebaut.

Karls Sohn Wenzel IV. hatte nicht das Format seines Vaters und außerdem ein unglückliches Verhältnis zur Kirche. Er war es übrigens, der im Jahre 1393 den Generalvikar des Prager Erzbischofs, Johann von Nepomuk, foltern und dann kurzerhand in die Moldau werfen ließ (das Relief mit der Darstellung des Ereignisses auf der Karlsbrücke zu berühren, bringt Glück). Als Beichtvater der Königin wollte dieser angeblich die anvertrauten Geheimnisse nicht preisgeben. Drei Jahrhunderte später, bei der Rekatholisierung des Landes wurde Nepomuk heiliggesprochen. Er ist der Heilige, der viele Brücken nicht nur in Tschechien schmückt.

Ein schweigsamer Beichtvater?

Entgegen allen Überlieferungen durfte der heutige Landespatron von Böhmen und ehemalige Generalvikar Johann von Nepomuk aus Pomuk in Südböhmen (sein Vater, Dorfschulze in Pomuk, hieß Wolflin und war allem Anschein nach ein Deutscher) wohl kaum am Hofe erscheinen, geschweige denn die Beichte der Königin abnehmen. Er gehörte zum Lager der Erzfeinde von Václav IV. Der König ließ ihn für das Mißachten seiner ausdrücklichen Anordnung und wegen politischer Intrigen foltern und am 20. 3. 1393 in der Moldau ertränken.

Die Legende des schweigsamen Beichtvaters kam erst 1451 durch den Wiener Professor Ebendorfer auf. Sie wurde von späteren Geschichtsschreibern übernommen und ausgebaut. In der Zeit der Rekatholisierung des Landes sollte Nepomuk als eine Art Gegengewicht zu Hus dienen. In dieser Zeit dürfte sein curriculum vitae auch die entsprechenden Korrekturen erfahren haben und die Geschichte von seiner auch im Grabe unversehrten Zunge zustande gekommen sein. Nepomuk wurde im Jahre 1729 heiliggesprochen.

Kurze Zeit später machte sich ein anderer Mann in der Bethlehemskapelle einen Namen als Prediger, der für die Reform von Gesellschaft und Kirche eintrat: Jan Hus. Seine Renitenz gegenüber Rom führte dazu, daß er seine Ansichten dem Konstanzer Konzil vorlegen mußte. Hier wurde Hus amtlich des Ketzertums beschuldigt und am 6. Juni 1415 dem Scheiterhaufen übergeben. Die Auseinandersetzung galt für das Konzil als beendet. Die Tschechen sahen das allerdings anders. Die sozialen Spannungen und der Tod von Hus führten in Böhmen zum Ausbruch von Unruhen. 1419 fand die Premiere des Prager Fenstersturzes statt, als einige Widersacher der Beschwerdeführer aus den Fenstern des Neustädter Rathauses geworfen wurden. Die Hussitenkriege waren die letzten und europaweiten militärischen Erfolge des tschechischen Heeres, das Wagenburgen nutzte und gesungene Choräle zur psychologischen Kriegsführung einsetzte. Nach zwei Jahrzehnten voller Kämpfe wurden die Hussiten in einer entscheidenden Schlacht 1434 bei Lipany geschlagen, und die Zeit der Hussitischen Kriege wurde beendet. Bei seinem Besuch im Jahre 1990 forderte Papst Johannes Paul II. eine tschechische Theologenkommission dazu auf, die Rolle genauer zu bestimmen, die Hus unter den Reformatoren der Kirche gebührt. Die Tschechen freuen sich seitdem auf seine zukünftige Heiligsprechung.

Prager Fensterstürze

Anscheinend finden die Tschechen an dieser Art der Konfliktlösung Gefallen, denn die Geschichte verzeichnet einige Fensterstürze. Knapp zweihundert Jahre nach dem ersten fand 1618 ein zweiter statt (s.u.), diesmal aus dem Hradschin. Einer der tragischsten war sicherlich der bis heute ungeklärte Tod des Außenministers Jan Masaryk. Er „fiel" nach der kommunistischen Machtübernahme aus dem Fenster des Hradschin. Im Sommer 1996 übrigens, als die Untergrundkämpfe der Mafiosi in Prag eskalierten, beendeten die Tschechen eine Auseinandersetzung mit chinesischen Gangstern auf ebendiese traditionelle Weise. Das Fenster lag zwar im achten Stock, aber die Mafiosi landeten auf den geparkten Škodas, deren passive Sicherheit sie wie durch ein Wunder nur mit Prellungen und Brüchen davonkommen ließ.

Die Habsburger

Nach einem etwa zehnjährigen Intermezzo des von den böhmischen Ständen gewählten Königs Georg von Poděbrady fiel die böhmische Krone den polnischen Jagiellonen in den Schoß. Nach dem Tode des letzten von ihnen durften die böhmischen Stände wieder wählen. Sie wählten Ferdinand I., einen Habsburger, zum König. Böhmen und Mähren sollten dann bis 1918 im Hause Habsburg verbleiben.

„Hussitische Wagenburg". Die als Feldzeichen verwendete Gans (tschech. husa) sollte an Jan Hus erinnern.
Aus dem Kriegsbuch des Johann Hartlieb (um 1440)

Ferdinand I. vergaß, das zuvor im Hinblick auf die Religionsfreiheit geäußerte Wahlversprechen einzulösen, und ein Aufstand folgte. Der leidenschaftliche Sammler Rudolf II. kam an die Macht. Politik interessierte ihn nicht übermäßig, aber immerhin sprach er mit einem Majestat allen Ständen die freie Wahl der Religion zu. Als sein Bruder Matthias die Regierungsgeschäfte übernahm, brachen erneut konfessionelle Streitigkeiten aus. Die böhmischen Stände schickten eine Delegation auf den Hradschin, die im Zuge der Verhandlungen erneut nach bewährter Manier einige Beschäftigte der Kanzlei aus dem Fenster warf.

Die Reprise des Fenstersturzes im Jahre 1618 ging zunächst ohne nennenswerte Verletzungen vonstatten. Aber König Matthias starb 1619, und das Los fiel auf einen deutschen Protestanten, Friedrich von der Pfalz. Sein Glück dauerte genau einen Winter lang. Das Comeback der Habsburger erfolgte 1620. In einer entscheidenden Schlacht am Weißen Berg (Bílá Hora) bei Prag wurden die böhmischen Stände besiegt. Die ersten Exilanten mußten das Land verlassen, unter ihnen Comenius, der später in den Niederlanden starb. Comenius, Bischof der böhmischen Brudergemeinde und ein bekannter Pädagoge mit Geltung weit über seine Zeit hinaus, wollte die Schule neu gestalten. Sie sollte zu einer „Werkstätte der Menschlichkeit" werden.

Seit dem Jahre 1627 wurde die böhmische Krone für die Habsburger erblich. Deutsch, die lingua franca des Habsburgischen Zentralismus, wurde zur alleinigen Amtssprache erhoben. Eine Rekatholisierung des Landes setzte ein, die staatsrechtliche Autonomie ging verloren. Von nun an wurde Böhmen von Wien aus regiert.

Nationale Wiedergeburt

Die tschechische Geschichtsschreibung verwendet für die Zeit der Rekatholisierung zwischen der Schlacht am Weißen Berg und der Nationalen Wiedergeburt den Terminus *Doba temna* („Die Zeiten der Finsternis", „Die dunklen Zeiten", oder

„Das Dunkel"). Die Bezeichnung geht auf den Roman eines zu der Zeit populären Schriftstellers, Alois Jirásek, zurück.

Mitte des 18. Jahrhunderts verbreiteten sich die Ideen der Aufklärung. Ab dem Beginn des darauffolgenden Jahrhunderts formierte sich die tschechische Nationalbewegung. Eine Gruppe von Intellektuellen – auch hier wird es geschichtliche Reprisen geben – übte sich im Widerstand gegen die Dominanz des Deutschen. Philologen wie Josef Dobrovský, Begründer der tschechischen Slawistik, und Josef Jungmann, der spätere Verfasser eines tschechischen Wörterbuchs, förderten mit ihrer Arbeit vor allem die Anerkennung der tschechischen Sprache. Dem folgte bald das Verlangen nach einer politischen Autonomie.

Im Jahre 1848 boykottierten die Tschechen die Frankfurter Nationalversammlung, in Prag fand ein Slawenkongreß statt, auf dem die Vertreter aller slawischen Völker der Habsburger Monarchie eine Umstrukturierung des Landes zugunsten von mehr Selbständigkeit forderten. Der Verfasser der unter dem Begriff „Austroslawismus" bekannten Forderungen hieß František Palacký. Paradoxerweise kamen die Anstöße aus dem deutschen Sprachbereich, etwa durch Herders „Stimmen der Völker" und die „sanften Slawen", und so wirkten deutsche Kulturströmungen auf das erwachende „Tschechentum". Man gründete bürgerliche und künstlerische Vereine. Friedrich Ludwig Jahn lieferte das entsprechende Muster für die Gründung des Turnvereins „Sokol" (Falke), der nach 1989, nachdem er 1948 von den Kommunisten verboten worden war, eine Wiederauferstehung erleben sollte.

Das Ständetheater, die Stätte der Uraufführung von Mozarts „Don Giovanni", war von seinem Gründer dazu bestimmt worden, „die Werke deutscher Meister in deutscher Sprache zu pflegen". Somit wurde die Gründung eines eigenen Nationaltheaters eines des wichtigsten Ziele der nationalen Selbstbesinnung. (Das Material zur Grundsteinlegung stammt von der symbolträchtigen Reifburg.) An diesen kulturpolitischen Bestrebungen nahmen die liberalen böhmischen Deutschen lange Zeit mit Sympathien Anteil. Die Devise hieß „Bohemismus", gleichberechtigtes Zusammenleben von Deutschen und

Tschechen in Böhmen. Zu dieser Zeit tauchte auch die „Königinhofer Handschrift" auf: eine alte Schrift mit tschechischen Heldensagen, die angeblich älter war als das deutsche Nibelungenlied. Doch schon der erwähnte Dobrovský meldete Zweifel an.

Dichtung und Wahrheit

Entgegen der gerne kolportierten Lehre war wohl schon der Heilige Wenzel kein gutmütiger Bursche. Den Grund zu einer ausgiebigen Beichte lieferte ihm unter anderem auch manche mit den Heiden durchzechte Nacht. Wenn er einer Frau überdrüssig war, teilte er sie kurzerhand einem Höfling zu und nahm eine neue. Hinterfragt wird auch die Echtheit seines Schädels, mit dem der Prager Erzbischof bei besonderen Gelegenheiten die Stadt segnet. Es ist nicht ausgeschlossen, daß es sich um den Schädel seines Bruders Boleslav handeln könnte. Ein kleiner Lapsus ziert übrigens auch die Reiterstatue des Hl. Wenzels auf dem Wenzelsplatz. Der dargestellte Steigbügel stammt aus Skandinavien, wo er in solch einer Form erst hundert Jahre nach Wenzels Tod aufkam. Ähnlich ergeht es dem Magister Hus zur Zeit der Wiedergeburt. Bei seiner asketischen Darstellung (beispielsweise das Denkmal am Altstädter Ring) war der Wunsch der Vater des Gedankens. Denn Hus war klein und dick. Er selber entschuldigt in seinen Briefen die Notwendigkeit, bergauf in einer Sänfte getragen werden zu müssen: „... weil ich fett bin". Der Grund für das Konstanzer Konzil war im übrigen nicht die Lehre von Hus, wie tschechische Schulbücher suggerieren, sondern in erster Linie die Wiedervereinigung der Kirche. Auch der geniale Hussitenführer Žižka behält bei näherem Hinsehen nicht alle Lorbeeren seines Kranzes: die berühmten Wagenburgen beispielsweise kannten schon die Italiener. Zum Hofe des Königs Wenzel IV. gehörte er wohl nur insofern, als er die Funktion eines Türstehers bekleidete. Auch die bildliche Darstellung der hussitischen Kämpfer in der zweiten Hälfte des 19. Jahrhunderts (J. Mánes, M. Aleš) bringt einiges durcheinander. So tauchen auf den Bildern frühmittelalterliche Schwerter mit spätmittelalterlichen Helmen auf, zusammen mit ostslawischen Kampfäxten und fränkischen, karolingischen Schwertern und Speeren. Die Bekleidung der Hussiten kopiert größtenteils gar eine slowakische Nationaltracht aus der Umgebung von Detva.

Wie verwurzelt die heutige Zeit in der Vergangenheit ist, demonstrierte ein Fall der jüngsten Musikgeschichte. Die postrevolutionäre Welle der Begeisterung nach 1989 brachte seit der Gründung vor hundert Jahren zum erstenmal einen Ausländer an die Spitze der Tschechischen Philharmonie. Nicht irgendeinen Ausländer, sondern einen Deutschen. Eine Reihe von Tschechen war zwar der Meinung, daß nur ein tschechischer Dirigent den guten Namen des Orchesters garantieren könne, ein solcher aber war Mangelware. Die Wahl fiel auf Herrn Albrecht. Er übernahm dieses Stück des Familiensilbers, das in erster Reihe nicht als Orchester, sondern als eine nationale Institution gilt.

„Ja", besagte bald ein Witz, „heute hat wieder die Tschechische Philharmonie mit Albrecht gespielt ... wirklich toll ... nur weiß ich nicht, wer gewonnen hat." Die Nation spitzte die Ohren, und plötzlich hörten auch Leute zu, die sich ansonsten nur für die Tonleiter einer Autohupe interessierten. Sie fanden seine Interpretationen berühmter Komponisten kalt und unpersönlich. Eben typisch deutsch. Die Philharmonie wurde zur Disharmonie, das Ganze nahm ein unrühmliches Ende: nach langwierigen Auseinandersetzungen wurde sein Vertrag aufgelöst.

Die Erste Republik

Die angestrebte Selbständigkeit erfolgte nach dem Ende des Ersten Weltkrieges mit dem Zerfall der k. und k. Monarchie. Heute wird in Böhmen diese Monarchie nicht selten durch die romantische Brille der Verklärung als eine bequem-gutmütige Einrichtung gesehen, in der man aus dem Erzgebirge bis an die Adria ohne Visa-Pflichten gelangen konnte. Der Monarchie-Spleen drückt wohl die Sehnsucht nach den selten erlebten, geordneten Verhältnissen aus. Herübergerettet aus der guten alten Zeit des Kaiserreichs hat sich eine Bürokratie, die von ihrer Größe her ganz Lateinamerika verwalten könnte. Sie läßt es sich im übrigen nicht nehmen, in jedem nur irgendwie geeigneten Raum, sei es ein Klassenzimmer, ein Büro

oder ein Sitzungsraum, ein Konterfei des jeweiligen Präsidenten zu hängen. So wie es die Direktive für das Konterfei „unseres" Franz Josef verlangte.

Titeleien

Die Widrigkeiten aller Republiken überlebte auch die nicht zu stillende Titelsucht. Jeder nur erdenkliche Titel wird vor dem Namen, hinter dem Namen (CSc., candidatus scientiarum) und, soweit zulässig, auch noch in der Mitte des Namens getragen. Ein Professor, Doktor und auch noch ein Magister ist zwar zu verkraften, aber wenn die Menge der Titel doch nicht so inflationär wäre! Oft genügte es, die richtige Abendschule, sprich die des Marxismus-Leninismus zu besuchen, und der begehrte Titel konnte in Kürze mit nach Hause genommen werden. Im Jahre 1996 wurden mehrere Fälle von Abgeordneten bekannt, die sich einen Dr. nicht nach einer Promotion, sondern nach einem Eitelkeitsanfall zulegten. Es ist anscheinend nur eine Frage der Zeit, bis Tschechien bei einem „Josef Novák, Zweiter Heizer" ankommt. Auch Begriffe wie „Eigentümer" scheinen die Qualität eines Titels zu entwickeln. Zu genießen ist dies insbesondere dann, wenn aus unerklärlichen Gründen auf der Visitenkarte auch noch auf Englisch *owner* steht. (Es wurden schon *chief* und *boss* gesichtet.)

Den Boden für die Entstehung der Republik bereitete eine Exilantengruppe. Eine Schlüsselrolle kommt hier dem Philosophen, Hochschulprofessor, Politiker und später ersten Präsidenten des Staates, Tomáš G. Masaryk (1850–1937) zu. Er betrat die politische Bühne auf eine unübliche Art und Weise: Als „abscheulicher, von Wien bestochener Verräter" von den tschechischen Chauvinisten beschimpft, wies er gemeinsam mit dem Sprachwissenschaftler Jan Gebauer nach, daß die erwähnte Königinhofer Handschrift, deren Entstehungszeit vor dem Nibelungenlied datiert wurde und somit die Überlegenheit der tschechischen vor der deutschen Kultur dokumentieren sollte, eine Fälschung war. Noch einmal tat er sich hervor, als er den angeblichen Ritualmord eines jüdischen

Hausierers an einem christlichen Dienstmädchen als Lüge entlarvte und dem tschechischen Antisemitismus eine Mahnung erteilte. Am Vorabend des Ersten Weltkrieges ging er ins Exil und setzte seine politische Arbeit in den USA fort. Sie trug Früchte, und der tschechoslowakische Rat wurde im Sommer 1918 als eine Regierung des neuen Staates von den Franzosen, Amerikanern und Engländern anerkannt.

Offiziell anerkannt wurde die Republik, der durch eine Deklaration im Jahre 1918 die Slowakei beitrat, ein Jahr später, nach der Friedenskonferenz in Versailles. Bis dahin war die Slowakei administrativ Ungarn unterstellt. Denselben Verwalter hatte auch die Karpato-Ukraine, die im Jahre 1919 ebenfalls der Tschechoslowakei beitrat.

Die Karpato-Ukraine mit der Stadt Ušhorod bildete ein kleines, hufeisenförmiges Anhängsel im Osten. Sie blieb nicht lange dabei. Nach dem Zweiten Weltkrieg beschlossen die Bewohner „einstimmig", sich der Sowjetunion anzuschließen. Es mag sein, daß damit nur eine einzige Stimme, die des Väterchens Stalin, gemeint war. Durch das Einverleiben des Ländchens sicherte er der SU über eine gemeinsame Grenze den freien Zugang nach Ungarn. Aus dieser Zeit stammt wohl die Prüfungsfrage „Mit welchen Staaten hat die Sowjetunion eine gemeinsame Grenze?" mit der Antwort eines informierten Schülers: „Das entscheidet die Sowjetunion selber."

Die Erste Republik sollte eine Art Musterstaat nach Schweizer Vorbild werden. Dies war nicht nur wirtschaftlich gemeint. Im Jahre 1921 zählte das Land 13 613 172 Einwohner, davon 51 % Tschechen, 23,4 % Deutsche, 14,5 % Slowaken, 5,5 % Ungarn, 3,4 % Ruthenen, Ukrainer, Russen und nebst 1,3 % Juden auch 0,6 % Polen. Das Gebot hieß somit: Toleranz. Hier zum Vergleich die ethnische Bevölkerungsstruktur des Jahres 1991: 94,4 % Tschechen und 3,1 % Slowaken, die restlichen 2,5 % setzen sich aus Polen, Deutschen, Ungarn und Ukrainern zusammen. Nach der Teilung des Landes entschieden sich etwa 100 000 Slowaken für die tschechische Staatsangehörigkeit.

In dieser Statistik werden Roma nicht aufgelistet, der Grund dafür wird nicht näher erläutert. Die Statistik von 1989 spricht

von 400 000 Roma, die Roma selber gaben ihre Zahl gar mit 800 000 an. Die Mehrheit der Roma lebt zwar in der Slowakei, doch dessen ungeachtet ist diese ethnische Gruppe heute auch eine der größten Minderheiten Tschechiens.

Wie später die Samtene Revolution lief auch die Ausrufung des eigenen Staates ohne Blutvergießen ab. Ungeachtet der Tatsache, daß beispielsweise auch ein Slowake einen entscheidenden Beitrag zur Gründung der Republik leistete (Štefánik in Paris), verklären Tschechen die Erste Republik in ungebührlicher Weise. Die Probleme werden ausgeklammert. Etwa im Hinblick auf die gelobte Toleranz der damaligen Zeit dürfte ein Deutscher, ein Slowake oder ein Roma mit einer anderen Sichtweise ziemlich überraschen.

Der Zerfall der Monarchie brachte zunächst den Verlust der Märkte mit sich. Die Zechen im Norden, die Schwer- oder die Textilindustrie hatten plötzlich Absatzschwierigkeiten. Die Wirtschaftskrise im Jahre 1929 sorgte für Heere von Arbeitslosen und Armen. Man erinnert sich natürlich nicht gerne an die verarmten Familien, die in den Höhlen um Prag herum hausten. Viele wanderten aus.

Not verspürten auch die strukturschwachen Gebiete des Sudetenlandes. Darüber hinaus wurde die Erste Republik genauso wie jede andere Republik von Pöstchenschiebereien, Parteipolitik und Finanzskandalen erschüttert. Kurzum, es herrschte das allgemeingültige *Egalité, Fraternité, Portemonnaie*. Was die Minderheiten betrifft, so war es schwer, *Egalité* und *Fraternité* in die Praxis umzusetzen. Die 30er Jahre schließlich verstärkten die Spannungen zwischen Tschechen und Deutschen, und die Grenzgebiete gerieten unter den Einfluß der deutschen Nationalpolitik.

Das Protektorat

Im Jahre 1933 gründete Konrad Henlein die Sudetendeutsche Partei (SdP), die 1938 im „Karlsbader Programm" von der Regierung weite Zugeständnisse forderte: völlige Autonomie, Bekenntnis zum Deutschtum und der damit verbundenen

Weltanschauung. Gegenvorschläge aus Prag wurden abgelehnt. Es folgte die Forderung nach dem Anschluß der mehrheitlich von Deutschen bewohnten Gebiete an das Deutsche Reich. Im Jahre 1938 unterschrieben Hitler, Mussolini, Chamberlain und Daladier in München das berüchtigte Abkommen: Die Grenzgebiete mit mehrheitlich deutscher Bevölkerung sollten dem Reich angegliedert werden. Im selben Jahr trat Masaryks Nachfolger, Edvard Beneš, ab und ging ins Exil. Am 15. März marschierten die deutschen Truppen in der „Rest-Tschechei" ein. Zur selben Zeit riefen die Slowaken eine eigenständige Slowakei aus, deren Selbständigkeit freilich auf Hitlers Zustimmung angewiesen war.

Reinhard Heydrich

Die Grundzüge seiner Politik gegenüber den Tschechen erläutert Heydrich am 2. 10. 1942: „Alles Handeln hier von deutschen Menschen in diesem Raum kann nur ganz eindeutig ein gleichgerichtetes sein, nämlich, daß wir im Augenblick aus kriegswichtigen und taktischen Gründen den Tschechen in gewissen Dingen nicht zur Weißglut und zum Verbrennen bringen dürfen, daß wir im Moment hart sein müssen, aber doch so zu handeln haben, daß er nicht (...) zum endgültigen Aufstand etwa glaubt gehen zu müssen. (...) Ich brauche also Ruhe im Raum, damit der Arbeiter, der tschechische Arbeiter, für die deutsche Kriegsleistung hier vollgültig seine Arbeitskraft einsetzt (...). Dazu gehört, daß man den tschechischen Arbeitern natürlich das an Fressen geben muß – (...). (...), die Endlösung wird folgendes mit sich bringen müssen: daß dieser Raum einmal endgültig deutsch besiedelt werden muß. (...): Wir wollen (nicht) nach alter Methode nun versuchen, dieses Tschechengesindel deutsch zu machen, sondern ganz nüchtern: das setzt schon bei den Dingen an, die heute getarnt eingeleitet werden können."
(Zit. aus: Kárný/Milotová, – Protektorátní politika R. Heydricha, Praha 1991, S. 104–109)

Zum Glück verflogen die tausend Jahre des Dritten Reiches recht rasch. Der bittere Geschmack jener Zeiten blieb bis heute

erhalten. Die Herrschaft der Nazis bedeutete geschlossene Universitäten, Liquidation der Intelligenz, Terror. Unmittelbar nach dem Attentat auf den Reichsprotektor Heydrich Ende Mai 1942 wurden Tausende von Menschen hingerichtet und in die KZs verschleppt, die Dörfer Lidice und Ležáky ausgelöscht.

Der Überlebende von Lidice

Das Massaker in Lidice, so die Überlieferung, überlebte ein einziger Mann, ein Mörder, der seine junge Frau in einem Eifersuchtsanfall erschlagen hatte und zur Zeit der Apokalypse gerade seine zwanzigjährige Strafe absaß. Ein Jahr vor dem Ende des Krieges wurde er entlassen, und da ihm auch die Gefängniswärter das schreckliche Ende seines Dorfes verschwiegen hatten, ging er nichtsahnend nach Hause. Als er das Dorf nicht fand und schließlich erfuhr, was passiert war, betrank er sich und steuerte die nächste Dienststelle der Gestapo an. Er meldete sich dort und verlangte seine Exekution. Er sei ein Bürger aus Lidice und hatten die Besatzer nicht alle männlichen Bewohner des Dorfes, egal, wo sie sich aufhielten, zusammengetrieben und erschossen? Aber die Gestapo hielt das für einen dummen Witz und setzte ihn kurzerhand vor die Tür.

Im Frühling des Jahres 1945 erlebte Prag seinen Aufstand gegen die Besatzungsmacht, einige Tage später setzten die Sowjets dem Schrecken der Nazi-Herrschaft ein Ende. (Einen wunderbaren Roman über diese Zeit in Tschechien schrieb Josef Škvorecký: *Zbabělci*, zu deutsch „Feiglinge".) Heute sind die meisten Historiker der Überzeugung, daß die in Pilsen stehenden Amerikaner vor allem deswegen nicht bis Prag vorgedrungen sind, weil die Sowjetunion scharf dagegen protestierte.

Der Krieg war zu Ende. Nicht alle atmeten auf. Die während des Krieges und unmittelbar danach von Präsident Beneš und seiner Exilregierung in London erlassenen Dekrete sahen eine Bestrafung der Nazis, deren Helfer und die Abschiebung der deutschen Bevölkerungsgruppe vor. Das Dekret vom August 1945 erkannte den Mitgliedern der deutschen Bevölke-

rungsgruppe das Recht auf die tschechoslowakische Staatsangehörigkeit ab. Die Deutschen wurden unmittelbar nach dem
Kriege unter Gewaltanwendung nach Deutschland abgescho-
ben. Das betraf immerhin eine Dreiviertelmillion Menschen.

Ein Jahr später, 1946, wurde die Abschiebung der deutschen Bevölkerung von der Potsdamer Konferenz gebilligt und
fortgesetzt. Noch einmal über zwei Millionen Menschen mußten das Land verlassen. Im Hinblick auf die die Abschiebung
begleitende Gewalt und die sinnlose Willkür wird als Erklärung die Erniedrigung der Tschechen und das Abschlachten
Tausender während des Protektorats angeführt. Dadurch wird
jedoch nichts ungeschehen gemacht. Wohl zu Recht verwenden
die Betroffenen nicht den in Tschechien offiziell gebrauchten
Terminus „Abschiebung", sondern sprechen von Vertreibung.
Nach langer innenpolitischer Diskussion wird in Tschechien
mittlerweile der Terminus „Aussiedlung unter Gewaltanwendung" *(násilné vystěhování)* gebraucht.

Diese Vertreibung steht in krassem Gegensatz zum tschechischen Selbstbild, die Wendungen der Geschichte kultiviert und
ohne Blutvergießen zu bewältigen. Ungeachtet der keineswegs
„unausgegorenen" Deklaration, deren Kommasetzung jahre-
langer Gespräche bedurfte und die endlich 1997 unterschrieben wurde, belasten die Kriegs- und Nachkriegsereignisse das
Verhältnis der beiden Länder bis heute. Glücklicherweise
sorgten beide Präsidenten, Herzog und Havel, in klaren Worten für einen Neuanfang des zukünftigen Dialogs.

Heute noch sind Spuren liquidierter Dörfer, abgerissener
Kirchen und zerstörter Friedhöfe in den Grenzgebieten zu
finden. An diesen Stellen tauchen Schilder von Vertriebenen
auf, die verkünden, wo dieses oder jenes Haus stand. Diese
schmerzhaften Hinweise auf die Vergangenheit sorgen aber
bei den Einwohnern nicht für die gewünschte Reaktion. Sie
werden als Provokation empfunden. Die Vergangenheitsbewältigung wird unausweichlich auch in Tschechien zur Sprache kommen müssen, nur müssen die Tschechen dafür selber
Sorge tragen. Hier einen Zwang ausüben zu wollen, führt zu
Blockaden, die auch in Deutschland bestens bekannt sind.

Man denke nur an den Schmerzensschrei in Göttingen, als vorgeschlagen wurde, an allen ehemals jüdischen Geschäften einen entsprechenden Hinweis anzubringen.

Der große Sprung nach vorne

Nach 1945 geriet die Tschechoslowakei in den Einflußbereich der Sowjetunion. Die im Jahre 1948 von den Kommunisten herbeigeführte Regierungskrise zog eine Demission der Politiker bürgerlicher Parteien nach sich, und Beneš, erneut im Amt, legte seine Präsidentschaft nieder. An die Macht kam der „erste Arbeiterpräsident", Klement Gottwald, die tschechische Ausgabe von Stalin. In den folgenden Jahren spielten sich politische Schauprozesse ab. Säuberungen und Internierungen in Arbeitslagern gehörten zum Alltag. Tausende von Tschechen, wie schon so oft in der Geschichte, flüchteten ins Ausland.

Über die Machtergreifung durch die Kommunisten gibt es eine Legende, die besagt, daß der Februarputsch im Jahre 1948 durch die vorangegangene freie Wahl legitimiert wurde. Nun hatten die Kommunisten in der Tat 38 % der Wählerstimmen bekommen. Sie hatten aber ein Programm vorgestellt, dessen Ziel nicht der Kommunismus, sondern eine gerechte Gesellschaft war. Die Wähler hatten sich zu dem Zeitpunkt in der Parteisemantik noch nicht üben können. Die „nichtslawische" Bevölkerung wurde vom Wahlrecht ausgeschlossen – das betraf auch Juden. Zum anderen verschob man die Altersgrenze der Wähler von 21 auf 18 Jahre. Somit ging von sieben Millionen Wählern eine halbe Million zur Wahl, deren einzige politische Erfahrung eine Diktatur war.

Die Zukunft begann. Ein entsprechendes Dekret hatte die Verstaatlichung aller Versicherungen, Banken, Hütten und Zechen eingeleitet. Doch bald kroch die Republik nur noch rachitisch von einem Fünfjahresplan zum anderen, bis sie Anfang der 60er Jahre ganz unplanmäßig außer Puste geriet. Die wirtschaftliche Lage, Studenten- und Intellektuellenproteste übten Druck aus, dem letztlich auch die Partei nicht mehr ausweichen konnte.

Im Januar 1968 wurde der vielversprechende Alexander Dubček zum Ersten Vorsitzenden der Partei gewählt. In der naiven Vorstellung, daß Moskau ein Auge zudrücken würde, begann er, dem Sozialismus ein „menschliches Antlitz" zu geben. Schon im Februar wurde die Zensur aufgehoben. Im März trat Präsident Novotný ab, der neue Präsident, Svoboda, übernahm das Amt. Die erste Warnung folgte prompt: Eine Konferenz von sechs sozialistischen Staaten in Dresden brachte die Hoffnung zum Ausdruck, daß die ČSSR den Weg zum Sozialismus nicht verlasse. Im April nahm das tschechoslowakische Zentralkomitee der Partei ein „Aktionsprogramm" auf und unterstützte mit Konferenzen bis auf die Ebene der Regierungsbezirke den Erneuerungsprozeß. Die zweite Warnung folgte: Im Juni liefen auf dem Gebiet der Tschechoslowakei Stabsmanöver des Warschauer Paktes ab. Im Juli fand in Warschau erneut eine Diskussion über die Entwicklung in der ČSSR statt. Hochrangige Funktionäre des sozialistischen Lagers nahmen teil. Und nun war es so weit. Dubček selber, ein durch die Moskauer Schule gegangener Kommunist, hätte es eigentlich besser wissen müssen. Trotzdem schien er von der Konsequenz überrascht zu sein: am 21. August 1968 marschierten die Armeen des Warschauer Paktes ein. Der Frühling ging zu Ende, die Zeit der sogenannten „Normalisierung" setzte ein.

Der erste „Monsterprozeß" fand gleich im Jahre 1971 statt. Weitere Säuberungen, Repressalien und Unterdrückungen folgten. Die Normalisierung im Kulturbereich brachte übrigens ein deutscher Schriftsteller, Heinrich Böll, mit dem Wort „Kulturfriedhof" auf den Punkt. Erneut gingen Tausende Tschechen und Slowaken ins Exil.

Es ist erstaunlich, welche (Bevölkerungs-)Verluste das Land durch Auswanderungen zur Zeit der Wirtschaftskrise, durch das Protektorat und die Exilwellen unter den Kommunisten verkraften mußte. So sind heute die Tschechen praktisch überall auf der Welt verstreut. Tschechische Gemeinden melden sich aus Wolynien, Kasachstan und Rumänien. Vor dem Zweiten Weltkrieg strömten die meisten allerdings nach London,

Sowjetischer Panzer in Prag 1968. Die Tschechen protestieren. –
Foto: Süddeutscher Verlag

dem Sitz der Exilregierung. Nach dem Kriege sind viele Tschechen in Wien, Paris und Toronto seßhaft geworden. Ähnlich wie in den Jahren 1933 bis 1938 die Tschechoslowakei Zehntausende deutscher Emigranten aufnahm, die vor den Nazis flohen, so hat auch Deutschland während des Kalten Krieges rund 60000 tschechischen Emigranten Zuflucht geboten.

Interessanterweise verrät heute noch die Sprache den tiefsitzenden Schrecken. Wenn ein Tscheche ins westliche Ausland fährt oder dort wohnt, sagt er, er fahre „raus" oder er wohne „draußen". Jedoch wenige der „draußen" lebenden Emigranten kamen nach 1989 zurück. Sie vernahmen auch keine Stimme aus Tschechien, die sie dazu aufgefordert hätte. Und warum auch? Sie hätten zwar einiges mitbringen können – aber sie hätten auch Fragen gestellt.

Ende der 70er Jahre trat eine Gruppe von Intellektuellen zusammen, die die Einhaltung der Menschenrechte forderte: die Charta 77. Die üblichen Repressalien setzten ein, von Arbeitsverboten bis zu Gefängnisaufenthalten.

Während des nächsten Jahrzehnts bröckelte das Moskauer Altersheim. Im Jahre 1989 überstürzten sich die Ereignisse in Europa, in Prag kam es zu Kundgebungen, Streiks, politischen Forderungen und der Gründung eines Bürgerforums. Der Dramatiker Václav Havel wurde dessen Sprecher. Nicht ganze zwei Monate später hoben ihn die begeisterten Massen auf die Prager Burg, und er wurde Präsident. Wie bei der Republiksgründung 1918 wurden auch diesmal keine Rasenflächen betreten, geschweige denn Schaufenster zerschlagen. Zur Erleichterung vieler, zum Bedauern mancher Antikommunisten lief die Samtene Revolution ohne Blutvergießen ab.

Bis zu diesem Punkt hat das Land alle in Europa existierenden politischen Systeme durchlitten: die Monarchie, dann die Liberaldemokraten, die Nazis, den Stalinismus, die Liberalisierung des Kommunismus bis 1968, dann wieder eine Invasion, der schließlich ein wütendes „Laßt uns regieren, wir lassen Euch in Ruhe leben" folgte. Die Kapriolen der mitteleuropäischen Geschichte faßte neulich in einem Interview ein neunzigjähriger Auswanderer anschaulich zusammen: „Geboren bin ich in Rußland, ausgewandert bin ich aus Polen, ich lebe in Paraguay und spreche Tschechisch. Wahrscheinlich bin ich ein Ungar!" Im übrigen unterscheidet die tschechische Sprache nicht zwischen den Begriffen „Böhme" (*Čech*), das heißt Tscheche im politischen Sinne, ein Einwohner des Landes mit dem entsprechenden tschechischen Paß, und „Tscheche" im sprachlichen Sinne.

Die ersten Veränderungen nach der Samtenen Revolution wurden sofort sichtbar. Tschechische Schüler mußten zwar im Geschichtsunterricht keine lange Reihe von Präsidenten behalten, weil das Verfallsdatum eines sozialistischen Politikers in der Regel mit seinem biologischen Tode übereinstimmte. Um

so mehr ist der Alltag belastet: Straßen, Betriebe, Brücken, Parks – es heißt schon wieder alles anders. Eine Masarykstraße wurde zur Stalinallee, dann wiederum zu einer Straße der tschechisch-sowjetischen Freundschaft, nun mutierte sie zur Straße des Generals Patton. Beneidenswert die Länder, die in weiser Voraussicht ihre Straßen einfach nur numerieren! Es wäre an der Zeit, so der Volksmund, eine Straße einfach nur „Straße der politischen Irrtümer" zu nennen.

Das Bürgerforum gewann problemlos die Wahl im Jahre 1990. Die neue Regierung leitete sofort Reformen ein, die von der absoluten Mehrheit als notwendig und willkommen begrüßt wurden. Zwei Jahre später kam es zur Teilung der Republik, die Entscheidung fiel allerdings nur auf der politischen Ebene, zu einem leise vorgeschlagenen Referendum kam es nicht. Und mysteriös: die Umfragen brachten zutage, daß die Teilung von etwa 80 % der Tschechen und von über 60 % der Slowaken nicht befürwortet wurde. Zu spät, der Freund ist nicht zu retten. Am 1. Januar 1993 trennten sich die Wege der beiden Länder. (Laut Umfragen verspüren über 20 % Tschechen eine von der Slowakei aus drohende Gefahr.) Nach der Trennung von der Slowakei wechselte die Republik zum achten Mal in diesem Jahrhundert ihren Namen. Man einigte sich auf die offizielle Bezeichnung „Tschechische Republik" (*Česká republika*), kurz Tschechien (*Česko*). Der Name trat am 1. 1. 1993 mit der neuen Verfassung in Kraft.

Im Jahre 1996 wählte Tschechien erneut. Das Bürgerforum, das noch in der sozialistischen Tschechoslowakei entstanden war und ursprünglich nur auf die Zerschlagung des Totalitarismus zielte, fiel inzwischen auseinander. Nach dem Wahlsieg von 1990 hätte das Forum seine Erfolge gerne wiederholt und entschied sich daher, die Rolle einer politischen Partei zu spielen. In den Anfängen seiner Existenz bildete sich jedoch auch eine Basis des Forums in den Betrieben und Ortschaften. Diese Struktur brachte eine zu breite Palette an Interessen mit sich, was letztendlich zur Zersplitterung führte. Die Reste des Bürgerforums blieben eine Bewegung, von der sich die regierende Bürgerlich Demokratische Partei *(Občansko-demokra-*

tická strana, ODS) unter der Führung des damaligen Premierministers Václav Klaus abspaltete.

Nun die Gretchenfrage: Wo sind die 1,5 Millionen Kommunisten, Mitläufer und Helfershelfer geblieben? Im Sinne der real-sozialistisch-traditionellen Wahlbeteiligung waren 99,99 % angeblich nicht aus ideologischen Gründen Parteimitglieder. Nur wegen der Frau und den zwei Kindern sind sie dabeigewesen. Die übrigen, die Bekennenden, haben bei den letzten Wahlen 1996 öffentlich versprochen, es nun „besser" machen zu wollen. Es ist zu hoffen, daß die Einlösung dieses Wahlversprechens ausbleibt.

Was bleibt übrig?

Zu den unübersehbaren Spuren der Geschichte gehört die Architektur des sozialistischen Realismus der 50er und 60er Jahre. Ebenso wie die Neurenaissance greift sie auf die Antike zurück (Motive des Triumphbogens, gut sichtbar in Ostrau-Poruba). Auch der Renaissance wurde mit Elementen wie etwa Sgraffito, Arkaden und Einbindung von Keramik gedacht. Nur in den seltensten Fällen von Reiseführern gewürdigt, hat dieser Stil den Vorteil, auch mit den Augen eines Laien von anderen Stilen unterschieden werden zu können. Bis es allerdings zum sozialistischen Realismus kam, legte Tschechiens Architektur einen beachtenswerten Weg zurück. Auf diesem Weg sind zwei Perioden besonders erwähnenswert: die Gotik und der Barock. Beide Stile tragen heute entscheidend zur Konjunktur im Touristengeschäft bei.

Die frühe Phase der Gotik (bis zum Anfang des 14. Jhs.) ist stark von Kloster- und Kirchengründungen des Zisterzienser-Ordens beeinflußt. Zu dieser Zeit entstand auch Tschechiens älteste (erhaltene) Steinbrücke im südböhmischen Písek (s. Umschlagbild). Der Höhepunkt der Gotik deckt sich in etwa mit der Herrschaft der Luxemburger. Prag wurde unter Karl IV. zum „Goldenen Prag". Zu den Glanzlichtern dieser Epoche gehören zweifellos die bekannten Sehenswürdigkeiten: der St. Veitsdom, die Altstädter Brückentürme, viele Burgen (u. a. die

Burg Karlštejn) und die Karlsbrücke, die anstelle der ältesten Steinbrücke (Judith-Brücke) gebaut wurde.

Die auf die Gotik folgende Renaissance wurde nach der Schlacht am Weißen Berg von einem „offiziellen Baustil der Fremdherrschaft" (so die tschechische Geschichtsschreibung vor 1989) abgelöst: dem Barock. Aus dieser Zeit stammen allerdings die meisten Baudenkmäler Tschechiens. Es sind unzählige, auf die Rekatholisierung nach 1620 zurückzuführende Kirchenbauten, Kapellen, Stadtpaläste und Bürgerhäuser. Der Stil macht sich auch außerhalb der Städte stark bemerkbar. Die Dorfarchitektur, gelegentlich als „Bauernbarock" bezeichnet, ist jedoch eine Angelegenheit des späteren 18. und des beginnenden 19. Jahrhunderts. Aus der Barockzeit blieb in kleineren Städten, Dörfern und der freien Landschaft eine solche Menge an erhaltenen Martersäulen, Kapellen, Passionswegen, Statuen, Schlößchen, Klöstern samt Wirtschaftsgebäuden und Scheunen erhalten wie sonst nirgendwo in Europa.

Mit dem Barock endete auch die Epoche der großen Bauten. Der Klassizismus (beispielhaft hier das Ständetheater in Prag), der Empirestil, der Jugendstil, auf tschechisch *Secese* (beispielsweise *Obecní dům*, das Repräsentationshaus), der Kubismus und der eigene Rondokubismus haben nichts Vergleichbares schaffen können. Aber unabhängig vom Baustil hat sich der Sozialismus am Kulturerbe des Landes vergriffen: Klöster wurden zu Kasernen umfunktioniert, Kirchen zu Lagerhallen, an der klassizistischen Fassade prangte der Stern. Die königliche Burg Zvíkov (1234) an der Moldau wurde sogar für eine Dauerausstellung über den Sieg des Kommunismus umgebaut.

Über alle Erfolge hinweg erzeugt auch die heutige Zeit nicht nur Gefühle der Begeisterung. Allzuoft ist die verfallene Bausubstanz nicht mehr zu retten. Im besten Falle werden neue Häuser hinter den „entkernten" Fassaden versteckt. Unter Ausnutzung von Gesetzeslücken fällt das eine oder andere Haus dem Profit zum Opfer oder wird, ungeachtet der Einwände der Denkmalpfleger, umgebaut, erneuert bzw. mit der entsprechenden Reklame versehen.

Sein reiches barockes Erbe verdankt Olmütz (Olomouc)
Kaiserin Maria Theresia, seine Pestsäule ist die größte in Europa. –
Foto: Tschechisches Fremdenverkehrsamt, Prag

Für die größte öffentliche Diskussion sorgte kurz nach der
Wende ein Neubau in Prag. Einerseits als Glanzstück der modernen Architektur gewürdigt, andererseits als Unmöglichkeit
abgetan, steht es in einer Reihe mit um die Jahrhundertwende
gebauten Häusern (Moldauufer/Ecke Resslova-Str.), in unmittelbarer Nachbarschaft des Privathauses von Václav Havel.
Das Bürohaus wird das „Tänzelnde Haus" oder auch „Ginger
and Fred" genannt.

Die Sprache – ein Hindernisrennen

Mission Impossible

Jaroslav Hašek, der sich außer seinem Ruf als Schriftsteller auch die Reputation eines soliden Alkoholikers erwarb, sprach auf einer Ungarnreise dem örtlichen Tokajer kräftig zu. Plötzlich saß er ohne Geld da. Er bat um eine telegrafische Geldüberweisung aus Prag, *„pro pana Haška"* für Herrn Hašek. Am nächsten Tag ging er zur Post, wurde pflichtbewußt dazu aufgefordert, den Ausweis vorzulegen und schwupp, das Geld verschwand wieder in der Schublade. „Sie müssen mich verstehen", meinte der Beamte: „Sie heißen ‚pan Hašek', das Geld ist aber an ‚pana Haška' adressiert". Die Auseinandersetzung beendete die örtliche Polizei.

Nach einigem Hin und Her wurde klar, daß während Hašek auf seinem Ausweis im Nominativ stand, die Adresse im Akkusativ verfaßt wurde. So ist Herrn Hašek ein Merkmal der slawischen Sprachen zum Verhängnis geworden. Das *„e"* im Tschechischen, das zu den westslawischen Sprachen gehört, taucht munter auf oder unter, je nachdem, welchem Kasus – es gibt sieben! – sich Hašek beugt. Aber schließlich bekam er sein Geld und durfte sich außerdem rühmen, den Bildungshorizont des betroffenen Beamten um das Phänomen des flüchtigen Vokals erweitert zu haben. Doch es geht auch ganz ohne Vokale: *„prst"* (der Finger) oder *„vlk"* (der Wolf). Diese Spezialität nicht nur des Tschechischen beruht auf der silbenbildenden Fähigkeit des *„r"* und *„l"*. Daher solche Ungetüme, die dem Nicht-Muttersprachler Respekt einflößen: *strč prst skrz krk* (stecke den Finger durch den Hals).

Eine andere Besonderheit bilden die verschiedenen Diakritika, *čárka* (Länge) und *háček* (Häkchen) genannt. Berüchtigt bei Ausländern ist das *„ř"*: eine exklusive Spezialität des Tschechischen. Ein *pepř* (Pfeffer) oder *přistřihnout* (zuschneiden) klingt dann in etwa so: *„päprsch"* und *„prschistrschihnout"*. Das dürfte der Grund dafür sein, warum die zahlreichen in

Jaroslav Hašek

Jaroslav Hašek (1883–1923), ein ungewöhnlich begabter Schriftsteller, desertierte im Ersten Weltkrieg zu den Russen und trat in die tschechische Legion ein, die für eine selbständige Tschechoslowakei kämpfte. Als Redakteur der Legionärszeitschrift unterstützte er begeistert Masaryk. Nach der Oktoberrevolution entstand eine tschechische Rote Armee, und so lief er erneut über. Lenins Separatfrieden mit Deutschland ermöglichte Hašek eine Karriere als Politkommissar und, obwohl seine Frau in Prag bereits auf die Rückkehr des Soldaten und Revolutionärs Hašek wartete, heiratete er eine Russin.

Hašek legte keinen sonderlichen Mut an den Tag – bei einem Angriff soll er einmal in Frauenkleidern das Weite gesucht haben. Dennoch sollte er, zurück in Prag, als Sowjetagent für den Kommunismus kämpfen. Gleich nach seiner Ankunft in der Stadt wurde diese Aufgabe jedoch vergessen, und Hašek setzte seine ursprüngliche Tätigkeit – Schreiben und Trinken – fort. Obwohl er im Bewußtsein der Tschechen v. a. als Trinker lebt, war er auch als Schriftsteller ungemein fleißig. Er schrieb insgesamt 1200 Kurzgeschichten, dazu den unvollendeten „Braven Soldaten Schwejk", die politische und soziale Geschichte der von ihm gegründeten „Partei des gemäßigten Fortschritts im Rahmen des Gesetzes" und einen leider verlorengegangenen Roman „Die Geschichte eines Ochsen".

Von seinem Braven Soldaten gibt es verschiedene Versionen. Die erste stammt aus dem Jahre 1912, die zweite aus dem Jahre 1917, und schließlich folgte die heute bekannteste Fassung, erschienen 1923. Um eine Fortsetzung dieses Romans bemühte sich einige Jahre später der Schrifsteller Karel Vaněk, doch sein Versuch gilt als trivial und fand kaum Beachtung.

Prag lebenden Amerikaner den Erwerb des Tschechischen als *mission impossible* bezeichnen. Verzweifelt veröffentlicht die „Prague Post" immer wieder Überlebenshilfen wie: Mloo-vee-tay ahn-glits-kee? (*Mluvíte anglicky?* Sprechen Sie Englisch?) oder Gde sow tawa-letty? (wo ist die Toilette?)

Im Labyrinth männlicher, weiblicher oder sächlicher Substantive, die als belebt, unbelebt, hart oder weich auftauchen, verliert sich auch so mancher Tscheche. Ein Subjekt des Satzes

Alphabet und Aussprachebeispiele des Tschechischen

A, a	kurzes *a*	M, m	*m*
Á, á	langes *a*	N, n	*n*
B, b	*b*	Ň, ň	erweichtes *n*
C, c	*ts* (wie in ‚Katze‘,		(etwa wie in ‚Kognak‘)
	niemals wie *k*)	O, o	kurzes offenes *o*
Č, č	*tsch*	Ó, ó	langes *o*
D, d	*d*	P, p	*p* (unbehaucht)
Ď, ď	erweichtes *d*	Q, q	*kw* (nur Fremdwörter)
	(etwa wie *dj*)	R, r	*r* (gerollt)
E, e	kurzes offenes *e*	Ř, ř	etwa *rsch*
É, é	langes *e*	S, s	stimmloses *s/ß*
Ě, ě	*je* (erweicht vorangehen-		wie in ‚Wasser‘
	des *d, t, n* zu *d', t', ň*)	Š, š	*sch*
F, f	*f*	T, t	*t*
G, g	*g*	Ť, ť	erweichtes *t* (etwa wie *tj*)
H, h	*h* (niemals ein	U, u	kurzes *u*
	Dehnungs-h!)	Ú, ú	langes *u* (Wortanfang);
Ch,ch	wie in dt. ‚ach‘;	ů	langes *u* (In- und Auslaut)
	(Achtung bei der Suche	V, v	*w*
	im Wörterbuch!)	W, w	*w* (nur Fremdwörter)
I, i	kurzes *i* (erweicht	X, x	*ks* (nur Fremdwörter)
	vorangehendes *d, t, n* zu	Y, y/	kurzes/langes *i,*
	d', t', ň)	Ý, ý	erweicht aber voran-
Í, í	langes *i* (erweicht		gehendes *d, t, n* nicht)
	gleichfalls die gen.	Z, z	stimmhaftes *s*
	Konsonanten)		wie in ‚Rose‘
J, j	*j*		(niemals wie dt. ‚tz‘)
K,k	*k* (unbehaucht)	Ž, ž	stimmhaftes *sch*
L, l	*l*		(wie in ‚Journalist‘)

beispielsweise männlich belebt, fordert die Prädikatsendung „i"; männlich unbelebt dagegen „y". Ein „y" fordern in der Rolle des Satzsubjekts auch die Frauen. Wenn aber in einer Gruppe von Damen nur der leiseste Verdacht auf einen Herren besteht, wird im Prädikat die entsprechende männliche Endung stehen müssen.

Als Mann den Nachnamen der Frau anzunehmen, kommt nicht in Frage. Tschechien ist noch nicht einmal beim Ge-

brauch des Doppelnamens angelangt. Dennoch sind die Sprecher westlicher Sprachen oft irritiert, daß, obwohl es sich eindeutig um ein Ehepaar handelt, die Frauen anders als die Männer heißen. Das Tschechische nämlich verfügt bei den Frauen über eine wunderbar possessive Endung. Wenn der Herr Klaus eine Frau heiratet, heißt sie Klausová, eine „dem/ zum Klaus gehörende". Sollte diese gute Frau jemanden mit einer Vokalendung heiraten, beispielsweise den Herrn Sladký (Süß), wird lediglich die Endung zu einem „-á": Frau Sladká. Es ist eine eiserne Regel, der sich Namen aus anderen Sprachen beugen müssen. Und so wird jede Frau gnadenlos mit einer Endung versehen und taucht dann in der tschechischen Presse als Frau Kohlová, Clintonová oder Marylin Monroeová auf.

Im übrigen siezen die Tschechen nicht mit der Anrede *Sie*, obwohl sie auch dem Tschechischen bekannt war, sondern mit der 2. Person des Plurals. „Verzeiht mir", nicht „Verzeihen Sie" heißt es dann im Gedränge der Straßenbahn. Oder aber prägnanter *„pardon"* bzw. *„No, čoveče!"* (Na, Mensch!).

Die Ursache für die sprachlichen Unterschiede zwischen Böhmen und Mähren liegt in der ehemals starken Ausprägung der Dialekte innerhalb der Republik. Diese sind jedoch zurückgegangen und mit den ausgeprägten Dialekten des deutschsprachigen Raumes nicht zu vergleichen. Was die Slowaken betrifft, so haben sich die beiden Völker, zumindest sprachlich, gut verstanden. Nach der Teilung der Republik verschwanden zwar Sendungen auf Slowakisch aus den Medien. Die Hauptunterschiede zwischen den beiden Sprachen liegen jedoch im lautlichen Bereich. Tschechisch besitzt beispielsweise den Umlaut (*ä*), das „weiche *l*" und Diphthonge wie das „*ô*" nicht, dafür fehlt dem Slowakischen das berühmte „*ř*".

Lustig für einen Deutschsprachigen ist der Wortschatz der Umgangssprache, die sich im Tschechischen extrem von der geschriebenen Standardsprache unterscheidet. Neben schönen tschechischen Namen wie Hauptman, Šlégr oder Cajthaml wimmelt es nur so von bekannten Ausdrücken: *vercajk* (Werkzeug), *šuple* (Schublade), *futrál* (Futteral), *krémšnyte, kremrole, šnuptychl, fusekle, špitál, ráthaus* oder *mýrnyxtýrnyx*.

Selbstverständlich entdeckt ein etwas geübter Hörer bald auch den lateinischen Paten (*commater, kmotr*) oder das italienische *piškoty* (*biscotti*). Die seit Jahrhunderten in Prag lebenden Italiener beglückten das Tschechische mit solchen Worten und führten darüber hinaus eine Wurstart ein, die *taliáni* (Italiener). Die deutsche Botschaft liegt übrigens in einem ehemals „italienischen" Viertel, in der *Vlašská ulice*, der „Welschen" Straße.

Das Tschechische hat sich wiederum bei anderen Sprachen mit der Preißelbeere (*brusinka*), dem Quark (*tvaroh*), der Pistole (*pistole*) oder der Polka (*polka*) revanchiert. Als Erfinder des Wortes „Roboter" wird namentlich einer der bekanntesten tschechischen Schriftsteller, Karel Čapek, genannt. Demgegenüber scheint der *knedlík* (Knödel), diese überaus typisch tschechische Speise, aus dem Deutschen zu kommen. Nebenbei bemerkt schmeckt der Knödel an sich nicht sehr ausgeprägt und seiner Konsistenz nach ist er eher dröge. Das macht ihn aber sehr kompatibel und als Träger von Soßen und Fetten überaus beliebt. Leichter Gewöhnung bedürfen Namen wie Řezno (Regensburg), Benátky (Venedig) oder Bezeichnungen wie *kapucín/kapučino*(capuccino*)*, *koňak*, *sendvič*, *džus* (juice), *štrůdlová pizza* (calzone), *butik* oder *tókšou*. Sie zu entziffern bereitet Vergnügen. Eine Speisekarte auf Deutsch hat gelegentlich einen höheren Unterhaltungswert als die Rudi-Carell-Show. Da wird „würzige Wildschweinschitte" oder „Ein Stük Früstük" angeboten. Für die nächsten Besucher wäre es sicher schade, diesen Zauber durch Korrekturen zu zerstören.

Selbstverständlich wäre auch die Semantik der geläufigsten Wörter wie „Mitarbeit" (sich gegenseitig in Ruhe lassen), oder „Partei" (wie Du mir, so ich Dir) etc. eine Untersuchung wert. Ausdrücke wie „Volk" absolvierten bereits ganze Loopings. Mal gingen die Künstler Seite an Seite mit dem Volk, mal wurde das Volk von den Arbeitern verteidigt, gelegentlich stand das Volk in Reih und Glied hinter der Partei. Viele Begriffe müssen daher zu ihrer ursprünglichen Bedeutung zurückgeführt werden, der schlechte Beigeschmack der ideologischen Aushöhlung muß beseitigt werden.

Lingua franca: die Umrechnungstabelle

Bei so viel Aufwand im Bereich der Muttersprache verwundert es nicht, daß Tschechen ausgesprochene Fremdsprachenmuffel sind. Die sozialistische Politik förderte mit Ausnahme des Russischen keine Fremdsprachen. Eine bekannte Geschichte aus den 70er Jahren über die Kommunikation mit Ausländern: Am Wenzelsplatz stand ein ausländischer Tourist, suchte verzweifelt nach etwas und sprach dabei zwei Tschechen an. Er versuchte es auf Deutsch, auf Französisch, auf Spanisch, auf Englisch – keine Chance. Erschöpft gab er auf. Und da meinte der eine Tscheche: „Vielleicht wäre es von Vorteil, eine Fremdsprache zu lernen?" „Ach was," antwortet der andere, „der konnte doch vier davon, und es hat ihm auch nichts genützt."

Die Welt hat sich inzwischen bewegt, auch hier scheint sich die Öffnung des Landes bemerkbar zu machen: 34 % der Tschechen können sich auf deutsch verständigen, 23 % auf englisch, 22 % auf russisch und 11 % in einer anderen Sprache. Wohlgemerkt: verständigen. Aber Tschechiens Besucher brauchen keine allzugroßen Schwierigkeiten zu fürchten. Die Preise sind angeschlagen, und eine Art „Basic-Handelsdeutsch" ist mittlerweile zur Zweitsprache des Einzelhandels geworden. Die unterschiedlichen Definitionen mancher Begriffe bekommt der Betroffene schnell durch *trial and error* heraus. Zum Beispiel „privat" heißt nicht, daß Betreten unerwünscht wäre, sondern geradezu umgekehrt: private Unterkunft. Das nette tschechische Wort *bordel* bezeichnet selten einen Puff, sondern eine Art Ordnung bzw. Unordnung, die das Mediterran-Lässige deutlich übersteigt.

Richtig verlorengehen kann man in Tschechien ohnehin nicht. Dafür sorgt nicht nur die Größe des Landes, auch die verbreitete zusätzliche Beschriftung: Hinweisschilder und ähnliches auf deutsch oder englisch. Solche Überschriften sorgen für Unmut, weil, falls das Tschechische überhaupt auftaucht, das Deutsche oft an erster Stelle steht. Die Angelegenheit kam sogar vor das Verfassungsgericht. Einen Grund zur Beschwer-

de lieferte zum Beispiel die konsequent deutsche Beschriftung im Grenzgebiet Znaim. Es wurde angeordnet, daß solche Firmenschilder auf Tschechisch sein müssen, etwaige weitere Aufschriften auf Deutsch dann erst an zweiter Stelle und kleiner stehen können. Ein Jahr später wurde diese Bestimmung allerdings außer Kraft gesetzt. Das Gerichtsplenum kam zu der Überzeugung, daß ein Unternehmer seine Klientel ansprechen kann, wie es ihm beliebt. Seitdem regen sich nur noch die Republikaner auf.

Sprachlos und gesprächig

Ein Fremder kommt in der Bierstube ohne jegliche Sprachkenntnisse klar. Es reicht aus, den Bieruntersetzer vor sich auf den Tisch zu legen, und das Bier kommt. Der Nachschub wird dann automatisch unterbrochen, wenn mit der Banknote gewedelt wird. In andere nonverbale Kommunikationsformen muß man dagegen hineingeboren werden. Diese Formen konnten in Tschechien zu einem sorgfältig ausgetüftelten Kontext der verbalen Kommunikation reifen.

Die Tschechen haben eine bestimmte Art von Herzlichkeit entwickelt, die für einen Außenstehenden schwerlich von der natürlichen Freundlichkeit zu unterscheiden ist. Diese Herzlichkeit ist eine Knautschzone gewesen, um der grenzenlosen Unverschämtheit der Funktionäre, der Polizei, der politischen Kader und letztlich auch den ganz normalen Obst- und Gemüseverkäuferinnen Paroli bieten zu können. Das steht Tschechien heute im Wege. Obwohl die Tschechen als die Preußen der Slawen gelten, haben sie durch diese Entwicklung die Sachlichkeit und die notwendige Verbindlichkeit der Zusagen eingebüßt. Durch diese Herzlichkeit sollte – das war eben überlebenswichtig – eine Synthese von Beziehung und Verbindung hergestellt werden. Solche persönlichen Verbindungen und Bekanntschaften heben beispielsweise eine formale Betriebsordnung auf. Das mag zunächst sympathisch wirken, nur werden auf diese Weise offene Dialoge und nüchterne Auseinandersetzungen verhindert und Beschlüsse

ausgehebelt. Vetternwirtschaft und Nepotismus setzen sich fort.

Diese Verhaltensweisen werden notwendigerweise von einer besonders ausgeklügelten Gesprächsführung begleitet. Die besondere Kunst beruht darauf, so zu formulieren, daß man jederzeit einen Rückzieher machen kann. Zu einem absoluten Highlight der Kommunikationskultur gerät dieser Code, wenn Tschechen einen Vorgesetzten um etwas angehen. Direktheit und Sachlichkeit wirken in Tschechien oft unfreundlich bis arrogant. Somit wird zunächst einmal getestet, in welcher Stimmung sich der Chef befindet. Das geschieht so, daß gemeinsame Loyalitäten abgeklopft werden. Während dieser Viertelstunde wird auch der Kaffee gereicht. Auf der zweiten Stufe wird vorsichtig das Thema antichambriert und versucht, herauszuhören, wie die Obrigkeit darüber denkt. Viele Ausländer sehen darin ein bloßes Quatschen und erkennen den kulturpolitischen Aspekt nicht. Hier gibt es klare Parallellen zu politischen Äußerungen, die mit Bedacht erst dann gemacht wurden, nachdem man die Vorgabe der Parteizeitung gelesen hatte.

Falls festgestellt wurde, daß der Chef über das Anliegen positiv denkt, darf die dritte Stufe in Angriff genommen und die Bitte vorgetragen werden. Dieses autoritäre Kommunikationsmodell gilt nicht nur im Falle formaler Hierarchien. Seine Einhaltung kann genauso gut vonnöten sein, wenn es um eine Pförtnerin, eine Putzfrau oder den Hausmeister geht. Diese Leute bildeten die Spitze der inoffiziellen Hierarchiepyramide, und die ist noch längst nicht zerfallen. Die Problematik wäre in etwa mit dem Machtphänomen der Pariser Concierge mit ausgeprägten Blockwartneigungen vergleichbar.

Und noch eine Sache, die von ihrer durchaus verdienten Stelle im tschechischen Informationsaustausch zu verschwinden droht. Ein kurzes, zufriedenes Grinsen. Ungefähr so, wie es einem Gläubigen über sein Antlitz huscht, nachdem er erfolgreich einen Knopf im Beutel der sonntäglichen Kollekte plaziert hat. Tschechen teilten sich auf diese Art mit, daß es

ihnen wieder einmal gelungen war, das Regime zu hintergehen. Das Regime allerdings wäre, ohne Stützung durch diese kollektive Schlaumeierei, längst der Schwindsucht anheim gefallen.

Bücher

Gestern durfte man noch nichts, was nicht abgesegnet war, heute darf man sich freuen, daß es mal wieder werfelt und kischt in den Prager Cafés. Es steht allerdings zu befürchten, daß die literarischen Zeiten, so wie sie Prag zwischen den beiden Kriegen erlebte, noch lange auf sich werden warten lassen. Die deutsche Literatur in Prag bleibt Geschichte, Emigranten der 30er Jahre wie Mann, Bloch oder Heym im Café Mánes eine Erinnerung. Übrigens fand zu der Zeit der nahezu gesamte SPD-Vorstand Zuflucht in Prag. Bertold Brecht erlebte hier die Uraufführung seiner „Heiligen Johanna der Schlachthöfe".

Über die sozialistische Tschechoslowakei sagte Graham Greene einmal, sie sei ein Land, in dem man Schriftsteller bezahlt, damit sie nicht schreiben. In der Tat wurde den konformen Schriftstellern auch ohne großes literarisches Output ein Auskommen gesichert. In den frühen Jahren des Sozialismus haben die „Ingenieure der menschlichen Seele" (Stalin) sogar Patenschaften für Fabriken und Betriebe übernommen. Zu einer entsprechenden Begeisterung der Massen und einem literarischen Aufbruch wie in der Sowjetunion der 20er Jahre ist es allerdings nicht gekommen.

Mit der Hand des Zensors verschwanden auch die Subventionen. Man darf alles, was sich bezahlt macht. Der Schriftsteller Kafka wird so intensiv vermarktet, daß es sicherlich nur eine Frage der Zeit ist, bis, ähnlich wie Mozartkugeln, etwa Kafkas Tränen oder gar Schlimmeres den Touristen angeboten werden. Ansonsten brach über die Buchhandlungen eine bis dahin unvorstellbare Flut von Trivialliteratur ins Land herein, die von Stephen King über Rosamunde Pilcher bis zu Jerry Cotton und Pornographie reicht. Die wenigen staatlichen Verlagshäuser wurden privatisiert, an die 3000

neue Verleger mit über 8 000 neuen Titeln pro Jahr kamen dazu. Die Auflagenhöhe fiel jedoch dramatisch ab, zudem sorgt die Konkurrenz des Fernsehens für Mißmut und Ratlosigkeit.

Schloß Dobríš

Um in verschiedenen Sitzungen und Gremien ihren Künstlertrieb sublimieren zu können, hat der damalige sozialistische Staat den Literaten in der Stadt Dobríš, unweit von Prag, sogar ein Schloß zur Verfügung gestellt. Das Vorbild für diesen Schritt dürfte ein anderes geschichtliches Ereignis geliefert haben. Mitte des 16. Jahrhundert hat der türkische Sultan König Ferdinand I. als Geschenk dreizehn Kamele zukommen lassen. Der Herrscher konnte mit ihnen nichts anfangen und so schickte er sie in sein Schloß: nach Dobríš. Im übrigen spielte dieses Schloß in einer gewissen Hinsicht eine Schlüsselrolle für ganz Europa. Im Jahre 1905 setzte an diesem Ort Graf Colloredo-Mansfeld die aus Amerika mitgebrachten Bisamratten aus, die sich von hier aus von Europa bis in die Mongolei und China ausgebreitet haben.

Viele Verleger blieben dem Kontext vor 1989 verhaftet, und jeder hatte plötzlich Wichtiges zu sagen. Das Gesagte ist jedoch zur Zeit für den Markt nicht aktuell, die Krimis von Dick Francis und Bücher über das Management haben Vorrang. Und, eine Katastrophe für Leseratten, die Bücher sind teuer geworden. Weg ist auch der wohlige Schauder, wenn man eine ins Land geschmuggelte Publikation eines Exilverlags in die Hände bekam! Oder das Werk eines Exilschriftstellers wie Ota Filip, Pavel Kohout, Milan Kundera, Jiří Gruša. Leider ist einer dieser Exilliteraten im deutschsprachigen Raum wenig bekannt: Josef Škvorecký. Nach dem Einmarsch der Sowjets ging er nach Kanada, wo er seine Frau bei der Leitung des bekanntesten Exilverlages unterstützte (*Sixty-Eight-Publishers*, Toronto) und maßgeblich zum Überleben der tschechischen Literatur beitrug.

Zdena Salivarová

Zdena Salivarová in Toronto gehört mit ihrem *Sixty-Eight-Publishers*-Verlag zu denjenigen, die seit der Nationalen Wiedergeburt Entscheidendes für die tschechische Literatur geleistet haben. Nach 1989 ist sie dafür von einem ihrer Autoren, dem neuen Präsidenten Havel, ausgezeichnet worden. Kurze Zeit später wurde sie Opfer einer schmutzigen Kampagne. Sie wurde bezichtigt, als Agentin des Staatssicherheitsdienstes gearbeitet zu haben. Es tauchten gar Vermutungen auf, daß sie Verlegerin geworden sei, um ihren Mann, den Schriftsteller Škvorecký, und andere Literaten beobachten zu können.

Aber längst sind auch die Werke der Dissidentenliteratur offiziell erschienen, also jener Autoren, die nur in der Edition „Hinter Schloß und Riegel" (*Edice Petlice*, das tschechische Pendant zum *Samizdat*, dem russischen „Selbstherausgegebenen") gedruckt werden konnten: Václav Havel, Ivan Klíma, Ludvík Vaculík. Wobei „gedruckt" ein übertriebener Ausdruck ist. Diese Literatur wurde in harter Handarbeit vervielfältigt und vor diesem oder jenem Nachbarn, nicht selten auch vor Familienmitgliedern, versteckt gehalten. Das alles wird langsam zu Erinnerungen, die man später an die Enkelkinder weitergeben möchte, um die freie Meinungsäußerung, das höchste Gut der Demokratie, in Ehren zu halten. Dennoch – die Veröffentlichung von Rushdies „Satanischen Versen" wird in Tschechien immer wieder abgelehnt und verzögert.

Tschechien kehrt zu einer seit 1939 nie gekannten Normalität zurück, und eine Generation neuer Schriftsteller meldet sich mit der Verarbeitung aktueller Themen zu Wort. Einer der bekanntesten unter ihnen ist der junge Jáchym Topol. Sein letztes Buch „U Anděla", wahre Großstadtliteratur, beschreibt und erzählt den scheinbar so alltäglichen Wahnsinn rund um die Kreuzung im Prager Arbeiterviertel Smíchov. Der Autor wurde unlängst auch für den deutschen Leser entdeckt, und sein Roman über die Verwandlung von Kleinbürgern, Rebellen und Denunzianten in angepaßte Nach-Wende-Existenzen erscheint demnächst auf deutsch.

Die erste Welle des Nachholbedarfs dürfte langsam vorbei sein, denn es erscheinen mittlerweile wieder mehr Bücher für anspruchsvolle Leser. Die Schubladen und Nachlässe der intellektuellen Elite melden sich überlegen zu Wort. Erfreulicherweise kann sich diese Literatur auch trotz der Abschaffung von Subventionen auf dem Markt behaupten. Das mag ein gutes Zeichen für die in den ersten Jahren desorientierte Literaturszene sein. Doch ein Wermutströpfchen gibt es trotzdem: Der beliebte Kundera wählte Französisch zu seiner Literatursprache. „La Lenteur", sein letzter Roman, muß in seine Muttersprache übersetzt werden.

Die Bühnen

Das erste Theaterbau Prags aus Stein, 1783 fertiggestellt, ist das heutige Ständetheater, wo im Jahre 1787 die Premiere von „Don Giovanni" stattfand. Einhundert Jahre später wurde der Bau des Nationaltheaters abgeschlossen. Während der Ersten Republik machte sich das „Befreite Theater" (*Osvobozené divadlo*) in Prag einen Namen. Es wurde erst von den Nazis geschlossen, die beiden Hauptprotagonisten Voskovec & Werich gingen ins Exil.

Heute sind jedem Besucher die Prager Pantomime, das erste experimentelle Theater der Nachkriegszeit *Laterna Magika* und das „Schwarze Theater" (*Černé divadlo*) bekannt. Auch das Prager Puppentheater, dessen Anfänge bis in das 17. Jahrhundert reichen, ist mit den etwas simplen Figuren Spejbl und Hurvínek auch in Deutschland ein Begriff. Diese Puppen absolvieren heute gar einen Teil ihrer Vorstellungen in Prag auf Deutsch. Die genannten Häuser werden jedoch von Touristen förmlich überrannt, die Aufführungen scheinen sich einem Allerweltsgeschmack anzugleichen. Eintrittskarten werden auf dem Schwarzmarkt (merkwürdigerweise fest in arabischer Hand) gehandelt.

Außerhalb dieser Bühnen sieht die Situation anders aus. Die nach 1989 kurz angestiegene (von 75 auf 82) Zahl der Theater ging zurück (doch blieb es in Tschechien bei 71 Industrie-

und 14 Kleinbrauereien). Genauso fielen die Zuschauerzahlen um zwei Millionen Besucher. Die Ursachen liegen in dem Boom der neuen Medien und der finanziellen Misere der Bühnen, die stark erhöhte Preise mit sich brachte. Nicht jeder ist bereit, einen Wochenlohn für eine Mozartoper hinzublättern. Und diese Chance böte sich recht oft. Mozart und Verdi gehören zu den meistaufgeführten Komponisten. Der meistaufgeführte Dramatiker ist William Shakespeare: Pro Saison werden 12 bis 18 seiner Dramen aufgeführt. Im übrigen, das gilt insbesondere für die Provinz, besucht man eine Theatervorstellung nicht in Alltagskleidung.

Es sind auch die Inhalte, die für die Flaute sorgen. Der Metapher auf die politische Wirklichkeit ist der Boden entzogen worden. Denn in Tschechien hatte das Theater die Avantgarde-Tradition einer politischen Bewegung. Im „Schauspiel-Klub" verkündete die Opposition ihr erstes Programm, die *Laterna Magica* war das erste Zuhause des spontan entstandenen Bürgerforums. In den Zeiten der schwersten Repression fungierte das Theater als Forum, auf dem Themen des öffentlichen Interesses analysiert und diskutiert werden konnten. Die 60er Jahre waren eine Zeit der neuen Dramatiker wie Topol, Kundera, Havel. Schließlich hat das Theater auch für den Prager Frühling eine wegbereitende Rolle gespielt.

Zwanzig Jahre später, zwischen 1985 und 1989, fand sich das Theater in einer ähnlichen Position. Es blühte auf und seit 1989 wartet es ab. Es wartet auf neue dramatische Texte, die sich den aktuellen Problemen widmen. Abgesehen beispielsweise von Karel Steigerwalds „*Nobel*", von der Kritik für unverständlich gehalten, erinnert die Produktion an eine aufgewärmte Mahlzeit. Durchaus Attraktives bietet allerdings das deutsch-tschechische Theaterfestival, das seit 1996 in Prag stattfindet und von namhaften deutschen Sponsoren – der Hauptförderer ist die Kulturstiftung der Deutschen Bank, die sich mit einer Million DM beteiligt – unterstützt wird.

Auch das „Familiensilber", das Nationaltheater, die Nationalbibliothek, das Nationalmuseum und die Nationalgalerie, im tschechischen Denken als „die" Kulturinstitutionen fest

verankert, müssen umdenken. Die neuen Zeiten gewähren ihnen einen Status als Rechtssubjekt, die Selbstbestimmung der Verwaltungs- und Führungsform und der Finanzierung. Das ist das heutige Problem: Wer bezahlt es? Die Neue Szene des Nationaltheaters verfing sich beispielsweise im Netz von Immobilienspekulationen. Für eine emotionell geladene öffentliche Diskussion wird noch lange Zeit vorgesorgt sein.

Kino

Wie bei den Bühnen, so machen sich auch im Filmbereich ökonomische Probleme bemerkbar. Sie werden durch Subventionen des Staatsfonds aufgefangen. Die Krise der Kinematografie ist außerordentlich zu bedauern, denn die Studios Barrandov, Anfang der 30er Jahre von einem Onkel Václav Havels gegründet, können auf Beachtliches zurückblicken. Vor dem Krieg wurden hier jährlich an die vierzig Filme gedreht.

Während des Krieges, als die Studios in Babelsberg nicht mehr sicher waren, entstanden hier auch viele deutsche Filme. Die fleißigen Kinogänger hatten nach 1945 allerdings nicht viel Zeit, nach der Flut der nationalsozialistischen Blut-und-Boden-Filme und den entsprechenden italienischen Produktionen aufzuatmen. Die tschechoslowakische Kinematografie wurde im Jahre 1945 verstaatlicht. Ihre Führung unterschieb daraufhin Verträge mit der sowjetischen *Sojusintorgkino*, die 60 % der gesamten Vorführzeiten aller Kinos im Lande für Filme aus sowjetischer Produktion reservierte. Barrandov hat die 50er Jahre mit Streifen über fleißige Arbeiter und fröhliche Bauern durchlitten, später jedoch wurden auch bei deutschen Zuschauern allseits bekannte und beliebte Märchen wie „Drei Nüsse für Aschenputtel", „Pan Tau" oder andere Zeichentrickfilme produziert.

Die 60er Jahre brachten eine Filmbewegung hervor, die „Neue Welle", vertreten durch bekannte Leute wie Miloš Forman („Feuerwehrball"), Věra Chytilová, Jiří Menzel. Doch die sowjetische Hilfsbereitschaft setzte ihr 1968 ein jähes

Ende. Einer der Regisseure schaffte daraufhin im Exil den Durchbruch zur internationalen Filmelite: Miloš Forman mit „Hair", „Einer flog über das Kukucksnest", „Amadeus" (gedreht zum großen Teil in Prag) etc.

Die sowjetischen Filme mit den endlosen Aufnahmen mächtiger Flüsse und Birkenhaine werden heute durch den Anblick gut ausgebauter Highways und texanischer Weiden ersetzt. Die vormals Bösen sind nun wieder die Guten. Tschechien einst ausführlich über die menschlichen Probleme in der Kolchose des Kreises Novosibirsk informiert, weiß heute über das Liebes- und Geschlechtsleben in Los Angeles bestens Bescheid. Leider gibt es über den Unterschied zwischen einer direkten und einer parlamentarischen Demokratie keine van Damme- oder Schwarzenegger-Filme. Das nachlassende Interesse am tschechischen Film hängt stark mit dem Interesse an westlichen Produktionen und der Flut von Action-Filmen zusammen, die von vielen Tschechen bereits als eine andere Art „Gleichschaltung" empfunden wird.

Im Jahre 1989 beendete der Staat die Finanzierung der Filmproduktion, zwei Drittel der Barrandov-Beschäftigten mußten gehen. Die Produktion ist schlagartig von über 50 Filmen im Jahre 1989 auf 10 Filme 1991 gesunken. Der Tiefpunkt von 1951 (7 Filme) bleibt hoffentlich unübertroffen. Die endgültige Schließung der Studios kann nur durch internationale Projekte verhindert werden („Mission Impossible" z.B. wurde in Prag gedreht). Im letzten Jahr wurden vom Staatsfonds neun abendfüllende Filme subventioniert. Doch im Filmbereich wird genauso wie im Theater auf eine ernste und intensive Auseinandersetzung mit der aktuellen Situation gewartet. Abgesehen von drei oder vier Produktionen, die dem deutschen Zuschauer aufgrund der Sprache unzugänglich sind, setzen sich nur einige recht flache Komödien mit den aktuellen Themen auseinander.

Belebungsversuche der Filmszene, wie beispielsweise neben dem traditionellen Filmfestival in Karlsbad ein ähnliches Festival in Prag und Uherské Hradiště (Mähren) zu etablieren, scheiterten: es fehlte an Geld und Zuschauern. Das Karlsba-

der Filmfestival allerdings, eine seit 1950 alle zwei Jahre (abwechselnd mit Moskau) laufende Veranstaltung, gehörte im ehemaligen Ostblock zu den Veranstaltungen der A-Kategorie. Mittlerweile wird darüber nachgedacht, das Festival aufgrund seines Erfolges jährlich durchzuführen.

Der Untergang des tschechischen Kinos hängt auch mit den örtlichen Gegebenheiten zusammen. Zu den wunderbaren alten Kinos, mancherorts noch mit Logen, kamen in den 60er und 70er Jahren neue Kulturpaläste hinzu. Solche Kinos fassen zwischen 300 bis 500 Zuschauer. Und so ein Kino vollzukriegen, das ist anscheinend keine leichte Kunst.

Es gibt jedoch Lichtblicke wie beispielsweise die Arbeit von Jan und Zdeněk Svěrák (Senior und Junior). Deren auch in Deutschland gezeigter Film „Kolya", dessen Wortwitz zwar durch die Synchronisierung leicht an Zauber verlor, heimste nicht nur eine Fülle von europäischen Preisen ein, sondern wurde auch mit einem Oscar für den besten ausländischen Film geehrt.

Musik

Mit dem Stichwort Musik verbindet ein Tschechienbesucher Prager Orte wie das Rudolfinum, das Repräsentationshaus am Platz der Republik, den Spiegelsaal des Klementinums, sommerliche Serenaden im Waldsteingarten, die Bertramka, wo einst Mozart wohnte oder Komponisten wie Smetana, Dvořák, Janáček. Assoziiert werden Konzerte des „Prager Frühlings", eines von Mai bis Juni laufenden und um Weltrang bemühten internationalen Festivals, das „Internationale Jazz-Festival" im späten Herbst oder die Prager Synphoniker, die Prager Madrigalisten und die Tschechische Philharmonie. Die traditionellen böhmischen Blaskapellen, meistens bei Dorfbällen eingesetzt und nicht selten der lebendigen Definition von Schrammelmusik sehr nahe, bleiben für die Tschechienbesucher im Verborgenen.

Aber auch im Bereich Musik hat sich alles oder zumindest das meiste geändert. Abgesehen vom bereits erwähnten Skandal mit dem Dirigenten Albrecht, dem wohl wichtigsten Er-

eignis der postrevolutionären Musikszene, bekommt die Musikszene mit anderen angereisten Ausländern Superlative serviert, wie seit Jahrzehnten nicht erlebt. In Prag tauchten Frank Zappa auf, Tina Turner und die Rolling Stones. Pavarotti füllte das größte Stadion, Michael Jackson, war ein kultureller Höhepunkt für ganz Mitteleuropa. Das waren die Highlights der letzten Jahre, die der Reihe nach auch den Präsidenten in einer Audienz mit dem entsprechenden T-Shirt beglückten. (Die Spice Girls stehen noch aus.)

Die Musikszene wuchs nach 1989 sowohl räumlich als auch akustisch durch zahlreiche Rap- und Technoveranstaltungen und die entsprechenden Discos ins Unermeßliche. Hunderte von Jazzveranstaltungen tauchten plötzlich auf, Hunderte von Folk & Country Music-Festivals und tschechischen „potlach" (abgeleitet von *potlatch*, Stammesfest der nordamerikanischen Indianer) schossen aus dem Boden.

Auch die heute blühende Jazz-Szene führte einst ein kümmerliches Dasein. Die Welt des Jazz und die Geschichte dieser Musik spielen eine wichtige Rolle in den Romanen und Essays des eingeschworenen Jazz-Fans, Saxophonspielers und Schriftstellers Škvorecký. Bei ihm erfahren wir, daß Dr. Goebbels Jazz als instrumentschädigend und für das arische Ohr nachteilig verbot. Der Jazz in Tschechien hat Goebbels überlebt, aber seine Richtlinien sind ihm noch lange Jahre ein treuer Begleiter gewesen. Nur das Arische ließ man lieber weg. Dafür gab es aber spezielle sowjetische (!) Jazz-Berater. Und so blieb der Jazz nach der kommunistischen Machtübernahme in der Kategorie „pervers, dekadent und degeneriert" gefangen. Der Dixieland aber, dessen evidente folkloristische und proletarische Wurzeln nicht von der Hand zu weisen waren, bereitete der Führung weiterhin Probleme. Und so entstand in den frühen 50er Jahren die erste Tschechoslowakische Dixieland Band (die spätere Prague Dixieland Band), der Dutzende anderer folgten. Die Musik lebte unter dem Deckmantel der Folklore unterdrückter Klassen. Nach wie vor aber fochten tschechische Polka-Fanatiker regelrechte Schlachten mit jazzbegeisterten Jugendlichen aus.

Folk & Country Music & Life

Gerade die amerikanische *folk & country music* ist in Tschechien ein Phänomen, das in einem anderen europäischen Land so nicht anzutreffen ist. Während der Proletarierdiktatur half sie den Tschechen, die Träume von der unbegrenzten Freiheit des Marlboro-Cowboys zu sublimieren. Daher ist sie weniger als beispielsweise in Deutschland sozial an eine Gruppe gebunden.

Die Country-Fans gründeten ihren privaten Sender mit 30 Beschäftigten. Zur Zeit erreicht er noch mehr Hörer als der erfolgreichste Pop-Sender *Kiss 98*. Diese Country-Tradition hängt mit dem verbreiteten *Tramping* zusammen. Das heißt nicht „per Anhalter fahren", sondern einfach über das Wochenende mit dem Rucksack aus der Stadt zu verschwinden. Und das entweder „pod širák" (ins Freie) oder auf die Datscha. Das Lagerfeuer mit Wurst, Bier und Gitarre gehört fast obligatorisch dazu.

Diese Bewegung fing bereits in der Ersten Republik an. Sie bildete eine Parallele zu den damals stark zunehmenden *boy scouts* (Pfadfinder). Die heutigen Tramper sind leicht identifizierbar: Ein freiheitlich gesinnter Mensch läuft unrasiert und ohne Krawatte herum. Er bewegt sich in einem paramilitärischen Look, nach 1989 auch in einer ausrangierten amerikanischen Uniform. Dieser Art der Freizeitgestaltung war die Obrigkeit nicht gerade zugetan, insbesonders weil sich die Tramper in einer Welt mit eigenen Regeln abkapselten. Da es sich um eine angeblich amerikanische Lebensart handelte, versuchte man die *Butch Cassidys* und *Sundance Kids* auszuheben. Das erinnerte mitunter an die 30er Jahre in Deutschland: Die Bands mit englischen Namen mußten sich tschechische Namen zulegen, um nicht subversiv auf das Volk zu wirken. Gerade in den 80er Jahren wurde die Folk-Bewegung hart angegangen, doch das Gegenteil wurde erreicht. Heute ist der Gegner weg. Ein Schock, ungefähr so, als wenn die Bundesregierung den Castor-Aktivisten plötzlich auf die Schulter klopfen würde.

Fortan muß der Sheriffstern nicht am Rande des Waldes abgenommen werden, sondern schmückt sichtbar stolz auch schon die Brust des einen oder anderen Kellners eines Saloon (der bekannteste, in Prag-Vinohrady, heißt „Saloon Amerika"). Folk & Country mutiert zunehmend zu einem Massenartikel. In den letzten 6 Jahren kamen über 800 neue Folk & Country-Titel auf den Markt, und das mit oft höherem Verkaufserfolg als die der Rock- oder Popmusik.

Ein ähnlich manifester Generationenkonflikt entflammte auch, als eine andere „reaktionäre" Kraft am Horizont auftauchte: der Rock. Ende der 50er Jahre wurden die ersten jungen Leute für das Spielen der dekadenten amerikanischen Musik und für exzentrisches Rock'n'roll-Tanzen eingesperrt. Mit den Beatles begannen dann die ersten Treibjagden auf Träger längerer Haare. Eine weitere Welle ähnlicher Konflikte zeichnete die Zeit der „Normalisierung" nach 1968. Die Konflikte kulminierten im Jahre 1976, als die Musik-Gruppe Plastic People eingesperrt wurde, weil in ihren Texten das deftig proletarische Wort *Scheiße* gleich mehrere Male erschien. Ein Beispiel des Widerstandes ist im übrigen auf der Kampa-Halbinsel (Prager Kleinseite) heute noch zu finden. An einer Mauer entstand nach dem Tod von John Lennon spontan eine kleine Gedenkstätte. Tagsüber wurde sie von der Polizei abgeräumt, nachts von der Jugend wieder aufgebaut.

Als die ersten Punks auftauchten, war die Geduld der meisten Arbeiter und Bauern endgültig zu Ende. Aber für den Jazz bedeutete diese Musikrichtung ein freies Aufatmen: nun rückte ein anderer Feind ins Visier der Partei. Im Jahre 1971 wurde bereits die von Jazzanhängern im Rahmen der Tschechischen Musikerunion gegründete Jazzsektion akzeptiert. Die Mitgliederzahl durfte allerdings 3000 nicht übersteigen. Diese Sektion sponsorte die jährlichen *Prague Jazz Days* und gab für ihre Mitglieder sogar eine eigene Zeitschrift heraus („Jazz"), deren 3000 Exemplare schätzungsweise von 100000 Lesern genossen wurden. Unglücklicherweise begann sie, auch andere Sachen zu publizieren. Bohumil Hrabal beispielsweise hatte sein literarisches Debüt gerade in einer solchen Edition. (Nur wenige Schriftsteller haben die Atmosphäre in einer tschechischen Bierkneipe so gut erfaßt wie er.) Und das ging entschieden zu weit. Dazu kam noch der Jazz-Rock, die Zahl der Zuhörer der *Prague Jazz Days* stieg bis an die 15000 jungen Leute, und schließlich erlaubte es sich die Jazzsektion, eine Mitgliedschaft im Music Department der UNESCO zu beantragen – ohne das Kultusministerium gefragt zu haben.

Soweit Škvoreckýs Geschichtsschreibung in *Talkin' Moscow*

Blues. 1984 kulminierte der gärende Konflikt. Das Kultusministerium gebot der Prager Sektion der Musikerunion, alle Aktivitäten zu stoppen. Die Musikerunion folgte der Anweisung. Doch die Jazzsektion, ein Teil der Union, wurde in dem Verbot nicht erwähnt, also arbeitete sie weiter. Das nervöse Ministerium sandte erneut einen expliziten Befehl an die Musikerunion. Die antwortete allerdings, daß ihr doch alle Aktivitäten verboten seien, infolgedessen könne sie auch den Stop der untergeordneten Jazzsektion nicht anordnen.

Und so tauchte der wahre Herr im Hause auf: das Innenministerium. Die Jazzsektion wurde aufgelöst. Ihr Chef sollte mit 14 Jahren Freiheitsentzug bestraft werden. Der erwähnte „Prager Frühling" aber, die seit vierzig Jahren bekannte Vorzeige-Konzertreihe klassischer Musik, konnte wie immer am 12. Mai ungestört beginnen.

Es verwundert kaum, daß im heutigen Tschechien die Musikstile oder -richtungen seit den 60er Jahren bis dato von jeder Modewelle unbeeindruckt nebeneinander gespielt werden. Nach 40 Jahren intensiver Berieselung mit Liedern wie: „Wollen heut' spazieren gehen, uns die LPG besehen/Krähen fällt dem Gockel schwer, denn der Traktor brummt zu sehr" oder „Habt ihr das Kraftwerk schon gesehen?/Es steht am großen Fluß, wo jetzt das Wasser ohne Ruh' Turbinen drehen muß" werden selbst die Wildecker Herzbuben als willkommen empfunden.

Leider ist vieles im kulturellen Bereich finanziell unterernährt und auf Sponsoring angewiesen. Aber das Licht am Ende des Tunnels naht, der derzeitige Kultusminister empfiehlt, das traditionell kulturbegeisterte Land solle sich in Zukunft die Kultur ein ganzes Prozent des Staatsbudgets kosten lassen.

Medium Telefon

Telefon, Fax, Internet – alle Tschechen können nun in ständiger Verbindung mit- und untereinander sein. Haben sie sich auch etwas zu sagen? Laut Verkaufszahlen ja. Insbesondere Handys sind ein Schlager, die das Angenehme des Statussym-

bols mit dem Nützlichen verbinden, für die internationale Börse (im Falle, daß ...) jederzeit erreichbar zu sein. Sie sind eine große Erleichterung für ein Land, in dem die Wartezeit auf einen Telefonanschluß bis zu 15 Jahren betrug (meistens half auch Bestechung nicht). Heute bekommt man ein Telefon, je nach Region, in wenigen Wochen oder sogar Tagen angeschlossen (Bestechung hilft).

Allerdings ist das Telefonnetz zum größten Teil hoffnungslos veraltet. Die staatliche SPT Telekom führte zwar enorme Modernisierungsmaßnahmen durch und digitalisierte Telefonnetze bestimmter Ballungsgebiete, doch bald ging ihr die Puste aus. Daher wurde ein niederländisch-schweizerischer Investor mit 27 % Beteiligung zugelassen. Unter den ehemaligen Ostblockländern gehört das Netz der Telekom mit 325 Anschlüssen pro tausend Einwohner zu den modernsten.

Um die Modernisierung des Telefonnetzes zu beschleunigen, wurden im Jahre 1995 für bestimmte Regionen der Republik private Anbieter zugelassen. Sie werden ab 1997 etwa 5 % des Marktes ausmachen. Die Lizenzen erhielten ausschließlich einheimische Anbieter, die sich allerdings einen ausländischen Partner mit bis zu 34 % Beteiligung suchen konnten. Doch die Nachfrage übertrifft alle Erwartungen. Die traditionelle Brieftaube dürfte von Zeit zu Zeit schneller sein, denn das Telefonieren in Tschechien fordert dem Teilnehmer gelegentlich noch wirkliche Geduldsproben ab. Abgesehen davon kommt es des öfteren zu unbeabsichtigten Konferenzschaltungen mit der halben Nachbarschaft.

Die heute fast alle funktionierenden Telefonzellen behalten das Geld teils ohne Gegenleistung. Das wird ohne weiteres als Fortschritt gesehen – unter den Kommunisten klappte noch nicht einmal das. Mit ein bißchen Glück erwischt man wiederum eine Telefonzelle, von der aus man für eine Doppelkrone rund um die Welt telefonieren kann. Solche Wunderhäuschen werden gelegentlich in weitem Umkreis als Geheimtips weitergereicht. In der Regel verrät sie keiner; es wird eher mit Vergnügen verfolgt, wie lange die Telekom braucht, um dahinterzukommen.

Laut Umfrage besitzen 95 % aller Haushalte ein Rundfunkgerät und einen Fernseher. Davon war 1993 knapp ein Drittel angemeldet. Tschechien hat sich ungewöhnlich schnell mit Abertausenden von Empfangsschüsseln an das globale TV-Dorf angeschlossen.

Die Strukturen der Medien Rundfunk und Fernsehen haben sich insofern geändert, als daß private Anbieter zugelassen wurden und die ehemals staatlichen Sender nun öffentlich-rechtliche Anstalten geworden sind. Zugelassen wurden auch lokale und überregionale private Rundfunksender, deren Programme sich aber hauptsächlich aus Musik und Werbung zusammensetzen. Bei der Werbung übrigens befindet sich Tschechien noch auf der Jungfernfahrt. Die absolute Mehrheit der Befragten erwartet von einer guten Werbung das, was ansonsten nur eine sachliche Information zu leisten vermag: Wahrheit und Objektivität. Hoffentlich hält sich die Werbung auch daran, denn sie ist in Tschechien auch für große ausländische Firmen attraktiv. Im letzten Jahr verschlang sie 10 Milliarden Kronen (ca. 1 % des Bruttosozialprodukts), wobei nur eine Milliarde an den Medien vorbeifloß.

Bei den Fernsehanstalten sieht die Situation ähnlich wie beim Rundfunk aus. Wobei die öffentlich-rechtlichen Sender – eine Monatsgebühr beträgt 50 Kronen (Rundfunk 25 Kč) – ihre Gebühren gerne automatisch der Inflation anpassen würden. Das Geld fehlt insbesondere bei den regionalen Runkfunk- und Fernsehsendern, deren Abschaffung eine erneute Zentralisierung bedeuten könnte. Dem möchte man gerne entgegenwirken.

Das Angebot der Medien reicht vom lokalen Fernsehen, das nur einige Stunden pro Tag und an bestimmten Tagen in der Woche sendet, bis zum größten privaten Sender NOVA (mit amerikanischem Mehrheitsanteil). Im einvernehmlichen Bemühen um die Schaffung des gemeinsamen kulturellen Hintergrundes des Abendlandes laufen hier überaus beliebte Serien wie „Dallas", „M.A.S.H.", allerhand Talkshows und Bekennt-

nissendungen. NOVA packt durchaus gerne Themen an, die in der Vergangenheit stark tabuisiert wurden (Homosexualität, besondere sexuelle Vorlieben), allerdings etwas reißerisch. Die Fülle an brutalen Action-Thrillern und die amerikanisch-aggressive Berichterstattung werden einvernehmlich verurteilt und kritisiert. 77 % der Zuschauer setzen sich aber bei NOVA gerne in die erste Reihe. Womit der private Sender die öffentlich-rechtlichen sofort nach dem Start mit Abstand auf Platz 2 verwiesen hat.

Obwohl tschechische Kinder noch relativ wenig fernsehen – „nur" etwa 1 Stunde täglich (Videofilme wurden nicht erfaßt), ertönen Klagen über den Konsum und die Darstellung der Gewalt von allen Seiten, insbesondere aus der Schule. So ein Fernsehen kannte man bisher nicht. Das westliche Fernsehen konnte nur in den Grenzgebieten empfangen werden, darüber hinaus stellte die Sprache eine Barriere dar. Tschechien blieb somit ein großes „Tal der Ahnungslosen". Insofern traf die plötzliche Flut eine unvorbereitete Öffentlichkeit. Über ein Drittel der Tschechen reagiert in gewohnter Weise – „man müßte etwas dagegen unternehmen". Traurigerweise hat man sich bisher nicht entscheiden können, was. Die allgemeine Ratlosigkeit übertönen nur Stimmen, die nach harten Maßnahmen verlangen.

Und was im tschechischen Fernsehen ist zu empfehlen? Auch in Tschechien ist das Fernsehen, wie es schon in den 60er Jahren der Schauspieler Jan Werich treffend ausdrückte, „als wenn man aus dem Fenster schaut und zufällig kommt keiner vorbei".

Presse

The Economist behauptet in einer Untersuchung, Tschechien habe nach den USA, Spanien und Portugal die freieste Presse der Welt. Solche Umfrageergebnisse erstaunen immer wieder. Auch in Tschechien kommt der Leser langsam dahinter, daß praktisch jedes Blatt von der Werbung abhängig ist bzw. als latenter Interessenvertreter der einen oder anderen politischen

Partei oder Firma fungiert. So wurde beispielsweise eine Tageszeitung von einem Stahlkonzern zu einer eigenen Pinnwand degradiert, anderswo kaufte sich ein Petrochemie-Konzern ein.

Die Anzahl der Zeitungen stieg in den ersten beiden Jahren von 18 im Jahre 1989 auf 80 Tageszeitungen und unzählige Zeitschriften zunächst stark an. Mit der Teilung der Republik verkleinerte sich der Markt, auch der Nachholbedarf ließ nach. Dies, und dazu die dilettantische Führung vieler Blätter, reduzierte die Zahl beträchtlich. Für den harten Konkurrenzkampf wurde Geld gebraucht, und dies ermöglichte den verstärkten Einstieg ausländischer Investoren. Der größte unter ihnen ist der Schweizer Ringier-Verlag (zusammen mit Springer), gefolgt von der französischen Robert-Hersant-Gruppe. Ringier gibt eine Variante der Bild-Zeitung namens *BLESK* (Blitz) heraus; eine der meistgelesen Zeitungen des Landes. Die *Neue Passauer Presse* kaufte etwa 30 regionale Zeitungen auf, die kurz nach der Wende von den Stadträten zu Billigpreisen verschleudert wurden.

Meinungsfreiheit

Vor 1989 wurde zum Thema Meinungsfreiheit folgende Begebenheit erzählt: Auf der Grenze nach Polen treffen sich ein polnischer und ein tschechischer Hund. „Wohin des Weges?", fragt der polnische Hund. „Wau, nach Polen, ein bißchen herumbellen", antwortet der Tscheche, „und Du?" „Zu Euch, mich sattfressen."

Zu einer seriösen und vielgelesenen Zeitung hat sich die ehemals kommunistische *MF DNES* (Heute) hochgearbeitet, weiter eine Wirtschaftszeitung (*Hospodářské noviny*) und *Svobodné Slovo* (Freies Wort). Auch *Rudé Právo* (Rotes Recht) ist nicht verschwunden. Und es blieb seiner Tradition treu – obwohl es heute nur noch *Právo* (Recht) heißt. Als eine Intellektuellen-Zeitung gilt *Lidové noviny* (Volkszeitung), die bereits vor der Jahrhundertwende gegründet und 1948 von den Kommunisten verboten wurde. Sie wurde kurz vor der Wende als illegale Dissidentenzeitung wiederbelebt. Zu weiteren er-

wähnenswerten und für Ausländer interessanten Zeitungen gehören die deutschsprachige *Prager Zeitung* (eine Wochenzeitung) und die englischsprachige *The Prague Post*.

The Economist hat in einem Punkt Recht: tschechische Medien dürfen sich in der Tat sehr frei benehmen. Doch sie haben drei wesentliche Probleme. Erstens: Nur zwei Fünftel der Tschechen glauben an die Sachlichkeit und Objektivität der Berichterstattung. Zweitens: Die Vorgehensweise tschechischer Zeitungsmacher unterscheidet sich oft kaum von der über Jahrzehnte unter den Kommunisten gelernten journalistischen Praxis. Und so beginnt nicht selten beispielsweise ein Kommentar oder eine Polemik wie gewohnt mit einer Diskreditierung der Zielperson. Drittens: Ein großes Defizit ist die legislative Lösung des Zugangs zu amtlichen Informationen. Solche Informationen zu erteilen, hängt von der Laune des jeweiligen Beamten ab. Die Behörde argumentiert mit der Vertraulichkeit, auch wenn es sich beispielsweise um die Subventionshöhe öffentlicher Mittel für öffentliche Ausgaben handelt. Allerdings können die Beamten nicht erklären, warum eine Geheimhaltung vonnöten ist. Es mag sich daher um eine Art Relikt aus den glorreichen sozialistischen Zeiten handeln, in denen auch manche Himmelsrichtung der Geheimhaltung unterlag. Die tschechischen Medien sind nicht zuletzt deswegen keine ausgereifte Vierte Gewalt im Lande geworden. Die Rückkopplung zwischen Politik und Presse bleibt schwach. Einfachheitshalber schreiben viele Politiker die Zeitungsartikel gleich selber.

Schulsystem

Die Schule soll auf das Leben vorbereiten. Am liebsten wären die meisten Tschechen Ärzte. Das hat wenig mit der Gesundheit des Nächsten und viel mit der Bezahlung zu tun. Außerdem genießt der Arztberuf das höchste soziale Ansehen. An zweiter Stelle folgt laut Umfrage der Dozent oder Professor an der Hochschule, der Wissenschaftler, der Lehrer etc. An vorletzter Stelle, eine Position vor der Putzfrau, wird der Berufsoffizier

(Rang: Major) aufgelistet. Das dürfte sich mit dem NATO-Eintritt und den damit verbundenen Reisemöglichkeiten ändern.

Für die Kleinen

Der lange Marsch durch die Institutionen fängt mit der vorschulischen Erziehung an. Diese unterteilt sich in Kinderkrippen für Kinder bis zum Alter von 3 Jahren und Kindergärten für 3- bis 6jährige. Diese Art der Kinderbetreuung gewährleistet eine umfassende Versorgung des Kindes, von der deutsche Eltern begeistert wären: zweites Frühstück, Mittagessen und eine Erfrischung am Nachmittag, vielerorts v. a. die Gestaltung des spielerischen Unterrichts. In den Kinderkrippen bekommen die Babys sogar eine eigene „Dienstkleidung" während der nach Bedarf ganztägigen Betreuungszeit (7.00–16.00) angezogen. Die Marktwirtschaft hat diese Struktur zwar angegriffen, die Anzahl der Einrichtungen ging um etwa 11 % zurück. Das hat allerdings auch mit dem ausgeprägten Geburtenrückgang der letzten Jahre zu tun. Im großen und ganzen blieben diese Einrichtungen bestehen – allerdings sind sie deutlich teurer geworden.

Das Schulsystem setzt sich aus dem Primarschulbereich (sogenannte „Grundschulen": Allgemeinbildende Schulen, Altersstufe 6 bis 15 Jahre) und dem Sekundarschulbereich („Mittelschulen": Gymnasien, Berufsschulen und Fachschulen, Altersstufe: 15 bis 19 Jahre) zusammen. Es folgen Hochschulen und Universitäten. Das staatliche Bildungsangebot muß bis auf weiteres nicht bezahlt werden. Die Einführung von Studiengebühren wurde lange diskutiert. Letztlich, ab September 1996, wurden sie nur im Bereich der höheren Fach- und Berufsschulen erhoben.

Das tschechische Schulsystem unterscheidet sich heute vom deutschen Schulsystem insofern, als alternative Schulformen wie die Waldorfschule wesentlich seltener anzutreffen sind als in Deutschland. Auch gibt es weder eine Orientierungsstufe noch eine integrierte Gesamtschule. Die neunjährige allgemeinbildende Grundschule bleibt nach wie vor bestehen, allerdings gibt es heutzutage die Möglichkeit, nach der Beendigung der Primarstufe (nach der 5. Klasse; Sekundarstufe: 6–9 Klasse)

auf das formal dem deutschen Modell entsprechende Gymnasium umzusteigen. Worin sich das tschechische Schulwesen deutlich vom deutschen unterscheidet, sind vor allem die Gestaltung des Unterrichts und die Rahmenbedingungen, unter denen die Lehrer und Lehrerinnen zu arbeiten haben (s. u.).

Während vor 1989 etwa 40 % der Schüler die Ausbildung an einer Mittelschule wahrnahmen und 60 % sie an den Berufsschulen fortsetzten, drehte sich das Verhältnis bis zum heutigen Datum um. Dazu trug die Gründung von privaten Mittelfachschulen bei, die sich nach der Wende im Sekundarschulbereich etablierten. Sie werden von ca. 5 % der schulpflichtigen Jugend besucht und erhalten, je nach dem Grad ihrer Autonomie, Subventionen vom Schulministerium. Für den Rest müssen sie, in Form einer Schul- bzw. Studiengebühr, selber sorgen. Ihr Niveau ist sehr unterschiedlich, und da keine der privaten Schulen bislang höhere Qualität oder wesentliche Unterschiede zu den Staatsschulen vorweisen konnte, fielen sie im verkrusteten Schulsystem Tschechiens nicht weiter auf.

Reformbedarf im Schulbereich

Trotz des nicht geringen Prestiges möchte kaum jemand als Lehrer arbeiten. Das Staatsexamen gehört zwar zu den gefragtesten Studienabschlüssen, den Absolventen geht es in der Regel aber nur um das Zeugnis, mit dem sie dann andere Wege verfolgen. Der Lehrer- und wissenschaftliche Nachwuchs ist nicht bereit, für einen Lohn in der unteren Hälfte der Gehälterskala in der Schule oder an der Universität zu arbeiten. Der Lehrerberuf in Tschechien ist ein ausgesprochener Frauenberuf. Wobei gilt, daß es, je höher die Schulstufe, desto mehr männliche Lehrer gibt. Ein Lehrer oder ein Hochschuldozent verdient nicht selten weniger als eine Sparkassenangestellte. Die Folge ist eine Flucht der qualifizierten Kräfte in den privaten Sektor oder eine lukrative Nebenbeschäftigung. Darunter leidet die Qualität in Lehre und Forschung.

„Die Schüler lernen nicht für die Zukunft, sondern für eine

gute Note. Insofern bildet die tschechische Schule nicht. Sie drillt. Der Unterricht verläuft stark autoritätszentriert, nahezu ausschließlich im Rahmen der Einwegkommunikation. Die Machtdistanz ist sehr hoch, der Lehrer doziert vor der Tafel, die Schüler sitzen in Reih' und Glied in der Klasse und hören zu. Die Erkenntnisse werden diktiert oder vom Buch abgeschrieben. Eigenständig erarbeitet werden sie kaum. Ansonsten, so das gängige Argument, würde man den Stoff nicht schaffen. Für kreative Lösungen hat die tschechische Schule wenig übrig." So der Tenor einer wachsenden Bewegung von Pädagogen und Didaktikern, die versuchen, jene verkrusteten Strukturen zu sprengen. Die Gymnasiallehrer werden übrigens in guter alter k. und k. Tradition Professoren genannt. Und sie bestehen darauf.

Die autoritäre Gesellschaft, in der man lieber keine Fragen stellte, manövrierte die Lehrer in die Rolle von „Experten", die keine Wissenslücken offenbaren dürfen und deren Autorität nicht hinterfragt werden sollte. Zur Abwehr der eigenen Unsicherheit hatten sie eine Vorliebe für detailliert geplante Programme. Daher ist heute die Durchsetzung einer freieren Gestaltung innerhalb gesetzter Rahmenbedingungen mühsam. Viele Lehrerinnen lehnen dies sogar deutlich ab. Sie sehnen sich nach den alten Lehrplänen zurück, in denen penibel aufgeschlüsselt stand, welcher Lehrstoff in welcher Stunde abzuhandeln ist.

Daher ist es nicht erstaunlich, daß im Klassenraum Konkurrenz herrscht, Teamarbeit und die Erziehung dazu kaum stattfinden. Schulversagen (Sitzenbleiben) gilt als eine absolute Katastrophe, es programmiert quasi den sozialen Abstieg. Der spätere Besuch eines Gymnasiums oder gar einer Universität wird infolgedessen so gut wie unmöglich. Die in tschechischen Schulen geradezu neurotisch betriebene Faktographie – auswendig gelernte Lebensläufe, Jahreszahlen, Vorgänge – läßt sich besser kontrollieren und benoten als freiere Arbeitsaufträge. Und die Benotung ist das Alpha und Omega der ganzen Schule. Das ist insofern verwunderlich, als bislang Beziehungen, nicht Noten, eine wichtige Rolle spielten.

Neue Zeiten brachten neue Inhalte: Religion, Gemeinschaftskunde, Sprachen. Die Gemeinschaftskunde, früher Bürgerer-
ziehung, hat sich von Lenin losgesagt und widmet sich nun
gesellschaftlichen Problemen. Unter anderem Sexualkunde, was
im prüden Tschechien geradezu revolutionär ist. Es mangelt
jedoch in fast allen Fächern an entsprechend guten Büchern
und erfahrenen Lehrern. Zum Glück wurde das Video erfunden.

Das Jahr 1989 brachte auch eine andere, überraschende
Erkenntnis mit sich. Kaum einer der eingereisten Deutschen,
Engländer, Franzosen oder Amerikaner sprach Russisch. Panik
brach aus. Fremdsprachenlehrer erleben bis heute eine unge-
ahnte Konjunktur. Sogar in Kindergärten laufen seit drei
Jahren Versuche, Fremdsprachen spielerisch zu lehren. In der
Schule wurden fast unmittelbar nach der Wende Englisch,
Deutsch, Französisch, Italienisch oder Spanisch anstatt Rus-
sisch als Erst-Fremdsprachen eingeführt. Die tschechischen
Schüler präferieren die Sprachen entsprechend der aufgeführ-
ten Reihenfolge. Deutsch, die lingua franca der Slawen, wird
mehr aufgrund ihres ökonomischen Nutzens als aus Liebe zu
Klang, Gestalt und Form oder Literatur gelernt. Das dürfte
ähnliche Gründe haben wie die Musik der Tschechischen
Philharmonie unter Gerd Albrecht: Deutsch klingt für viele
Tschechen angeblich „zu hart".

Ein gutes Beispiel für den Nachholbedarf ist die Anzahl der
Lehrstühle für Fremdsprachen. Während es im Jahre 1990
ganze 11 Lehrstühle für Deutsch und Englisch mit insgesamt
95 studierenden Anglisten und 98 Germanisten gab, waren es
1995 schon 27 Lehrstühle mit 944 Anglisten und 705 Germanisten. Russisch fiel unter „ferner liefen". Aber der Ansturm
gilt nicht nur den Sprachen. Die Zahl der Studienanfänger ist
insgesamt stark gewachsen. In den nächsten Jahren sollen daher
an die 100 neue höhere Berufsfachschulen gegründet werden.

Der Fremdsprachenboom brachte sofort einen traditionellen Engpaß zutage: zuwenig Fremdsprachenlehrer. Noch sechs
Jahre nach der Wende gab es im Bereich der allgemeinbil-

denden Schulen von den über 11 000 Lehrern 6 000 ohne jegliche Qualifikation für den Sprachunterricht. Ohne Rücksicht auf ideologische Verluste wurde eine naheliegende Lösung ergriffen: die Russischlehrer mußten umschulen.

Die Hohe Schule

Die Absolventen der Mittelschulen können ihre Ausbildung entweder mit dem Studium an einer höheren Fachschule, Fachhochschule oder an einer Universität beenden. Tschechien hat zur Zeit 23 Universitäten bzw. Fachhochschulen, die Ausbildung dauert in der Regel 5 Jahre. Die Zahl der Studierenden ist von 13 % der Bevölkerung im Jahre 1989 auf 21 % im Jahre 1997 gestiegen.

Die Studenten belegen am häufigsten Studienfächer aus den Bereichen Ökonomie und Geisteswissenschaften. Überraschenderweise machte sich auch ein ausgeprägtes Interesse für Theologie bemerkbar. Die Qualität der Universitäten, an denen studiert wird, ist insofern äußerst unterschiedlich, als anscheinend jede Gemeinde eine eigene Universität anstrebt und nicht genügend Mittel besitzt, sie personell und materiell entsprechend auszustatten. Zu den „klassischen", traditionellen Universitäten mit gutem Ruf gehören die Universitäten in Prag, Brünn und Olmütz.

Davon abgesehen gibt es auch an den Universitäten Probleme, die genauso wie die Probleme des ganzen Schulsystems in der vormaligen Anlehnung an das sowjetische Vorbild wurzeln. Verantwortlich für diese Misere zeichnete in den 50er Jahren ein Herr Nejedlý. Herr Nejedlý, auf deutsch „Ungenießbar", vertrieb die Wissenschaft von den Hochschulen an die Akademie der Wissenschaften, verschulte die Universitäten und versuchte sie dadurch kontrollierbar zu machen. Für die zukünftigen Lehrer wurden Pädagogische Fakultäten, von den Universitäten getrennte Kaderschmieden, gegründet. Nur wenige Universitäten lockerten bisher das hoffnungslos verschulte Studiensystem, das Studenten durchpeitscht und sie mitunter wie in der Schule durchfallen läßt, was die Wieder-

holung eines ganzen Studienjahres zur Folge hat. Ein Scheinesystem wie in Deutschland, das eine individuelle Studienplanung ermöglicht, wird nun erst vorsichtig eingeführt.

Während der Prüfungszeiten im Frühjahr pilgern die Gymnasiasten an die Universitäten, um eine Aufnahmeprüfung abzulegen. Das ist das einzige, wozu das Abitur berechtigt. Frühere proletarische Kader, die sich nach einem Jahr *crash*-Gymnasium ohne jegliche Aufnahmeprüfung eine beliebige Universität und jede beliebige Studienrichtung aussuchen konnten, hatten es unbestritten leichter.

Die Aufnahmeprüfung ist kein Novum, sondern in dieser Form ein Überbleibsel des Klassenkampfes. Sie ist auch weiterhin als regulative Maßnahme gut zu gebrauchen – die Universitäten bieten bei weitem nicht genügend Studienplätze an. Vom Inhalt her ist sie in der Regel unsinnig. Fragen wie „Wie kam das Rote Kreuz zu seinem Kreuz?" oder „Wie weit ist es von Prag nach München?" sprechen für sich. Außerdem machen sie deutlich, daß auch die Universitäten die Faktographie anbeten. Das Auswendiglernen von ganzen Bücherteilen wird hingenommen, das Herunterbeten einer Reihe deutscher Schriftsteller ist immer noch mehr wert als die Analyse ihrer literarischen Früchte.

Die besagte Prüfung stellt auch weltweit eine Spezialität dar. Im Jahre 1996 wurden beispielsweise 232 000 Studienanträge von 97 000 Bewerbern für 44 000 Studienplätze gestellt. Wie das? Der Mangel an Studienplätzen zwingt die Bewerber, so viele Anträge an so vielen Universitäten bzw. deren Fakultäten wie nur möglich zu stellen. Die Aufnahmeprüfung muß aber an der Universität abgelegt werden, an der der Bewerber zu studieren gedenkt. Das heißt, daß es, sofern man sich an zehn Universitäten für das Fach Deutsch einschreibt, zehn Aufnahmeprüfungen abzulegen gilt. Einem verzweifelten Bewerber bleibt daher nichts anderes übrig, als nach dem Schrotflinten-Prinzip vorzugehen: 20 Anträge, 20 Prüfungen und die Hoffnung, einmal ins Schwarze zu treffen.

Politik – nein, danke!

Charta 77

Vor gut zwanzig Jahren, zur Weihnachtszeit 1976, gab eine kleine Dissidentengruppe eine Verlautbarung heraus. Die Gruppe bezeichnete sich als „Charta 77". Das Dokument verlangte die Einhaltung der Menschenrechte in der sozialistischen Tschechoslowakei und wurde zur Verlautbarung und Programmbasis des antikommunistischen Widerstandes. Die Autoren nutzten die Gelegenheit, daß die Regierung ihre Unterschrift unter das internationale Abkommen über die Menschenrechte in Helsinki 1975 gesetzt hatte, und ihre Namen sind hinlänglich bekannt: der jetzige Präsident Václav Havel, der Schriftsteller Ludvík Vaculík, der ehemalige Reformkommunist des Jahres 68 Zdeněk Mlynář, Milan Uhl, Radim Palouš, der Ex-Außenminister Jiří Hájek, der Philosoph Jan Patočka und andere.

Die Verlautbarung wurde zum 1. Januar 1977 veröffentlicht. Dann entfesselte die KP-Propaganda ein Fegefeuer, das die „Störenfriede" öffentlich verurteilte. Arbeiter, Angestellte, Bauern, einfach alle, die über eine Stimme verfügten, verdammten deren Treiben – ohne das Dokument je gelesen zu haben.

Als Antwort auf die Charta folgten Schikane, Untersuchungshaft und Arbeitsplatzverlust. Die Intellektuellen nahmen den bereits traditionellen Weg in die – oft erzwungene – Emigration, auf die Baustellen und in die Heizwerke. Arbeit zu finden, wurde für die Betroffenen plötzlich schwer, obwohl der Staat jedem einen Arbeitsplatz garantierte. Die Inanspruchnahme dieses von der Verfassung garantierten Rechts ließ sich leicht überprüfen. Der Personalausweis, der neben dem Foto und den üblichen Personalien auch die Angaben zur Familie beinhaltete, zählte 32 Seiten. Hier wurde minutiös gestempelt, von wann bis wann man wo gearbeitet und gewohnt hatte; ein tabellarischer Lebenslauf im Taschenbuchformat.

Das Recht auf Arbeit nicht zu nutzen, das taten nur Drücke-
berger und Parasiten. Eine klassische Möglichkeit, die Kategorie der politischen Häftlinge von vornherein zu verhindern.

Aus dem Manifest der Charta 77:

Die Verantwortung für die Einhaltung der Bürgerrechte im Land
fällt selbstverständlich vor allem der politischen und der staatlichen Macht zu. Aber nicht nur ihr. Jeder trägt seinen Teil der
Verantwortung für die allgemeinen Verhältnisse, und also auch
für die Einhaltung der kodifizierten Pakte. (…)

CHARTA 77 ist eine freie, informelle und offene Gemeinschaft
von Menschen verschiedener Überzeugungen, verschiedenen
Glaubens und verschiedener Berufe, die der Wille vereint, sich
einzeln und gemeinsam für die Respektierung der Bürger- und
Menschenrechte in unserem Land und in der ganzen Welt einzu-
setzen. (…)

CHARTA 77 ist keine Organisation, hat keine Statuten, ständigen
Organe und organisatorisch bedingte Mitgliedschaft. Es gehört
ihr jeder an, der mit ihren Gedanken übereinstimmt, sich an ihrer Arbeit beteiligt und sie unterstützt. (…)

CHARTA 77 (…) möchte kein eigenes Programm politischer oder
gesellschaftlicher Reformen oder Veränderungen formulieren,
sondern in ihrem Wirkungsbereich einen konstruktiven Dialog
mit der politischen und der staatlichen Macht führen. (…)

(Zit. aus: Wochenschau II, Nr. 5,
September/Oktober 1997, S. 223)

Die Charta selber wurde bis zum Jahre 1989 von rund zweitausend Leuten unterschrieben. Nur 25 haben öffentlich wi-
derrufen (müssen). Abgesehen vom üblichen Stammtischwi-
derstand, blieb die Widerstandsbewegung bis weit in die 80er
Jahre ein Randphänomen. Weitere Tausende Unterschriften
kamen erst hinzu, als das Regime deutlich kältere Füße bekam. Als informelle Dissidentengruppe stellte die Charta im
Jahre 1992 ihre Tätigkeit offiziell ein.

Samt oder Filz?

Viele Helden der sogenannten Samtenen Revolution sind in der Alltagspolitik zu Intriganten mutiert, kleine Pöstchenschieber geworden, die sich zuweilen untereinander zerstritten haben. Sechs Jahre nach der Revolution brachte Havel seine Enttäuschung darüber in einer Rede zum Ausdruck. Er klagte über geschmacklose politische Rangeleien, verdächtige Bankkonkurse, Spekulationen oder direkten Diebstahl. Havel hat eine Vorliebe dafür, ab und zu etwas zu sagen, was keinem gefällt. Und er darf es – seine Person ist für die Tschechen geradezu ein Symbol der Glaubwürdigkeit. 82% der Bürger schenken ihm ihr volles Vertrauen. Die Regierung kommt gerade mit 53% davon.

Das Schlußlicht des öffentlichen Vertrauens bildet das Parlament, dem schlappe 35% Prozent vertrauen. Brühwarm berichten die Medien über die verbalen Ausfälle der Republikaner, den Mißbrauch der Immunität für zollfreie Einfuhr und über unentwegt dösende oder mobiltelefonierende Abgeordnete. Allzuleicht kommen die Assoziationen mit der willkürlichen Nomenklatura auf.

Das Parlament aber steckt in einer Art „legislativen Wahnsinns". Die völlige Neustrukturierung und -ordnung des Rechtssystems während der Transformation verlangt nach -zig neuen Gesetzen und internationalen Verträgen. Seit der Wahl im Jahre 1992 bis zum Jahre 1996 passierten über 300 Gesetze und einige Hunderte von Verträgen und Vereinbarungen das Parlament. Doch es fehlen nach wie vor wichtige Gesetze, beispielsweise über die regionale Neugliederung des Landes, das Staatseigentum, eine Reform des Familienrechts, ein neues Hochschulgesetz etc. Unter der Folge des rasanten Tempos leidet allerdings auch die Qualität der Gesetzgebung. Häufig ist gleich wieder eine Novellierung fällig, das betrifft vor allem den Handel und den Verbraucherschutz.

Die Judikative ist einer der Bereiche, denen eine reinigende Auseinandersetzung mit der Vergangenheit noch bevorsteht. Die Partei hatte nach dem Putsch im Jahre 1948 relativ

schnell einen Wechsel herbeigeführt und die meisten Stellen der Richter und Staatsanwälte mit eigenen Leuten besetzt. Zu „Arbeiterstaatsanwälten" wurden ideologisch gefestigte junge Leute ernannt. Das Manko an Ausbildung und Rechtskultur sollte durch den „Klasseninstinkt" ersetzt werden. Anwälte mit ihren Praxen, dem Gericht in der Regel auch räumlich angegliedert, durften umso weniger verteidigen, je „politischer" der Prozeß wurde. Dem Anwalt oder der Anwältin stand auch keine Akteneinsicht zu usw., von im voraus minutiös vorbereiteten politischen Prozessen ganz zu schweigen.

Dieses willkürliche Verhältnis des Staates zum Recht ist noch lange nicht vergessen. Was Wunder also, daß der Justiz gegenüber weiterhin Mißtrauen entgegengebracht wird. Mit dem Wort Gericht wird eine Beschuldigung oder ein Verbrechen assoziiert, nicht die Rechtssprechung. Auch in diesem Bereich jedoch ist Kritik nicht immer angebracht, denn die Gerichte ertrinken in Eigentumsrückgabeprozessen und Prozessen als Folge der unerwarteten und bis dato nicht gekannten Kriminalität.

Der in Prag gegründete „Klub der von der Samtenen Revolution Enttäuschten" berichtet über eine Bank, die die in den 50er Jahren beschlagnahmten Goldmünzen nicht herausgab. Sie habe zwar einen Vorrat an solchen Münzen, es könne jedoch nicht mit Sicherheit festgestellt werden, ob es sich exakt um die beschlagnahmten Exemplare handelte. Solche Fälle mögen in ihrer Kraßheit Seltenheitswert haben. Es zeigt sich aber, daß die Partei ein deutliches Erbe hinterlassen hat: die Mißachtung des Menschen, Zynismus in Umgang mit augenscheinlichen Tatsachen und das Ausnutzen der eigenen Machtstellung.

Die Gewerkschaft

Seit 1991 vergeht in Tschechien kein Jahr ohne Streik. Daran beteiligen sich inzwischen auch Ärzte und Lehrer. Und wer steht den Tschechen im Kampf mit den Kapitalisten um das tägliche Brot zur Seite? Die ehemalige „Revolutionsbewegung

der Gewerkschaftler". Sie leistete bereits Hilfe, als es nach der Machtübernahme im Jahre 1948 darum ging, die „Nationale Sicherheitstruppe", die Polizei, zu organisieren. Weiterhin kämpfte sie intensiv gegen die westlichen Kapitalisten. Im Lande selber wurde sie, eng mit der KP verbunden, zu einem Instrument der Macht degradiert. An der Gewerkschaft kam keiner vorbei – mit der Arbeitsaufnahme war der Mensch automatisch organisiert. Das manifestierte sich vorwiegend in verschlafenen Sitzungen und dem monatlichen Beitrag.

Nach dem November 1989 fiel die einheitliche Gewerkschaft auseinander. In dieser Phase entstand ein Koordinationszentrum der Gewerkschaften, das als Opposition zum Zentralrat der Gewerkschaften fungierte, später bildeten sich dann neue Gewerkschaftsverbände. Die heutige Organisationsstruktur hat ausgerechnet im Mutterland des Klassenfeindes, den USA, ihre Vorlage. Sie ist konföderativ, die Gewerkschaftsverbände arbeiten unabhängig voneinander, wobei sie einen Teil ihrer Vollmachten an die Zentrale abtreten: an die Böhmisch-Mährische Gewerkschaftskammer, der 35 Verbände angehören. Der größte Verband sind die Metallarbeiter (650 000), der kleinste die Seeleute (450 Mitglieder). Das sind nicht unbedingt nur „Flußleute" oder ein Relikt aus der k. und k. Zeit. Tschechien besitzt eine eigene, schnuckelige Flotte.

Das Konkurrenzunternehmen zur Gewerkschaftskammer heißt „Gewerkschaftsverband Böhmen, Mähren und Schlesien". Es zählt etwa 100 000 Mitglieder und steht der kommunistischen Partei noch recht nahe.

Die Gewerkschaften haben einerseits mit dem ihnen durch ihre Vergangenheit anlastenden Mißtrauen zu kämpfen, andererseits mit bisher unbekannten Problemen. Mit Überraschung haben sie feststellen müssen, daß die Beschäftigten in Unternehmen mit westlicher Beteiligung eindeutig besser behandelt werden. Denn es gibt auf tschechischer Seite unzählige Fälle von Kündigungen aufgrund einer längeren Krankheit oder aufgrund von Schwangerschaft, Fälle von Mißbrauch der finanziellen Abhängigkeit etc. Die bedeutendste Tat in der

Gewerkschaftsgeschichte dürfte jedoch der Generalstreik im Jahre 1968 sein. Eine Geste, die den sowjetischen Einmarsch verurteilte. Vorsichtshalber legte man den Streik aber in die Mittagspause.

Gleich und Gleich gesellt sich gern: die Parteien

Die Anzahl der politischen Parteien und Bewegungen in Tschechien stieg nach der Wende gewaltig an. Zur Zeit gibt es insgesamt 53 Parteien und 28 politische Bewegungen. Es kommen auch Blüten wie die bereits wieder eingegangenen Monarchisten oder die Partei der Bierfreunde vor. Letztere hätten allerdings die 5 %-Hürde womöglich geschafft, wenn die letzte Bierverteuerung kurz vor der Wahl gewesen wäre.

Zur Wahl im Jahre 1992 traten 23 Parteien an. Davon haben allerdings nur acht Parteien die 5 %-Hürde genommen und die begehrten Mandate erhalten (bei einer Koalition zweier Parteien sind insgesamt 7 % nötig, ein Zusammenschluß mehrerer Parteien erfordert 9 % Wählerstimmen). Bei der letzten Wahl im Jahre 1996 war die Zahl der antretenden Parteien mit 17 etwas geringer.

In der oberen Etage der politischen Bühne sind sechs Parteien im heutigen Kontext politisch relevant. Von rechts nach links: die rechtsliberale Bürgerlich-Demokratische Partei (ODS, *Občansko demokratická strana*), die aus dem rechten Flügel der Bürgerbewegung (*Občanské fórum*, OF) hervorgegangen ist und der der ehemalige Premierminister Klaus vorsteht. Es folgen die Bürgerlich-Demokratische Allianz (*Občansko-demokratická Aliance*, ODA), die Christlich-Demokratische Union/Tschechische Volkspartei (KDU/ČSL) und die stärkste Oppositionspartei, die Sozialdemokraten (ČSSD). Rechts flankieren die Republikaner (SPR-RSČ) und links die Kommunisten (KSČM) das Parteienspektrum.

Den Weg zum Wohlstand mit Rosen zu schmücken, versprechen alle. Doch die gemeinsame Idylle wird von zwei Störenfrieden untergraben: von den Republikanern und den Kommunisten. Die SPR-ČSR spricht das aus – wie ein tschechischer

Journalist meinte –, was diejenigen denken, die nicht denken können. Die Reps nehmen in der Tat kein Blatt vor den Mund: „keine EU, keine NATO, keine Geldverschwendung mit den Pleitegeiern von UNO, UNESCO". Die Grenze muß gegen die Flut der Flüchtlinge beschützt werden, scharfe Asylgesetze müssen her. Einer öffentlichen Ablehnung sind sich Asylanten in Tschechien ohnehin sicher – laut Umfrage mögen gut 80 % Tschechen keine solchen Ausländer. Das paßt gut, denn eine andere Umfrage fand heraus, daß 15 bis 20 % aller Tschechen ohnehin lieber woanders leben würden.

Die Republikaner mögen vieles nicht. Unter anderem die „Verdeutschung" des tschechischen Heimatbodens. Zum Ausdruck kommen die Parteidevisen in einer entsprechenden Postille mit dem originellen Namen „Republik". Nicht zuletzt fordern die Reps eine „Zu-Ende-Lösung" (*dořešení*, „Endlösung" wäre wohl *zu* peinlich) im Hinblick auf die „unangepaßte Ethnie" (Roma). Sie verlangen auch die Wiedereinführung der Todesstrafe. Dieser Vorschlag ist zurückzuführen auf die wachsende Kriminalität und die dazu eindeutige Meinung innerhalb der Gesellschaft. Nach der Wende wurde zwar die Todesstrafe abgeschafft, aber nur 16 % der Tschechen wollen bei dem Beschluß bleiben; 17 % der Befragten „wissen es nicht", und die Mehrheit (1996 : 64 %) ist eindeutig für die Todesstrafe.

Die KSČM als Kommunistische Partei von Böhmen und Mähren beherbergt „alte Strukturen", Genossen, die aus „eigenen Fehlern gelernt" haben wollen. Erwartungsgemäß fordert die Partei Unabhängigkeit vom internationalen Kapital, Souveränität gegenüber Deutschland und den USA und sie lehnt einen Beitritt zu den NATO-Imperialisten ab. Auch der Eintritt in die EU wird abgelehnt. In der vertrauten Aufzählung fehlen nur noch die Souveränität gegenüber Andorra und die gefürchteten Spione des Vatikans.

Die Mehrheit der Wähler der Regierungsparteien spricht sich klar für die EU-Mitgliedschaft aus (bei der ODS sind es 75 %, bei der ODA 63 %, KDU/ČSL 51 %). Für vorteilhaft halten die Befragten hauptsächlich die erwarteten ökonomi-

schen Vergünstigungen und die Integration in europäische Strukturen. Als Nachteil werden ein drohender, jedoch nicht näher spezifizierter Identitätsverlust bezeichnet, eine stärkere wirtschaftliche Konkurrenz und die Notwendigkeit, sich den EU-Normen und -bestimmungen anzupassen. Es bestehen auch Befürchtungen hinsichtlich der Benachteiligung sozial schwacher Schichten (der Landwirte und Arbeiter).

Doch von der Wählerpräferenz abgesehen stehen die Tschechen insgesamt dem Beitritt zunehmend skeptisch gegenüber. Die romantische Erwartung im Hinblick auf das Willkommen der neuen Demokratie in der EU hat sich gelegt. 1997 wurde die EU-Mitgliedschaft nur von 26 % der Tschechen positiv bewertet, beitreten würden dennoch 43 % der Bürger. Negativer urteilten nur noch die Ukraine, Lettland und die ehemalige Sowjetrepublik Georgien.

Die Qual der Wahl

Die Regierungsjahre des Premierministers Klaus zwischen 1992 und 1997 verliefen nicht gerade reibungslos. Vor allem auf dem Gesundheitssektor gab es merkwürdige Patzer. Nicht zuletzt sorgte auch seine leicht überhebliche Art des Auftretens für den Abstand zum Wähler.

Zudem mußte er in einem Land, das unter den postkommunistischen Staaten als das stabilste gilt, während der letzten Legislaturperiode fünf Minister austauschen, also ungefähr ein Drittel. Das mag als politisch stabil durchgehen, für eine personelle und fachliche Stabilität spricht es nicht. Seine Partei hat außerdem viele der im Jahre 1992 geäußerten Wahlversprechen nicht erfüllen können. Die hohe Steuerbelastung und die restriktive Geldpolitik machten vielen kleinen und mittleren Unternehmen sehr zu schaffen.

Die versprochene Entfernung ehemaliger Kommunisten von wichtigen Posten des öffentlichen Lebens wurde nicht eingehalten. Der ehemalige Justizminister (nachdem bekannt wurde, daß er zu Unrecht einen akademischen Titel führte, reichte er die Demission ein) hievte gar einen aktiven Funktionär der

KP in ein wichtiges Amt. Bei solchen Entscheidungen wird in der Regel mit den professionellen Erfahrungen des Erwählten argumentiert, der die Fälle der Opfer kommunistischer Willkür effektiv zu handhaben verspricht. Prompt meldete sich der Verein der ehemaligen politischen Häftlinge mit Protesten zu Wort.

Als 1996 erneut an die Urnen gerufen wurde, konnten daher die Sozialdemokraten, die stärkste oppositionelle Partei, ihren Anteil von 14% der Stimmen im Jahre 1992 auf 26% der Wählerstimmen erhöhen. Die selbstbewußten Vertreter des Manchester-Kapitalismus (so die Sozialdemokraten über die ODS) haben die Sozialdemokraten (ihr Ideal ist der Neid, der politisch unter der Bezeichnung soziale Gerechtigkeit verkauft wird, so die ODS über die Sozialdemokraten) zwar besiegen können. Aber knapp: die Bürgerlich-Demokratische Partei erhielt 29,6%, die Sozialdemokraten 26,44% der Wählerstimmen.

Die Wahlgewinner, eine Koalition rechtsorientierter Parteien, stellten die amtierende Regierung. Die größte Koalitionspartei ist die Bürgerlich-Demokratische Partei (ODS 29,6% Stimmen). Die zweitstärkste Partei ist die Christlich-Demokratische Union/Tschechische Volkspartei (KDU-ČSL 8,1% Stimmen), gefolgt von der Bürgerlich-Demokratischen Allianz (ODA 6,3 Stimmen).

Es machten sich auch Stimmen bemerkbar, die nach einer „starken Hand" riefen: die Kommunistische Partei (10,3% der Wählerstimmen) und Parteien, die als Auffangbecken der alten Kommunisten gelten, bekamen ihren Zuspruch. Zum ersten Male zogen auch die Republikaner mit in das Parlament ein.

Während der Wahl tauchte eine neue Erfahrung am Horizont auf: die Frage nach der Parteienfinanzierung. Als erste kam die KDU/ČSL ins Gerede, weil sie sich zunächst standhaft weigerte, ihre Quellen zu offenbaren. Im Dezember 1997 stolperte dann der politisch eh schon angeschlagene Premierminister über 9 Mio. DM auf einem Geheimkonto in der Schweiz gebunkerte Spendengelder. Klaus trat widerwillig zurück.

Sein Nachfolger wurde der Gouverneur der Nationalbank, Josef Tošovský. Er stellte das neue Kabinett zusammen. Und so kam es, daß einige Ministersessel von ODS-Mitgliedern besetzt wurden (z.B. Finanzen, Soziales, Verteidigung), ohne daß der ODS-Parteivorsitzende Klaus gefragt wurde. Diese Abtrünnigen sorgten damit für eine Spaltung der ODS, die Mitte Januar '98 zu Gründung einer neuen Partei auf dem rechten Flügel, der Freiheitsunion, führte.

Die Armada

Der Gedanke, der brave Soldat Schwejk könnte sich unter dem Schutz der amerikanischen Nuklear-Raketen friedlich ausruhen, galt als ausgesprochen traumhaft. Politiker und Diplomaten konzentrieren auch weiterhin fleißig ihre Kräfte auf eine Aufnahme in die NATO: bis 1999 wollen sie Mitglied sein. Die Mitgliedschaft soll zwei Fliegen mit einer Klappe schlagen: Schutz bieten und außerdem enorme Ersparnisse einbringen. Denn die Republik könnte in diesem Falle auf den Einkauf von Raketen- und Nuklearabwehrsystemen verzichten.

In der Zwischenzeit ging jedoch die Zahl der Befürworter des NATO-Beitritts zurück. Die letzten Umfragen zum Thema ergaben mehr Ablehnung (54%) als Zustimmung (46%). Die Befürworter sind um Argumente nicht verlegen: Nennenswerte militärische Erfolge in der Heimat verzeichneten die tschechischen Streitkräfte zuletzt im Jahre 1428, zur Zeit der Hussitenkriege. Die letzte große Schlacht fand 1620 am Weißen Berg statt. Und sie ging nicht glimpflich aus.

Erwähnenswert ist erst wieder das Abenteuer der tschechischen Soldaten mit Kaiser Maximilian in Mexiko. In mancher Truhe Tschechiens dürfte auch noch die eine oder andere Auszeichnung der Vorfahren aus dem Kriege gegen Preußen im Jahre 1866 ruhen, neben der Medaille des Großvaters aus der Zeit von 1916 bis 1918.

Am Vorabend des Zweiten Weltkrieges mobilisierte die Armee alle Kräfte. Sie bezog Stellung an den Grenzbefesti-

gungen und bereitete sich zur Verteidigung des Landes gegen Nazi-Deutschland vor. Aber ohne die nötige und erhoffte internationale Unterstützung verpuffte die mutige Geste, und die für die damalige Zeit moderne militärische Ausrüstung kam nicht zum Einsatz. Viele Historiker vertreten heute die Ansicht, daß die Tschechoslowakei auch alleine und trotz der Übermacht Deutschlands einen durchaus effektiven Widerstand hätte leisten können.

In 800 Tagen um die Welt

Lorbeeren brachte die Odyssee der tschechischen Legionäre im Jahre 1918 durch die Weiten Rußlands, und infolgedessen einmal um die ganze Welt: Für die k. und k. Armee wurden im Ersten Weltkrieg 1 200 000 Tschechen eingezogen. Des Krieges und der Monarchie überdrüssig setzten sich an der Ostfront bald ganze Einheiten ab. Schließlich waren es ca. 100 000 Deserteure. Sie bildeten in Rußland eigene Legionen und kämpften fortan gegen die Heere beider Kaiser. Als sich die Revolution ereignete und die Kommunisten den separaten Frieden mit dem deutschen Kaiserreich schlossen, blieben die Legionäre im Hinterland. Aber als sich herumsprach, daß Trotzki die Legionäre an den österreichischen Kaiser ausliefern wolle, kämpfte sich ein Teil der Legionen zum Hafen Murmansk durch und setzte sich nach Frankreich ab. Dem Großteil blieb ein einziger Rückzugsweg – über Vladivostok. Da sie gut bewaffnet waren, konnten sie die Kämpfe mit den Rotarmisten erfolgreich austragen. Sie wurden die Herren der Transsibirischen Magistrale, zeitweise über deren ganze Länge, kamen nach Vladivostok und nach zwei Jahren dann endlich über Amerika auch in der neuen Tschechoslowakei an.

Tausende tschechoslowakische Soldaten setzten sich ins Ausland ab und bildeten in Rußland und England eigene Einheiten. Zudem spielten sie eine maßgebliche Rolle innerhalb der Widerstandsbewegung. Auch aus dieser Zeit liegen in zahlreichen tschechischen Schränken Auszeichnungen der französischen Ehrenlegion und englische Orden. Doch in der Heimat

wurden diese Helden nicht verehrt, zumindest nicht offiziell. Die Verehrung rieselte auf die Träger sowjetischer Auszeichnungen nieder. Widerstand und Kampf gegen Nazi-Deutschland sollte zu einer Angelegenheit der Kommunisten werden. Deren Aufopferung wuchs mit der Zeit ins Unermeßliche. Nach einem der unzähligen Kriegsfilme brachte sie der Volksmund in folgender Frage auf den Punkt: „Wie lange brauchen ein Panzer, vier Männer und ein Hund, um eine deutsche Division zu schlagen?"

Nach der kommunistischen Machtübernahme wurde auch die Armee gründlich unter die Lupe genommen. Die „Säuberung" (*čistka*) betraf vor allem Teilnehmer des heimischen Widerstandes und die Kämpfer von der westlichen Front. Sie fanden sich bald auf der Seite der politisch Verfolgten, in Arbeitslagern und Gefängnissen wieder. Tschechische Exil-Historiker belegten Fälle, in denen ein tschechischer Flieger der Royal Air Force und ein SS-Leutnant im selben Arbeitslager hohe Strafen absaßen; auch in Joachimsthal teilte sich ein General des Widerstands die Zelle mit einem international gesuchten Nazi-Verbrecher (A. Adler).

Auch die Armee ist also eine Institution, die ihre Leichen im Keller hat. Heute noch wird sie nicht gemocht, gilt als zu teuer und darüber hinaus als eine Anlaufstelle für „Khaki-Hirne" (so der Volksmund), die es noch nicht einmal bei der Polizei geschafft haben. Nun leiden die Kameraden, weil sie nach all den fetten Jahren plötzlich auf Diät gesetzt werden. Im Vergleich zu den umliegenden Industrieländern haben sie tatsächlich eines der niedrigsten Budgets: ganze 32 Milliarden (2,2 % des Bruttosozialprodukts, im Jahre 1994 noch 2,6 %) statt der benötigten 45 Milliarden stehen für die angefangene Modernisierung bereit. Denn so schnell wie möglich sollen die Bedingungen für einen Start in die NATO erreicht werden. Fachleute schätzen aber, daß eine konsequente Transformation der Armee ein bis zwei Generationen in Anspruch nehmen wird.

„Wenn die Slowakei angreift, haben wir keine Chance", so das Zitat eines Offiziers. Auch das ist ein Problem: der Feind,

der sozusagen zum Beruf eines Soldaten gehört, fehlt empfindlich. Außerdem wird aus Kostengründen auf den militärischen Spielwiesen nicht mehr so freundlich geballert.

Die Armee hat es seit der Wende noch nicht geschafft, drei grundsätzliche Probleme zu überwinden: Abgesehen vom Feindbild fehlen Gesetze, die ihren Status und ihre Struktur genau definieren, dazu Geld und öffentliche Sympathien. Der neue Verteidigungsminister ist daher entschlossen, demnächst die notwendigen Gesetze vorzulegen und eine straffe Reorganisation vorzunehmen. Denn der heutige Zustand bedeutet unter anderem, daß der Präsident zwar der Oberbefehlshaber der gesamten Streitkräfte ist, es jedoch keine genaue Definition gibt, was unter den gesamten Streitkräften zu verstehen ist. Insofern sind ihm keine Grenzen gesetzt, und er könnte, ohne vorherige Konsultation mit wem auch immer, allen alles befehlen.

Der Wehrdienst galt unter der kommunistischen Herrschaft als „die ehrenvollste Pflicht eines jungen Mannes". Er dauerte 2 Jahre (zur Zeit 1 Jahr). Die heutige Jugend hält von der ehrenvollsten Pflicht eines jungen Mannes herzlich wenig. Viele nehmen die früher undenkbare Alternative wahr und leisten einen Zivildienst ab. In den Kasernen tauchen ungekannte oder, besser gesagt, nie öffentlich angesprochene Probleme auf wie Schikanen, Alkohol und Drogen.

Im Hinblick auf die Zukunft kommt daher in letzter Zeit immer wieder das Thema Berufsarmee auf den Tisch. Man verspricht sich von dieser Lösung eine Ersparnis von 7 Milliarden Kronen – soviel kosten die jährlichen 30 000 Rekruten. Weiter verspricht man sich eine effektive Streittruppe und vor allem einen Aderlaß für den geerbten Wasserkopf des Verwaltungsapparates. In der Tat könnte eine konsequente Reorganisation der personellen Strukturen einen Abbau bis zu 30 % ermöglichen. Gut zu wissen. Zumindest den Papierkrieg hätte Tschechien gewonnen.

Der neue Freund und Helfer

Der Index der *Financial Times* listete für das Jahr 1996 54 Länder dem Korruptionsrang nach geordnet auf. In dieser Hinsicht dürfte Neuseeland das langweiligste Land der Welt sein, dort kommt Bestechlichkeit praktisch nicht vor. Tschechien belegte Platz Nr. 24. Die tschechischen Zeitungen äußerten sich enttäuscht – die Polen sind unbestechlicher.

Die Bestechung ist ein Teil des tschechischen Alltags und zwar in Form verschiedener Gefälligkeiten, Nachsichten oder eben eines gefüllten Umschlags. Wobei das Problem nicht so sehr in der Menge der getätigten Bestechungen zu sehen ist. Es ist eher die Tatsache, daß diese latente Bestechlichkeit zum Alltag gehört und nicht als Problem oder Unrecht wahrgenommen wird. Ein wachsender Rechtsstaat aber bedarf des Vertrauens.

Was Wunder, daß auch die Polizei, an sich mit der Verfolgung solcher Straftaten betraut, gelegentlich mitmischt. Wobei natürlich ein direktes Bestechungsangebot an einen Polizisten verhängnisvoll sein könnte. Das Geld wird einfach dem ausgehändigten Führerschein beigelegt, die Einschätzung der Situation und die Entscheidung dem Glückspilz selber überlassen. Leider gibt es keine Preisliste für Ausländer. Die Tschechen selber lassen sich in solchen Situationen vom Instinkt leiten.

Nun ist zwar nicht jeder Ordnungshüter korrupt. Aber der Polizei gelang es bislang nicht, eine Vertrauensbasis in der Bevölkerung aufzubauen. Für den schlechten Ruf der Ordnungshüter (reguläre Polizisten tragen eine grüne Uniform) sorgt auch die Stadtpolizei, auch die „Schwarzen Sheriffs" genannt (schwarze Uniform) und die privaten Sicherheitsdienste (möglichst martialisch). Die Aufstellung eigener Stadtpolizeien sowie eine Bewilligung der privaten Sicherheitsdienste sollten die nach 1989 explodierende Kriminalität auffangen. Doch die Stadtpolizei besitzt nicht die gleichen Befugnisse wie die reguläre Polizei und bleibt somit ein Hybrid aus einem Polizisten und einem städtischen Parkwächter.

Dazu kommt noch, daß die Polizeibranche nicht immer mit der modernsten Technik ausgestattet und mit den effektivsten Vorgehensweisen vertraut ist. So arbeiten beispielsweise im Bereich der Kraftfahrzeugerfassung 789 Polizisten und 1369 Zivilangestellte. In Schweden bewältigen die gleiche Arbeit 200 Leute. Ein ausgebrochener Mörder wurde gar eher zufällig und unter Mithilfe amerikanischer Touristen in Prag gefaßt – die Öffentlichkeit lächelte mitleidig. Außerdem besteht das übliche Problem fort: auch die Polizei hat einen Wasserkopf, eine kommunistische Erbschaft. Sie verwaltet zusätzlich auch die Herausgabe von Pässen, Personalausweisen, Führerscheinen und Fahrzeugscheinen (im übrigen eine Quelle der Bestechungsgelder).

Nun soll die gesamte Truppe (die Republik zählt 48 000 Polizisten) unter die Lupe genommen und alle genannten Dienstleistungen in die zivile Verwaltung überführt werden. Dieser Prozeß läuft seit 1992. Im Jahre 1998 dürfte Tschechien eine Polizei haben, die ausschließlich Polizeiarbeit verrichtet.

Ein Freund und Helfer ist auch der neue Staats- und Informationsdienst (*Bezpečnostní a informační služba*, BIS) geworden, obwohl er auch schon für einige Schlagzeilen sorgte. Denn seiner Darstellung nach mischen in den extremistischen Gruppierungen schon zwölfjährige Kinder mit. Ein Gesetz nahm jedoch Kinder unter fünfzehn Jahren von der Datenerhebung und -speicherung aus. Es kam daher zu einer Verfassungsbeschwerde, die abgelehnt wurde. Kurze Zeit darauf erfolgte eine Gesetzesnovellierung, und nun darf der BIS Daten über physische oder juristische Personen ohne Rücksicht auf deren Alter sammeln.

Das Wort Gottes

Der Planet Erde beherbergt 2588 Bistümer. Europa zählt deren 667, davon 8 in Tschechien. Zur Gründung des ersten Bistums in Prag hat kurz vor dem Ende des 1. Milleniums der Hl. Wolfgang, Bischof von Regensburg, seine Erlaubnis erteilt.

Der zweite Prager Bischof war der heilige Adalbert (Vojtěch), Gründer des Klosters Břevnov, der am 23. April 997 im Weichselmündungsgebiet als Märtyrer gestorben war. Die jüngsten Bistümer auf dem Gebiet der Republik wurden dagegen erst zwischen 1993 und 1996 gegründet: Pilsen und Ostrau-Troppau.

Tschechien weist in seiner Statistik über 40% Atheisten und etwa 40% Katholiken auf, die fast ausschließlich der römisch-katholischen Kirche angehören. Die restlichen 20% teilen sich Anhänger der übrigen Religionen: die griechisch-orthodoxe Kirche, die Protestanten, u.a. die Hussitische Kirche und die Böhmischen Brüder (religiöse Gemeinschaften, die aus der hussitischen Bewegung hervorgingen), außerdem die Zeugen Jehovas, die Adventisten und die Juden.

Eine solche Statistik ist natürlich mit Vorsicht zu genießen. Als Beispiel kann hier das jüngste Bistum Pilsen dienen. Auf seinen 9300 Quadratkilometern leben 800000 Leute, von denen sich 240000 als Katholiken bezeichnen – nur 12000 davon besuchen ab und zu auch die Kirche. Die einzelnen Bistümer weisen jedoch gravierende Unterschiede auf. Auch Tschechien verfügt über erzkatholische Gegenden wie Haná (Mähren), Mährisch-Slowakei oder Chodsko (Region Domažlice, zu deutsch Taus). In diesen Gegenden ist die Kirche ein traditioneller Teil des gesellschaftlichen Lebens geblieben.

Zu den ausgesprochen lauen Anhängern des Glaubens zählen Regionen wie das Egerland oder Nordböhmen, Regionen also, die nach der Vertreibung neu „kolonisiert" wurden. Obwohl, und das überrascht zunächst, eine große Anzahl der restaurierten Kirchen und Kapellen sich gerade in diesen Gebieten befindet. Das ist nicht zuletzt auch der Unterstützung der einstigen Bewohner zu verdanken, die in solchen Denkmälern oft das einzige fanden, was von der Heimat übrigblieb.

Das Kreuz mit der Kirche ist ein traditionelles Thema der tschechischen Politik seit den Querelen der Přemysliden mit den Prager Bischöfen. Daran hat sich bis heute wenig geändert. Zu der komplizierten Beziehung zwischen römisch-katholischer Kirche und Staat tragen unter anderen auch Ge-

richtsprozesse darüber bei, wem der Veitsdom gehöre, oder über Kunstgegenstände, die sich in der Obhut der Nationalgalerie befinden. Die Nationalgalerie will sich von ihnen nicht trennen, die Kirche sei angeblich nicht imstande, sie ordentlich aufzubewahren und auszustellen. Da mag etwas dran sein. Derweil wird die römisch-katholische Kirche auch in der Öffentlichkeit als zu wenig selbstkritisch empfunden. Zusätzlichen Mißklang brachte die von Papst Johannes Paul II. vollzogene Heiligsprechung des Jan Sarkander mit sich. Sarkander war ein umstrittene Anführer einer Gruppe mährischer Katholiken, die sich im Zuge der Gegenreformation mit aller Gewalt für eine Rekatholisierung der Protestanten einsetzte.

Zur Zeit existieren vor allem zwei Problembereiche, die die Gemüter beim Thema Kirche bewegen: die Eigentumsrückgabe (Restitution) und die Trennung von Kirche und Staat. Wobei die Restitution als wichtiger angesehen wird, da sie für ein erfolgreiches Fortschreiten der Privatisierung und die Stabilisierung der Eigentumsverhältnisse steht. Die Regierung hat beschlossen, generell alles Eigentum an Besitzer zurückzugeben, die eine rechtliche Kontinuität und den Besitz zum 25. 2. 1948, also zum Zeitpunkt der kommunistischen Übernahme, nachweisen können. Rund 90 % des vormals von Kommunisten beschlagnahmten Kircheneigentums soll die römisch-katholische Kirche zugesprochen bekommen. (Die restlichen 10 % dieser Restitutionsmasse werden zumeist unter der Hussitischen Kirche und den Böhmischen Brüdern verteilt.) Neben unzähligen Kunstgegenständen und Gebäuden sind es auch 7 % der Waldfläche Böhmens (175 000 ha). Daraufhin entbrannte eine leidenschaftliche öffentliche Debatte, und somit ist die Restitution bis auf wenige Ausnahmen nicht weiter gediehen. Inzwischen werden rechtliche und politische Argumente ins Feld geführt, die den Eindruck erwecken, der Staat fürchte, in der Kirche könne ihm eine einflußreiche gesellschaftliche und politische Opposition erwachsen.

Gleichzeitig sieht die Restitutionsvereinbarung bis zum Jahre 2001 eine sukzessive Einstellung der staatlichen Subventionen vor. Doch die Kirche will beides: sowohl ihr Eigentum, als

auch den Erhalt der Staatsunterstützung. Darüber hinaus würde sie die Einführung der Kirchensteuer begrüßen. Das Eigentum der Kirche wurde nicht im eigentlichen Sinne verstaatlicht. Wie die Generalstaatsanwaltschaft im Jahre 1954 verkündete, übte der Staat lediglich die Verwaltung aus. Dabei wurden kirchliche Gebäude, Klöster und vielerorts auch Kirchen zu Kasernen und Lagerhallen für Viehfutter umfunktioniert. Investitionen in die Instandhaltung hat es selbstverständlich nur sporadisch gegeben, vom Zustand des umweltgeschädigten Waldes ganz zu schweigen. So steht die Kirche auch in materieller Hinsicht vor einem Trümmerhaufen. Es mutet daher sonderbar an, wenn sie mit der Instandsetzung der vielen heruntergekommenen Immobilien allein gelassen werden soll. Weil diese Besitztümer zum Nationalen Kulturfonds gehören, steht zu befürchten, daß ein weiterer mehrjähriger Streit zu einem unwiederbringlichen Verlust historisch wertvoller Gebäude führen könnte.

Auch die Kirche hatte ihr Kreuz zu tragen. Die Repressalien, unter denen die Kirche in der ČSSR zu leiden hatte, setzten kurze Zeit nach der Machtergreifung ein. Sie steigerten sich bis zu einer hysterischen Offensive im Jahre 1949, als am Gottesdienst des Erzbischofs und späteren Kardinals Josef Beran im Veitsdom ausschließlich Provokateure teilnahmen. Sie störten die Messe derart, daß der Kardinal den Dom verlassen mußte. Stunden später suchte ihn die Staatssicherheit auf und teilte ihm mit, sie werde die Sorge für seine Sicherheit übernehmen. Das war der Beginn einer langjährigen „Schutzhaft", die sich bis zum 4. Oktober 1963 hinzog. Als sie aufgehoben wurde (der Erzbischof durfte seinen Aufenthaltsort auch weiterhin nicht verlassen), protokollierte man die Bemerkung eines der Helfershelfer: „Na, immer noch besser als Dachau gewesen, oder?"

Die intensivste Aktion gegen die Kirche führte Anfang des Jahres 1950 Rudolf Slánský – später Opfer der politischen Prozesse – durch. In der Nacht vom 13. auf den 14. April überfielen Einheiten der Staatssicherheit alle Mönchsklöster der Republik. Zweitausendvierhundert Ordensbrüder wurden

in „Zentrale Klöster", so der offizielle Terminus für ein Arbeitslager, verfrachtet, die Klostervorstände interniert. Zur Begründung der Festnahme hieß es, man müsse die Betroffenen vor dem Zorn der Arbeiterklasse schützen. Eine ähnliche Aktion fand ein halbes Jahr später gegen alle Nonnenklöster statt. Zu diesem Zeitpunkt gab es 12 000 Nonnen in der Republik, und das Vorgehen gegen sie stellte sich als sehr folgenreich heraus: die meisten arbeiteten in Krankenhäusern und sozialen Einrichtungen. Sie in diesen Funktionen zu ersetzen, dauerte Jahrzehnte.

Das „Wunder" von Čihošť'

In den 50er Jahren sollte ein junger Pfarrer aus Čihošť', Josef Toufar, aufgrund seiner Haltung einer kriminellen Tat beschuldigt werden. Dann überlegte es sich die Staatssicherheit anders. An einer Heiligenstatue wurden kunstgerecht Seile befestigt, so daß sie durch diese „Fernbedienung" bewegt werden konnte. Während des darauffolgenden Gottesdienstes zog einer der Schergen an den Seilen, die Statue bewegte sich; die Gemeinde staunte, und das Wunder war geboren. Flugs wies die Staatssicherheit nach – unter der Assistenz von TV-Kameras –, daß es sich um einen Betrug des Pfarrers handelte, der von der Kanzel aus den Heiligen in Bewegung setzte. Zu einer Verurteilung kam es jedoch nicht. Der Pfarrer wurde noch in der Untersuchungshaft erschlagen.

Die Kirche, wie jede andere Organisation auch von Spitzeln infiltriert, überlebte. Die Untergrundkirche, die heimlich auch Priesterweihen erteilte (bei der römisch-katholischen Kirche auch einer Frau), hat allerdings nie das Ausmaß und die Intensität einer Bewegung angenommen, wie das in Polen der Fall war.

Die Anzahl der Kirchgänger hat in den letzten Jahren stark zugenommen, viele haben sich nach dem Verschwinden der Diktatur geoutet. Erstaunlicherweise haben auch viele kirchliche Traditionen und Sitten überlebt – wenn auch zahlreiche Tschechen nicht mehr wissen, daß diese in der Religion ihren

Ursprung finden. Auch der Religionsunterricht kehrt in die Schulen und an die Universitäten zurück – größtenteils allerdings von Lehrern erteilt, die ehedem in den Sozialkunde-Stunden den wissenschaftlichen Marxismus-Leninismus predigten.

Woran noch wird in Tschechien geglaubt? Unzählige Sekten und religiöse Gruppierungen aus dem Ausland bemühen sich in Tschechien Fuß zu fassen. Im Rahmen des geradezu narzißtischen Verlangens, immer nach einem typisch tschechischen Weg zu suchen, outet sich gelegentlich ein Einheimischer als Messias und schart Anhänger um sich oder gründet irgendeine satanische Sekte. Die Entwendung von Reliquienteilen des Hl. Sarkander soll beispielsweise auf das Konto einer solchen Sekte gehen.

Anscheinend sind auch die außerirdischen Zivilisationen bei der Kontaktaufnahme mit den Tschechen den Kommunisten aus dem Wege gegangen. Denn irgendwelche Kreise im Getreide hat es vor 1989 nicht gegeben. Nun tauchen sie auf. Die Außerirdischen schwängern Frauen, verursachen Kopfweh, lassen Hausklingeln ertönen und Plastikeimer platzen. Warum ausgerechnet Plastikeimer, das versuchen die aufgekommenen Ufologischen Vereine zu klären. Ansonsten steht der Landung in einem böhmischen Dorf am Fuße des Erzgebirges nichts im Wege.

Tschechische Familie

Eine tschechische Familie konstituiert sich aus einem Ehepaar mit Kindern und einem Hund. Wobei sich in den Plattenbausiedlungen die Größe des Hundes umgekehrt proportional zur Fläche der Wohnung verhält.

Der Besuch bei einer Familie in Tschechien heißt, ausgeprägte Gastfreundschaft zu genießen, essen und trinken zu müssen. Um dem Trinken ohne Affront aus dem Wege zu gehen, muß man gelegentlich eine Krankheit vortäuschen. Eine Flasche unter dem Besucherarm bedeutet daher nicht eine Verletzung der Etikette. Sie drückt keine Angst im Hinblick

auf einen Versorgungsengpaß aus, sondern wird eher als eine Brücke des Vertrauens gewertet. Die schöne Sitte, Blumen für die Dame mitzubringen, lebt wieder auf. Sie ist technisch wieder durchführbar geworden, Blumen gibt es schlimmstenfalls am nächsten Bahnhof zu erwerben.

Besuche werden nicht immer vorher angemeldet, eine spontane Visite wird auch bei Zeitknappheit äußerst selten abgewiesen. Das ist in Deutschland oder in England anders, wo man von einer anderen Definition der Privatsphäre ausgeht. Das ist einer der Gründe, warum Deutsche oder Engländer als „kühl" empfunden werden.

Die Frage danach, wie man sein Geld verdient und wieviel, wird gesellschaftlich durchaus akzeptiert. Denn die politische Wende veränderte auch die Position des einzelnen. Berufliche Erfolge oder Erfolglosigkeit krempeln über das im Laufe des Lebens ausgebaute soziale Netz hinaus auch die familiären Beziehungen um. Tschechien ist auf dem besten Wege nach Europa: Wirtschaftlich und gesellschaftlich erfolgreiche Männer fühlen sich genötigt, ihren Aufstieg mit dem entsprechenden Wagen und einer attraktiven Partnerin zu belegen. Bei dieser häufigsten Konfliktursache sprechen die Eheberatungszentren mittlerweile von einem „klassischen" Fall. Umgekehrt genauso: Der Erfolg einer Frau untergräbt die Autorität und die Stellung des Mannes.

Tschechien hat die Notwendigkeit einer legislativen Reaktion auf die veränderten Bedingungen schon nach sieben Jahren erkannt. Verabschiedet und eingeführt werden soll daher ein neues Familienrecht, das die über 30 Jahre alte Gesetzgebung in diesem Bereich ersetzt. So sollen vor allem Eigentumsverhältnisse geordnet und den Eheleuten die Möglichkeit einer vertraglich vereinbarten Gütertrennung eingeräumt werden. Die allzu leichtsinnigen Eheschließungen mit 18, früher notwendig, um die Berechtigung auf eine Wohnung vorzuweisen, das Kinderkriegen mit 19 und die Scheidung mit 20 werden durch die neue Gesetzgebung erschwert. Den Folgen der relativ leichten Scheidung soll sich der eine oder andere Ehepartner nicht entziehen können.

Während die Zahl der Scheidungen mit etwa 31 000 pro Jahr bisher konstant blieb, gibt es seit 1989 weniger Eheschließungen. Gegenüber durchschnittlich 80 000 Hochzeiten pro Jahr unter den Kommunisten sank die Zahl kontinuierlich bis auf 54 000 im Jahre 1995, und das Alter der Brautleute bei der Eheschließung nimmt zu. Während die Männer 1989 im Schnitt mit 24, die Frauen mit 21 verheiratet waren, sind die Männer im Jahre 1996 bei der Hochzeit 26,5 Jahre, die Frauen 24 Jahre alt.

Zum erstenmal seit 200 Jahren werden weniger als 100 000 Kinder pro Jahr geboren. Die Talfahrt der demographischen Kurve fing unmittelbar nach 1989 an. Sie spiegelt die Veränderungen in der ökonomischen und gesellschaftlichen Struktur des Landes wider. Tschechien entdeckte die „Selbstverwirklichung" des Individuums, und im Handumdrehen entstand eine ähnliche Situation wie bei den benachbarten westlichen Industrieländern. Parallel zum Heiratsalter stieg auch das Alter der Erstgebärenden deutlich an. Gleichzeitig verschwand die staatliche Fürsorge, die den jungen Müttern die Versorgung erleichterte. Laut Statistik kommen pro Familie 1,4 Kinder auf die Welt, auch in Tschechien nehmen die Ein-Kind-Familien zu.

Hinzu kommt, daß Familien im Hinblick auf das Wohnen benachteiligt werden (2/3 der Neuvermählten sind überzeugt, daß der Staat im Rahmen der Familienpolitik für eine Wohnung sorgen müßte). Die ohnehin kleingeschnittenen Wohnungen sind rar, größere nicht zu finanzieren. Die Wohnungssituation bleibt kritisch. Für junge Familien mit Kindern fehlen an die 100 000 Wohnungen. Die Größe und den Lebensstil der tschechischen Familie bestimmt daher maßgeblich die Wohnungsgröße, nicht umgekehrt.

Was die finanzielle Absicherung der Familie betrifft, so sinkt der Lebensstandard bei Familien mit Kindern ungeachtet des Kindergelds und sozialer Zuschüsse deutlich. Mit dem jetzigen Tempo der Inflation oder steigenden Investitionen in die Ausbildung und Erziehung können immer weniger Schritt halten. An die 35 % aller tschechischen Familien hal-

ten sich für mehr oder weniger arm. Zwischen 7 und 13 % der jungen Familien sind auf die finanzielle Hilfe der Eltern angewiesen.

Der Generationskonflikt

Ungeachtet des gepriesenen Allheilmittels Marktwirtschaft hat auch der Generationskonflikt ungewohnte Varianten seiner üblichen Muster angenommen. Für tschechische Jugendliche ist das Jahr 1989 eine Kindheitserinnerung und das Jahr 1968 so fern wie die Schlacht am Weißen Berg. Das trifft die mittlere Generation der samtenen Revolutionäre hart. Ihr Tenor: „Sie tragen grüne Haare, nehmen Drogen, geben viel Geld für Blödsinn aus, sehen zu viel fern, lesen nicht, werden zu Computer-Eremiten, und von der Umwelt trennt sie der Walkman. Das ist nicht die Freiheit, die wir meinten."

In der Tat, unter den Kommunisten konnte man nicht mit einem Irokesen-Schnitt herumlaufen. Und die Welt endete kurz vor Waidhaus. Das Drogenproblem wurde verschwiegen, und auf dem Bildschirm knallten sich nicht zweihundert Leute pro Abend ab. Dafür gab es Zeiten, in denen die Kinder die eigenen Eltern anzeigten, von der Schizophrenie private versus öffentliche Meinung ganz zu schweigen. Dennoch, die Sorgen der '68er sind nachvollziehbar. Sie werden mit der schönen neuen Welt konfrontiert und oft verunsichert. In einem gewissen Sinne ist diese Generation eine geradezu diskriminierte Gesellschaftsgruppe. Ganze Berufszweige blieben ihr verschlossen. Diese werden nun mit Selbstverständlichkeit von ihren Kindern besetzt. Für die heutigen 50jährigen ist die Freiheit in der Tat wie Fromm sagte, eine schwere Last der Entscheidung. Aber genau aus dem Grunde werden sie von der Jugend belächelt: Wie unfrei sie sich bewegen, auftreten, entschließen! Wie sie bis zum Überdruß alles mit der Zeit unter den Kommunisten vergleichen!

Senioren

Demographisch betrachtet stehen in Tschechien je 36 Rentner 100 Menschen im produktiven Alter gegenüber. Allerdings müßten von dieser Zahl noch die Kranken, Arbeitslosen, die Wehrdienstleistenden und die Frauen im Mutterschutz abgezogen werden, da sie den Sozialversicherungsbeitrag nicht entrichten. Somit steigt das Verhältnis auf 59 zu 100. Zur Zeit ist das System noch zu finanzieren. Die Zukunft sieht düster aus. Die angestrebte Lösung: Anhebung des Rentenalters, Senkung der Ruhestandsgehälter.

Männer, die heute mit 60 Jahren in den Ruhestand gehen dürfen, sollen bis zum 65. Lebensjahr arbeiten. Frauen werden z.Z. noch mit 57 in die Rente entlassen, wobei für die Geburt eines jeden Kindes ein Jahr abgezogen wird. Sie sollen in Zukunft bis zum 60. Lebensjahr durchhalten. Dagegen rührt sich gewaltiger Widerstand.

Nach 1989 siegte das „liberale" Konzept der Alterssicherung, d.h. jeder muß für sich selbst sorgen. Im Jahre 1989 lag das monatliche Durchschnittsgehalt bei 2504 Kronen, die davon errechnete Rente bei 1598 Kronen beziehungsweise bei 64% des Gehalts. Im Jahre 1995 betrug das Durchschnittsgehalt 6318 Kronen, die Rente davon 3578 Kronen – das bedeutet nurmehr 56%. Die Regierung hatte sich in ihrem Programm dazu verpflichtet, das jetzige Verhältnis von Durchschnittverdienst zu Durchschnittsrente in der Höhe von 44% langfristig zu halten.

Rentner bilden nach wie vor eine sozial sehr schwache Schicht, und die Tschechen haben sie bisher als Tauben fütternde, im „Rentnerklub" oder auf der Verkehrsinsel gefangene Wesen wahrgenommen. Nun gründeten sie, um ihre Interessen vertreten zu können, eine eigene Partei. Der erfolgreiche politische Vorstoß hat überrascht.

Emanzipation?

Der Sozialismus sorgte für eine Reihe von Gegebenheiten, die sich „westliche" Frauen hart erkämpfen mußten – sei es im Bildungs- und Arbeitsbereich oder im Hinblick auf ein dichtes Netz von Kinderkrippen und -gärten. Inwiefern eine solche Politik andere Ziele als die der gleichberechtigten gesellschaftlichen Stellung verfolgte, sei zunächst dahingestellt. Eine Tatsache ist, daß sie den Eindruck erweckte, die Problematik der Frauenfrage sei damit gelöst.

Nach 1989 hat die Schwangerschaft bzw. die Geburt eines Kindes eine Art Revolution erlebt. Früher wurde sie eher als „Krankheit" aufgefaßt, denn sie mußte sich unter der Aufsicht der Ärzte im Krankenhaus abspielen. Wobei noch nicht mal die Wahl des Krankenhauses, geschweige denn des Arztes freistand. Inzwischen findet verstärkt Vorbereitungs- und Schwangerschaftsgymnastik statt, Hausgeburten und die Institution der selbständigen Hebamme sind neue (alte) Alternativen. Und vor allem: die Anwesenheit des Vaters bei der Geburt ist gefragt.

Die Väter kommen. Die gesellschaftliche Einstellung und in der Regel auch die Rechtsprechung hat bisher z.B. im Scheidungsfall das Sorgerecht der Mutter übertragen. Ein alleinerziehender Vater hatte den Seltenheitswert einer guten Fernsehsendung. Von den Alleinerziehenden in Tschechien sind auch heute noch nur 6,5 % Männer (im westlichen Ausland 15 bis 20 %).

Insofern hat sich in den vergangenen Jahren zwar einiges bewegt, die Stellung der Frauen in der tschechischen Gesellschaft jedoch am wenigsten geändert. In der Zwischenzeit entstanden allerdings Fraueninitiativen, Stiftungen und Interessengruppen, die den Dialog vorantreiben. Die Tatsachen werden klar formuliert: In Tschechien gibt es eine Frauendiskriminierung, und viele Probleme sind eindeutig geschlechtsspezifisch bedingt.

Aber mangelnde Erfahrung und eine zurückhaltende Einstellung zu kollektiven Bewegungen oder Institutionen beein-

trächtigen die Entstehung von Interessensgruppen und Bürgerinitiativen. Die Koordinierung eines gemeinsamen Forums ist daher schwierig. Die Diskussion der Frauenfrage bleibt zunächst auf den intellektuellen Bereich beschränkt. Westliche Frauen überrascht immer wieder, daß tschechische Frauen die „klassische" Frauenrolle gewohnt sind und wenig Problembewußtsein zeigen. Die Sprache der politisch und gesellschaftlich engagierten Frauen aus den westlichen Ländern wird oft nicht verstanden – und umgekehrt.

Tschechische Frauen fürchten, daß die Emanzipation sie zur Aufgabe ihrer Weiblichkeit führen wird. Die Tatsache, daß sie kochen, bügeln, nähen, stricken, putzen, stopfen, Kinder versorgen und ihrem Beruf nachgehen, während der Mann sich ausschließlich auf die Nahrungssuche spezialisiert, ist für sie keinerlei Diskriminierung.

Das betont „Weibliche" macht sich auch im ganzen Outfit bemerkbar. Was nicht unbedingt heißt, daß Tschechinnen mittlerweile nicht mit der neuesten westlichen Mode Schritt halten könnten. Aber sie kleiden, schminken und benehmen sich eher betont „fraulich" oder „männergerecht". Das schließt hautenge Kleidungsstücke, knappe Röcke, hochhackige Schuhe und tiefe Dekolletés mit ein. Das Auge des Ausländers faßt das oft als etwas provokative „Aufmachung" auf, die in seiner westlichen Heimat relativ deutlich nur auf bestimmte soziale Schichten (bzw. „Berufe") begrenzt ist. Dieser Interpretationsfehler führt zu unliebsamen Mißverständnissen.

Auf der politischen und höheren Managementebene sind Frauen eine ausgesprochen exotische Erscheinung. In den Monaten vor der letzten Wahl kam die Frage der Einführung einer Frauenquote auf. Sie wurde als verfassungswidrig bezeichnet, die Diskussion ist nicht weiter gediehen. Der Dialog in Kurzform: Die Befürworter fassen den Schwerpunkt ihrer Argumentation in der Meinung zusammen, durch mehr Frauen in der Politik einen „weiblichen Blick", also mehr Sensitivität für soziale Fragen, Familie etc. zu erreichen. Die Gegner, darunter viele Journalistinnen, lehnen eine Quotenregelung ab. Eine Frau soll eine Funktion oder einen Job nicht nur auf-

grund ihres Frauseins bekommen: „Das würde bedeuten, die Konkurrenz aufzuheben. Da hätten wir den Sozialismus wieder."

Ein Arbeitgeber zieht einen Mann einer jungen Frau vor, und sollte sie auch vergleichbare oder höhere Qualifikationen besitzen. Der Mann wird nicht schwanger, bekommt keine „Paragraph-freien" Tage, wenn die Kinder krank sind etc. Diese ökonomischen und biologischen Zwänge führen zu höheren Arbeitslosenzahlen unter den Frauen. Daher sind Frauen in Tschechien in Bereichen wie Schule, Forschung oder Medizin stärker vertreten. Also dort, wo ohne Rücksicht auf das Geschlecht die gleiche Behandlung und Bezahlung gilt. Männer ziehen – sie sind ja schließlich gesellschaftlich anerkannte Familienernährer – höhere Einnahmen einer qualifizierten Stelle vor.

Zu den Einstellungsproblemen gesellt sich das Alter – für Frauen jenseits der 40 ist der Arbeitsmarkt so gut wie zu. Die meisten Tschechinnen halten eine solche Problematik für einen Begleiteffekt des Kapitalismus. „So ist halt die Marktwirtschaft", und der Arbeitgeber hat das Recht dazu. Die auf dem Gebiet der Frauenproblematik tätigen Stiftungen und Bürgerinitiativen dokumentieren solche Verstöße gegen die political correctness für ihre Öffentlichkeitsarbeit. Jene Organisationen decken auch die Gewalt gegen Frauen auf. Dieser Bereich gehört zu den vormals stark tabuisierten Themen. Allein in Prag sind es fünf Stiftungseinrichtungen, die das Thema „Mißhandelte Frauen" an die Öffentlichkeit bringen, den Opfern Hilfe bieten und für die Eröffnung eines Frauenhauses Gelder in Deutschland und den Niederlanden suchen. Der Prager Magistrat hält andere Probleme für wichtiger.

Draußen vor der Tür

Die meisten Randgruppen gehören zur Tabuzone: Für die Bedingungen für Behinderte und den Umgang mit ihnen ist die tschechische Gesellschaft nicht gerade beispielhaft. Körperlich oder geistig Behinderte blieben in der Regel in Pflegeheimen

eingesperrt. Ernstgemeinte Integrationsbemühungen gab es nicht. An einer gesellschaftlichen Akzeptanz wurde nicht gearbeitet. Von einer Infrastruktur für Körperbehinderte ganz zu schweigen. Sie ist noch heute, trotz der Bemühungen der letzten Jahre, unzureichend.

Auch die Homosexuellen gehören weit stärker als in Deutschland zu einer Randgruppe. „So etwas" hat der sozialistische Mensch nicht getrieben. Die Diskussion solcher Themen hat das Land unvorbereitet getroffen. Gleichgeschlechtliche Liebe anzusprechen, heißt nach wie vor, Vorsicht walten zu lassen. Tschechien ist in vielerlei Hinsicht ein konservatives und kleinbürgerliches Land. Das relativ selbstbewußte oder gar ein bißchen provokative Sich-outen, so wie es westliche Schwule oder Lesben vielerorts praktizieren, kommt noch lange nicht in Frage. Die breite Öffentlichkeit hat für die Problematik dieser Randgruppen vorerst wenig Verständnis. Die Politik anscheinend auch nicht. Als im tschechischen Parlament das Thema „eheähnliche Gemeinschaft gleichgeschlechtlicher Partner" mühsam auf den Tisch gehievt wurde, hob sich zu ihrer Unterstützung keine einzige Hand.

Kriminalität

Nicht jeder, der einen Mercedes fährt, hat ihn auch ehrlich verdient, sagt man. Die Jahre 1990 bis 1993 bedeuteten für Tschechien einen hohen Anstieg an (registrierten) Kriminaltaten. Im Jahre 1989 waren es 121 000 Straftaten, die Statistik des Jahres 1993 präsentierte annähernd 400 000 Delikte. Seitdem zeichnet sich ein schüchterner Rückgang ab. Dessen ungeachtet: Kriminalität ist für Tschechien zum Problem geworden, dem auch von den Wählern eine Top-Priorität beigemessen wird. Bisher war die Kriminalität im Bewußtsein der Öffentlichkeit bei weitem nicht so präsent. Das war die Folge der kommunistischen Berichterstattung, die so ihren Beitrag zur Illusion geordneter Verhältnisse leistete.

Zu Beginn des kommunistischen Regimes wurde angenommen, daß mit der Abschaffung des Privateigentums auch die

Eigentumsdelikte verschwinden würden. Taten sie nicht. Gestern wie heute stellen Eigentumsdelikte die häufigsten Straftaten dar. Jede zwölfte Datscha beispielsweise, und Tschechien hat insgesamt 270000 davon, wird jährlich von Langfingern heimgesucht.

Die Polizei wird mit Verbrechen konfrontiert, die sie bis 1989 nicht kannte. Tschechien ist ein Paradies für Schmuggler geworden. Geschmuggelt wird alles, vieles in Richtung EU: Zigaretten, Alkohol, Drogen, Menschen oder Tiere. Obwohl die Republik im Jahre 1992 dem Internationalen Abkommen über den Handel mit bedrohten Arten beitrat (CITEST), stellt der Kauf einer Baumpython, eines Alligators oder eines Adlers in Prag kein großes Problem dar.

Ein weiteres trauriges Kapitel ist der Kunstraub. In den 6500 Klöstern und Kirchen Tschechiens gibt es inzwischen kaum noch etwas zu entwenden. Einzeltäter oder organisierte Banden aus ganz Osteuropa (oft werden altbewährte StB-Kontakte genutzt) verschieben die heiße Ware nach der Tat sofort zu zahlungskräftigen Kunden in den Westen. Zu solchen Taten werden auch Kinder angeheuert – sie können nach dem Strafgesetz nicht belangt werden. Die ungenügende oder gar nicht vorhandene Katalogisierung, fehlende Beschreibungen und Fotos erschweren die Suche, bei der die tschechische Polizei bereits seit Jahren mit Kollegen aus Italien und Bayern eng zusammenarbeitet. Mitgenommen wird alles: Kirchenglocken, Putten, Heiligenbilder, auch Monstranzen oder Kelche. Unlängst entdeckte die Polizei sogar eine Kanzel, die zu einer Hausbar umfunktioniert wurde. Den einzigen Schutz bietet mittlerweile nur noch das sofortige Wegschließen der Wertgegenstände nach dem Gottesdienst. Das seit 1992 laufende Regierungsprogramm zum Schutz der Kunstobjekte hat bis dato nur 800 Kirchen elektronisch sichern können.

Dem Diebstahl auf dem Fuße folgen die Wirtschaftskriminalität und ähnliche Betrügereien. In der Auffassung eines Durchschnittsbürgers gilt allerdings die Schwarzarbeit, bei der die Mehrwertsteuer umgangen wird, als Kavaliersdelikt. Verluste durch professionelle Betrüger der Finanzwelt, verschwie-

gene Einkommen und ungezahlte Steuereinnahmen beziffert der Staat mit jährlich 10 Milliarden Kronen. Als Bagatelle gilt allgemein auch die Trunkenheit am Steuer: die gesetzlich vorgeschriebenen 0,0 Promille scheinen geradezu eine sportliche Herausforderung darzustellen.

Die tschechische Handelsinspektion entdeckte aus Reinigungsmitteln hergestellten Alkohol, verschobene Lebens-, sowie Arzneimittel und gepanschte Treibstoffe. Dieser Angriff auf das geliebte Statussymbol Auto sorgte allerdings für ein entsprechendes Echo. Die Untersuchung von 500 Stichproben ergab, daß an 100 Tankstellen dem verkauften Treibstoff billiges Diesel, Wasser oder minderwertiges Benzin beigemischt wurden. Und wenn man schon mit dem Auto unterwegs ist: die allgegenwärtigen Propagandawände, die den Sieg der Arbeiterklasse verkündeten, wurden durch riesige Reklametafeln ersetzt. Gut 90 % davon sind schwarz gebaut. Für die Inhaber ist es billiger, eine Strafe, zu der es eventuell kommen könnte, zu bezahlen, als den langwierigen Weg einer offiziellen Baugenehmigung zu beschreiten. Das gilt auch für Schwarzbauten – gibt es keinen Kläger, darf das Objekt nach drei Jahren stehenbleiben. Ein trauriger, aber bezeichnender Vorfall: Im Sommer 1997 stürzte bei Sanierungsarbeiten ein Haus ein und begrub 7 Menschen unter seinen Trümmern. Die beteiligten Firmen waren lange nicht imstande bekanntzugeben, wieviele Arbeiter mit der Sanierung überhaupt beauftragt waren und wie sie hießen.

Die Kinder- und Jugendkriminalität stieg um über 130 % (26 000 Straftaten im Jahre 1995, begangen von Heranwachsenden unter 15 Jahren). Allein im Gebiet des Goldenen Prag beobachtet die Polizei 120 Jugendbanden, deren Tätigkeit Formen der organisierten Kriminalität annimmt.

Die Ehrenwerte Gesellschaft hat den Markt in Tschechien längst in die üblichen Zuständigkeitsbereiche aufgeteilt. Den Menschenschmuggel kontrollieren die Chinesen, den Taschendiebstahl die Rumänen, den Autoklau die Polen und das illegale Glücksspiel die Ex-Jugoslaven. Am gefährlichsten wird die ukrainische Mafia eingeschätzt. Drogenhandel betreiben wohl alle, das schmutzige Geld wird gemeinsam gewaschen.

Die meisten Morde passieren in Prag. Überhaupt nimmt Prag die Schlüsselstellung bei den meisten Kriminalitätssparten ein. Die Straftaten werden dabei am häufigsten in den Plattenbaubezirken begangen. Die zweite Stelle nimmt Nordmähren ein – hierzu leisten die Plattenbau-Ballungsgebiete in Ostrau, Karviná und Havířov ihren Beitrag. Als zunehmend heiß gilt das liebliche Südmähren.

Es sind auch die Gepflogenheiten, die Kriminelle anlocken. Löhne und Gehälter werden noch vorwiegend bar ausgezahlt, Renten und Mieten schleppt eine Briefträgerin zum Anfang oder Ende des Monats in ihrer Tasche mit. Es ist allerdings interessant, daß der fehlende Glaube an die Technik auch in der Unterwelt überdauert. Nach dem Überfall auf eine Bank zahlten die Ganoven den genauen Betrag bei einer Filiale derselben Bank auf das eigene Konto ein.

Prostitution und Frauenhandel

„Der Markt kennt kein schmutziges Geld", meinte der ehemalige Premierminister. Während Budapest als Garten Eden der internationalen Kundschaft für die Produktion von Hetero-Pornofilmen gilt, steht Prag als Paradies für Filme mit homosexueller Thematik. Gedreht wird unter anderem mit Heranwachsenden. Auch viele der nach Schätzungen etwa 20 000 Prostituierten in und um Prag sind deutlich jünger als gesetzlich akzeptiert. Darüber hinaus zog zusammen mit Pornographie und Prostitution der Drogenhandel ein.

Prostitution in Tschechien ist weder eindeutig verboten noch erlaubt. Das Anbieten von sexuellen Diensten in der Öffentlichkeit wird als Vergehen geahndet, die Bestrafung fällt unter die gleichen Paragraphen wie das Wasserlassen auf der Straße und die Entwendung von Wanderrouten-Beschilderungen. Das führte speziell in Prag zu heißen Diskussionen, unsinnigen Maßnahmen und einem Kleinkrieg zwischen der Polizei und den Prostituierten. Bislang jedoch gelang es nicht, die Prostitution aus der attraktiven Stadtmitte zu verbannen oder sie „organisatorisch" in den Griff zu bekommen. Ein

dem Prager Magistrat ernsthaft unterbreiteter Vorschlag, diese Probleme über ein am Kultusministerium einzurichtendes „Referat für erotische Kultur" anzugehen, stieß auf Ablehnung.

Eine katastrophale Situation entstand nach 1989 im Grenzgebiet, insbesondere in Südmähren, West- und Nordböhmen. Tausende von Prostituierten aus ganz Osteuropa pilgerten so nahe wie möglich an die EU-Grenze und schufen das größte Bordell Europas. Von hier aus werden Wien und Dresden „versorgt". In den angrenzenden Gebieten, stark betroffen soll gerade die Ex-DDR sein, kam es zu einem rapiden Anstieg von Geschlechtskrankheiten. Als HIV-positiv gelten in Tschechien bisher allerdings nur etwa 300 Personen, 60 AIDS-Kranke sind seit dem Auftreten der Krankheit bereits gestorben.

Auf tschechischer Seite ergab sich außerdem ein Problem, das als „die Kinder von der E 55" ins Bewußtsein der Öffentlichkeit drang. Da eine Abtreibung administrativ aufwendig und teuer wäre, außerdem viele der schwarz arbeitenden Ausländerinnen ihre Identität offenbaren müßten, ließen schwanger gewordene Prostituierte ihre Kinder nach der Geburt entweder in der Klinik zurück oder legten die Säuglinge vor die Tür eines Kinderheimes.

Mit der Konjunktur der Prostitution blühte der Handel mit dem „Weißen Fleisch" auf. Tschechien stieg in diesem Gewerbe zu einem gefragten Quellen- und Transitland auf. Das vorhandene Angebot regte die internationale Nachfrage an, die aus Osteuropa nach Prag angereisten Frauen werden von hier aus für den doppelten Preis nach Deutschland, Belgien und Holland „verschoben".

Tschechien hat bereits 1994 eine Soko „Weißes Fleisch" gegründet, die, unter Mitarbeit westlicher Kollegen, beachtliche Erfolge erzielt. Nur die Legislative kommt nicht nach. Das könnte einer der Gründe sein, warum sich die Unterwelt gerne auf die Prostitution und den Menschenhandel spezialisiert. Das Drogengeschäft kann mit bis zu 15 Jahren Freiheitsentzug bestraft werden, der Handel mit „Weißem Fleisch" dagegen höchstens mit acht, wobei die Beweisführung hier ungleich schwerer ist.

Gesundheit!

Der Gesundheitssektor leidet unter zwei offensichtlich un-lösbaren Problemen: kranken Tschechen und teuren und ver-geblichen Versuchen, diesen Sektor irgendwie in den Griff zu bekommen. Während die medizinische Versorgung den Fach-leuten überlassen wird, hat sich an der Privatisierung des Problemkindes Gesundheitswesen mittlerweile jeder versucht.

Drogen

Das Drogengeschäft hat Konjunktur. Geld stinkt anscheinend wirklich nicht. Tschechien bildet in diesem Geschäftszweig eine gute Brücke nach Westeuropa. Das Experimentieren mit Drogen und deren Konsum im Lande selbst ist in den letzten Jahren um das -zigfache gestiegen. Zu den gefragtesten Drogen gehören, der Reihe nach, Marihuana, Haschisch, LSD, Ecstasy und Am-phetamine (heimische Produktion von Pervitin, hergestellt aus Ephedrin).

Zuverlässige statistische Angaben über den Drogenkonsum gibt es nicht. Obwohl an Prager Schulen bereits in den 70er und 80er Jahren in größeren Mengen Drogen auftauchten, wurde das Problem unter den Kommunisten konsequent heruntergespielt oder verschwiegen. Die Zahlen der offiziellen Statistik sprechen von 10 000 Abhängigen in ganz Tschechien, wobei die Dun-kelziffer 2 bis 4 mal höher sein soll. In den Anlaufstellen für Ab-hängige tauchen mittlerweile Eltern mit heranwachsenden Kin-dern auf. Der Konsum in der Altersgruppe zwischen 12 und 16 Jahren nahm in den letzten drei Jahren um 200 % zu.

Die staatliche Drogenpolitik wird von einer ressortübergreifen-den Anti-Drogen-Kommission (MPK) repräsentiert und von der Regierung mit 100 Millionen Kronen jährlich und weiteren Gel-dern anderer Ressorts unterstützt. Aber eine überzeugende Stra-tegie gibt es bisher nicht. Auch die Jugend ist in der Regel nur oberflächlich über die Folgen des Drogenkonsums informiert. Einstiegsdrogen wie Lösungsmittel und Arzneien werden in der Aufklärung kaum beachtet, Alkohol- und Zigarettenkonsum nicht angesprochen. Fragt man die Eltern, so sind sie zwar gegen das Rauchen, doch gegenüber dem Alkoholkonsum ist die Einstel-lung recht großzügig.

Was die Lebenserwartung betrifft, so kann Tschechien sich nur mit Mexiko oder der Türkei vergleichen. Wenn auch die Anzahl der Ärzte pro Bewohner, die Kindersterblichkeit und die Krankenhausversorgung mit den deutschsprachigen Ländern Schritt hält, so leidet doch mehr als die Hälfte der Bevölkerung unter Herz-Kreislauf-Erkrankungen, wozu das fette Essen und das Rauchen entscheidend beitragen. Was Lungenerkrankungen betrifft, so ist Tschechien mit Abstand traurige Weltspitze.

Die gesunde Revolution in der Küche hält nur langsam Einzug. Zu kaufen gibt es inzwischen an Obst oder Gemüse alles, nur zu finanzieren ist es nicht für jeden. Doch die Umstellung des Essens allein hilft nicht. Über 40 % (davon 50 % Männer, 30 % Frauen) der Bevölkerung rauchen, besuchen die vielen neuen Fitnesszentren zu selten, trinken zuviel Kaffee und Alkohol. Der Verbrauch an reinem Alkohol liegt bei 10,1 Liter pro Person und Jahr. Nicht zu vergessen sind die Einflüsse der vergifteten Umwelt und das schlechte Wasser.

Krankfeiern, im übrigen ein unter den Kommunisten beliebter Ausweg, um Zeit für den Frühjahrsputz etc. zu haben, lohnt nicht unbedingt. An den ersten drei Tagen werden 70 % des Lohns, weiter dann 90 % (höchstens jedoch täglich 230 Kc/12,80 DM) ausgezahlt. Diese Bestimmung soll demnächst geändert werden, so daß eine 100 %ige Lohnfortzahlung besteht. Ansonsten unterscheidet sich die Fürsorge nicht wesentlich vom deutschen oder österreichischen System: Arbeitsunfähigkeitsrenten, Mutterschutz, Mutterschaftsgeld, Kindergeld oder Kuren mit eingeschlossen. Auch das größte Problem machte vor Tschechien nicht halt: Wer bezahlt das alles?

Im Jahre 1990 bekam das neue Konzept des Gesundheitswesens von der Regierung grünes Licht. Die staatlich organisierte und kontrollierte Struktur der „Institute der Nationalen Gesundheit" (Kliniken und Polikliniken) wurde aufgehoben. Es entstanden autonome Subjekte – Kliniken, Praxen, Gesundheitszentren: die medizinische Tätigkeit und das Eigentum des früheren Gesundheitssektors gingen in private Hände über. Nach und nach wird auch der Charakter der allumfassenden

Pflege verändert und die finanzielle Mitbeteiligung des Patienten durchgesetzt.

Für die Privatisierung der großen Kliniken fehlten aber klare Regeln, soziale Pflegedienste reichten plötzlich nicht aus. Das Entlohnungssystem der Ärzte war nicht ausgereift, die Angebote der präventiven Medizin wurden von nun an schlechter bezahlt und daher weniger. Darüber hinaus explodierte die ohnehin monströse Administrative, die nun eine gehörige Portion der Arbeitszeit eines Arztes schluckt. Die Ärzte streikten daraufhin.

Das Gesundheitswesen traf ein harter Schlag, als sich zeigte, daß die konsequente Anwendung der Marktwirtschaft in diesem Bereich nicht immer die besten Ergebnisse erzielt. Im Rahmen der Privatisierung schossen sofort zahlreiche Krankenkassen aus dem Boden: 27 – eine stattliche Zahl für das kleine Land. Ein harter Konkurrenzkampf begann, jede Kasse wollte die lukrativsten Kunden zwischen 25 und 35 Jahren haben. Es wurde investiert, attraktive Policen wurden geboten, Häuser gebaut, Kredite aufgenommen. Es kam, was kommen mußte – das Geld war plötzlich weg. Die Krankenkassen wandten eine einfache Regel an – sie bezahlten die Ärzte und Apotheker nicht. Einspringen mußte der Staat.

Die Ausgaben steigen weiter. Während im Jahre 1970 der Staat 8,4 Milliarden Kronen in das Gesundheitswesen steckte, waren es 1989 etwas über 20, 1990 schon 30 Milliarden Kronen und im Jahre 1995 91,5 Milliarden Kronen.

War Schwejk ein Tscheche?

Stereotyp

Im Gegensatz zu Luther und seinem: „Hier stehe ich, ich kann nicht anders!" meinte Schwejk zu dem Habsburger Franz Josef: „Hier stehe ich, aber wenn Sie's winschen, kann ich mich auch setzen." Und er erfüllte jede weitere Anweisung mit exemplarischem Enthusiasmus und dem ostentativ unerschütter-

DÍI II.
Sešit 3-4. JAROSLAV HAŠEK:
Cena 4 Kč.

OSUDY DOBRÉHO
VOJÁKA ŠVEJKA
ZA SVĚTOVÉ VÁLKY.

Vydáno A. Sauerem a J. Haškem v Žižkově, Jeronýmova 3

Umschlagbild der Erstausgabe des „Braven Soldaten Schwejk", 1921

lichem Glauben an die Obrigkeit und ihre unbegrenzte Weisheit. Das deckte die Absurdität der ideologischen Orthodoxie auf und brachte zum Lachen.

Zur Welt kam Hašeks Schwejk nach den Wirren des Ersten Weltkrieges. Der brave Soldat mit dem uns bekannten friedlich runden Gesicht war in seinen jungen Jahren anscheinend so dünn wie die Groschenhefte, in denen er kolportiert wurde, denn so wird er auch in den ersten Illustrationen abgebildet. In den späteren Zeichnungen desselben Illustrators nahm Schwejk immer mehr zu, bis er in den 50er Jahren zu einem dicken, fetten Trottel wurde.

Das Unglück nahm seinen Anfang. Anhand des Romantextes konnte er nicht zugenommen haben, solche Merkmale lassen sich nicht finden. Möglicherweise war die Ursache eine falsche Interpretation. Ob absichtlich oder nicht, sei dahinge-

stellt. Die unbedingt freundliche, gutmütige Gemütsverfassung und die humorvolle Komponente im Vordergrund verlangten wohl nach einem Dicken. Doch das wäre zu ertragen. Die Wechselwirkung zwischen Interpretation und Bildern unterstützten jedoch ein *laissez faire*-Stereotyp. Dieser Typ wurde gar zu einem Beispiel passiver Resistenz hochstilisiert. Er stellt sich in seiner Schlauheit, wenn auch mit Humor, ein bißchen dumm, und jeder läßt ihn in Ruhe. So wurde Schwejk sogar zur Pflichtlektüre an den Schulen, und es gab fanatische Verteidiger des braven Soldaten, die in ihm das Muster eines volkstümlichen Revolutionärs sahen.

Haben die Tschechen wirklich etwas Humorvolles und friedlich „Schwejksches" an sich? Das in der Presse gezeichnete Selbstbildnis, der unablässige Vergleich mit anderen Völkern oder die geschichtliche Darstellung spricht von einem „gebildeten und kultivierten Volk, das stolz auf die Landschaft ist, in der es lebt". Nun will aber nicht jeder in der Kohlenreviergegend von Komotau oder Brüx leben, obwohl es auch da zweifellos böhmische Dörfer gibt.

Das Spiegelbild erwähnt weiter den Stolz auf die Geschichte des Landes, die Kultur und die sportlichen Erfolge. In dieser Reihenfolge. Vom Schwejk keine Spur. Obwohl es im Tschechischen den Ausdruck *švejkovat* (in Schwejkscher Manier agieren) gibt, das heißt, etwas leger vorzugehen, elegant Unannehmlichkeiten zu umgehen und womöglich noch etwas zum eigenen Vorteil rauszuschlagen. Auch der ewig nur fressende Baloun aus dem Roman, der Schnapsfreund Katz, der eifrige Leutnant Dub und vor allem der Spitzel Brettschneider scheinen in der Selbstdarstellung vergessen worden zu sein.

No sports

Vom Eishockey abgesehen, dessen Beliebtheit sozial und regional nicht gebunden ist und das schon die kleinsten Jungs spielen, sobald die Teiche zugefroren sind, leben die Tschechen noch für den Fußball. Die Fußballvorliebe mag sogar noch intensiver sein, doch schon wesentlich deutlicher polarisiert: Slavia

versus Sparta – „die" Fußballvereine mit den entsprechenden Fanclubs. Die tschechischen Fans haben das europäische Niveau längst erreicht, eine gute Prügelei ist ihnen nicht fremd.

Während Hockey und Fußball eine reine Männerangelegenheit sind, nimmt am Wandern, Tennis und Radwandern jede/r teil. Wobei das Radfahren ein Risikounternehmen ist. Radwege sind äußerst selten und die Autofahrer allesamt konsequente Darwinisten. Das betrifft auch die Fußgänger. Ein Zebrastreifen hat lediglich dekorativen Wert.

Sehr populär in Tschechien ist das Skifahren. Das beste Skigebiet weist das Riesengebirge auf, die Tschechen selber aber begeben sich gerne in die französischen oder italienischen Alpen. Erstaunlich genug ist es dort mittlerweile oft billiger als zu Hause. Ungemein beliebt ist das Wandern, und das auch auf den tschechischen Gewässern. An der Moldau gibt es mittlerweile auch für die Touristen einen Kanuverleih. Auf dem Fluß kommt sowieso keiner vom Wege ab, die „trockenen" Wanderwege im Lande sind ebenfalls gut markiert. Es gibt auch eine Variante des Wanderns, die das Angenehme mit dem Nützlichen verbindet und der in Tschechien ausnahmslos jeder – Kadmium hin oder her – frönt: das leidenschaftliche Pilzesammeln.

Tschechien hat auch einige Etagen höher, auf der Weltbühne, seinen Beitrag zur Sportgeschichte geleistet. Namen wie die des mehrfachen Olympioniken Emil Zátopek oder die Erfolge von Martina Návratilová und Ivan Lendl sind kaum jemandem unbekannt. Daß die beiden Tennisstars und viele andere Sportler zu ihrer Größe erst ohne die Republik gelangten und gar als fremde Staatsbürger agierten, stört keinen.

Nie machte sich jemand Illusionen darüber, daß die Sportler nicht wüßten, wie sie ihr Geld verdienen. Daher verlief, bis auf einige Bestechungs- und Veruntreuungsskandale auch die Anpassung des sozialistischen Sports an die Marktwirtschaft recht reibungslos. Es tauchten allerdings andere Probleme auf: Anabolika. Sie erreichen heute auch die sportliche Basis, und es gibt bis dato kein Gesetz, das den Handel mit Anabolika bestrafen würde. Jeder dritte männliche Adoleszent (laut Sta-

tistik 1996) nahm schon einmal anabolische Steroide. Doch das Problem ist nicht unbedingt neu. Neu daran sind seine Ausmaße. Hier hat die sprichwörtliche Schwejksche Gemütlichkeit wohl nachgelassen. Lorbeeren muß es um jeden Preis geben.

Plötzlich ist die Rede von Zeiten, in denen jeder Sportler vom Trainer eine eigene Chemietüte bekam. Insbesondere in den 60er und 70er Jahren gab es infolge von Doping viele Todesfälle unter den Athleten. Die zunächst sporadisch beteiligten Ärzte durften an der Strategie zur Medailleneroberung teilnehmen. Die kommunistische Pleite im Jahre 1990 brachte eine Liste an den Tag, der zufolge 31 Ärzte, Funktionäre und Trainer das Dopingprogramm betreuten. Sie versorgten an die 140 Spitzensportler. Da man sich auf den Standpunkt stellte, die Sportler hätten unter politischem Druck gestanden, wurden sie amnestiert. Von den 31 Genossen wurde auch keiner bestraft. Sie hatten nie etwas unterschrieben.

Möglicherweise hat eine Mehrheit der Tschechen Recht, die sich bislang eher an Winston Churchills Spruch hielt und dem eitlen Treiben fernblieb. Sie prägte bereits das entsprechende Sprichwort: „Die beste Sportart ist, Bierkrüge zu stemmen."

Die eigene Vergangenheit: Blindekuh spielen?

Was die Geschichte betrifft, so hat Tschechien fleißig Jennings Marco Polo zugehört. Er erzählt von der wunderbaren Einrichtung der kaiserlichen Geschichtsschreiber im Reich der Mitte, die jeweils mit einem neuen Herrscher die Historie einfach in seinem Sinne umschrieben. In Prag gibt es dafür u.a. ein „Institut der tschechischen Geschichte".

Bereits die Ideologie des 19. Jahrhunderts stellte Jan Hus als Vorkämpfer „der tschechischen Sache" dar. Unter den Kommunisten mutierte er sogar, zusammen mit dem hussitischen Führer Žižka, zu einer Art Revolutionär. Die meisten Tschechen wissen jedoch kaum, worum es ihm wirklich ging. Ähnlich verhält es sich mit Žižka. Die geschichtliche Darstellung erinnert mitunter an die Heldentaten eines einsamen

Sheriffs. Im übrigen findet man in den Geschichtsbüchern schon bei den Schilderungen der hussitischen Kämpfe die synonyme Verwendung der Bezeichnung „Deutsche" für die Kreuzritter des Kaisers. Das gleiche galt gelegentlich später auch, wenn es um die Nazis ging. Wobei davon, und das ist Dialektik, die Deutschen der DDR ausgenommen waren.

Erstaunlich auch die Zeit nach der Schlacht am Weißen Berg im Jahre 1620, die „Zeit der Finsternis". Das Böse kam aus dem Westen, das Deutsche drohte das Tschechische zu ersticken, und die mit der Rekatholisierung betrauten Jesuiten verbrannten auch noch jedes ihnen nicht passende Buch. Die gewaltsame Durchsetzung der Gegenreformation und die weit über 100 000 Exilanten umfassende Auswanderungswelle (die gesamte Population Böhmens wird zu der Zeit auf etwa 2 Millionen geschätzt) können sicher als finster bezeichnet werden. Aber gehört dazu auch die Tatsache, daß Böhmen zu einer der berühmtesten Landschaften des europäischen Barock wurde? Daß Prag in dieser Zeit auch im geistigen Leben Epoche machte? Und was das Tschechische betrifft, so ist es an dieser Periode durch ein reges Interesse an der Sprachtheorie mit einer großen Anzahl grammatikalischer Arbeiten beteiligt.

So wird Geschichte gemacht: Die Nationale Wiedergeburt schreitet von einem Erfolg zum anderen; das Theater wird gebaut, Vereine etabliert, Banken gegründet. Das alles ist einmalig, weil ohne den eigentlichen europäischen Kontext. Immer wieder stellten sich den nationalen Bestrebungen der Tschechen die Deutschen im Lande entgegen. Sie scheinen schon an diesem Punkt die spätere Vertreibung provoziert zu haben.

Das Jahr 1989 setzte dem Spuk kein Ende. Die aufflackernden Diskussionen im Hinblick auf die Vergangenheit und die tschechische Geschichte spielten sich in einem engen Kreise von Intellektuellen ab. Die selektive Wahrnehmung geht ansonsten weiter. Die Erste Republik erscheint im Rückblick als Garten Eden. Sie weist jedoch Schwächen auf, die den heutigen Problemen frappant ähneln. Als die Tschechoslowakei ausgerufen wurde, wurde auch bei diesem Systemwechsel die Nomenklatura des alten Regimes entweder friedlich integriert

oder mit fetten „Abstandsgeldern" bedacht. Der heutige Staat leidet, genauso wie der damalige, unter Seilschaften, Korruption und Betrügereien. Die gepriesene demokratische Tradition nährt sich aus den dünnen Jahren der Zeit zwischen 1918 und 1939. Insofern wartet die Erste Republik und insbesondere deren in fragwürdiger Weise geschätzter Präsident Beneš mit seiner Nachkriegs- und Sowjetunionpolitik auf eine Neubewertung.

Die Tatsache, daß zwischen 1939 und 1968 die tschechische Intelligenz regelrecht abgeschlachtet wurde, ist nicht von der Hand zu weisen. Der Rückblick in die Geschichte will aber gerne vergessen machen, daß auch ein tschechischer Henker dafür von der Besatzungsmacht mit 300,– Kronen pro Kopf belohnt worden ist (die Henker nach 1948 arbeiteten nicht mehr für Geld, sondern für eine bessere Zukunft der Menschheit). Daß die deutsche Besatzungsmacht mit ihrer ganzen Technik kaum einen illegalen Sender entdecken konnte, hat den Widerstand gefreut. Trotzdem sind viele ausgehoben worden, da von Landsleuten angezeigt. Die Heydrich-Attentäter wurden nicht mit kriminalistischem Geschick ermittelt: ein Prager Konfident kassierte eine dicke Belohnung. Mährische Bauern legten sich Eiserne Kreuze für Getreidelieferungen (vorsichtigerweise) in die Schubladen, Pilsner Arbeiter in der Waffenindustrie schoben Sonderschichten für eine extra Zulage Schnaps und Zigaretten. Der brave Soldat scheint den Zweiten Weltkrieg nicht mitgemacht zu haben.

Ein normales Volk, das, wie ein polnischer Schriftsteller sagte, seine Dämonen hat: Die Verdrängung dieser Ereignisse nahm teilweise so absurde Züge an, daß sich manche Tschechen nach einer der zahllosen Siegesfeiern fragten, ob der Zweite Weltkrieg tatsächlich nur eine kleine Episode während des Prager Aufstandes gewesen sei. Die Folgen solcher Verdrängungen sind für den Weg Tschechiens nach Europa katastrophal. Die Kenntnisse, vor allem der eigenen Geschichte, sind lückenhaft, gefärbt und ohne Kontexte. Das führt zu einem sonderbar verflachten Geschichtsverständnis, einem Nährboden für Vorurteile und zu einer Neurose gegenüber Ausländern,

insbesondere den deutschen Nachbarn. Somit wartet Tschechien auf seinen „Historikerstreit" und seine „Wehrmachtsdebatte".

Schwejk versus Spitzel Brettschneider

Die tschechische Gauck-Behörde, ein „Amt für die Untersuchung und Dokumentation der kommunistischen Verbrechen" (ÚDV) trägt Materialien zusammen, um eine Strafverfolgung einleiten zu können. Aber wie jagt man Verbrecher, wenn diese vielerorts noch fest im Sattel sitzen?

Das von der ÚDV gesammelte Material dokumentiert, daß in den Jahren 1948 bis 1968 in der Tschechoslowakei über 2 000 politische Gefangene ums Leben kamen. Diese Zahlen betreffen allerdings Fälle, die das Regime selber unter Druck zugegeben hat. Manche Todesursachen, abgesehen vom Herzstillstand in über 60 Fällen, muten recht abenteuerlich an. So heißt es etwa, daß sich Gefangene während der Flucht die Pulsadern durchtrennt haben sollen.

Widerstand I. bis III.

Die Konföderation der politischen Häftlinge pflegt, unter anderem in Příbram, einige Museen des „Dritten Widerstandes" gegen die kommunistische Diktatur. Zum I. Widerstand zählen die Gründer der Republik nach dem Monarchiezerfall, der II. Widerstand ist der Kampf gegen die deutsche Besatzung.

Příbram gehörte mit seinen Uran-Minen zum Archipel Gulag des Landes. Hier kamen Staatsfeinde unter, deren Arbeitskraft mit Uranpecherz die *pax sovietica* am Leben erhielt. Diese Zeit gebar das Schlagwort: „Ehre der Arbeit". Im Jahre 1995 gelang eine unbeabsichtigte Parallele zu der Zeit, in der „Arbeit frei machte". Denn als das Museum des III. Widerstandes eingerichtet wurde, sprang plötzlich auch die Dauerausstellung über Příbram unter der NS-Herrschaft ins Auge.

Bereits um 1968 gründeten politische Häftlinge eine Organisation, die allerdings nach der Restauration der kommunisti-

schen Macht wieder zerschlagen wurde. Die Rehabilitierung der politischen Gefangenen ist damals auf halbem Wege stekkengeblieben. Nach 1989 organisierten sich die Häftlinge erneut (Konföderation der politischen Häftlinge), die Republik führte erstaunlich rasch eine entsprechende Rehabilitierung und finanzielle Entschädigung durch.

Eine entscheidende Rolle bei der Unterdrückung spielte die Staatssicherheit (*Státní Bezpečnost*, StB). Die StB unterstand dem Innenministerium und hörte möglichst überall mit. Dank der technischen Ausrüstung, die selbstverständlich im Westen gekauft wurde, konnte die StB während der „Normalisierung" in den 70ern ohne weiteres das meiste überwachen. An Personal hat es nicht gemangelt: im Frühling des Jahres 1968 beschäftigte der Dienst 250 000 aktive Agenten.

Die Besonderheit der kommunistischen Polizei war der Einsatz solcher Agenten, die die Planerfüllung vor Augen hatten. Brutalität und Dummheit gehörten zu deren Hauptmerkmalen. Der Apparat lernte von den „Theorien" des Herrn Andrej Vyšinskij (Staatsanwalt der Moskauer Prozesse unter Stalin), und demnach spielten die Geständnisse der Angeklagten die Rolle des höchsten und endgültigen Beweises. Belegt sind Geschichten (Vilém Hejl/Karel Kaplan) von Genossen, die imstande waren, einer Spionageverbindung mit Archimedes oder Spinoza nachzugehen oder zu fragen, womit die „Judenhure" Clara Zetkin eigentlich Geschäfte machte.

Die Zahl der politisch Verfolgten der kommunistischen Zeit dürfte Hunderttausende ausmachen. Die Anzahl der Hinrichtungen, die oft ohne jegliche Bekanntgabe erfolgten, kann nicht genau belegt werden. Die Toten wurden meist heimlich auf einem der Prager Friedhöfe verscharrt. Viele der Verfolgten begingen „Selbstmord", manche konnten sich vor einem Selbstmord retten, weil man sie nicht zu Hause fand. Bekannt ist, daß das Justizministerium im Jahre 1951 einen Hinrichtungsstop anordnete, damit sich „die Hinrichtungen nicht so häufen".

Die Terrorwelle verlor nach Stalins Tod und Chruščëvs Rede an Intensität, doch die Gewalt war damit nicht beendet.

Nach dem Prager Frühling hat die physische Gewalt noch einmal nachgelassen. Doch einen gänzlichen Verzicht auf die gewohnten Methoden hat es bis 1989 nicht gegeben. Beispielsweise mußte ein Dissident seine ganze mehrjährige Strafe in einer fensterlosen Zelle verbüßen. Als die Samtene Revolution die ersten Untersuchungen zur Willkür ans Tageslicht brachte, hörte man mit Überraschung: „Wir haben es nicht gewußt". Die Täter selber handelten auf „Befehl von oben". In puncto Prozesse und Verurteilungen der Protagonisten der Diktatur ereignete sich kläglich wenig. Sie zogen und ziehen sich wie ein lasches Gummiband in die Länge, und die Urteile empfinden viele Tschechen in Hinsicht auf die verübten Verbrechen als geradezu lächerlich.

Die Republik hat im Jahre 1991 ein sogenanntes Lustrationsgesetz verabschiedet, in etwa mit dem formalen Entnazifizierungsverfahren vergleichbar. Dieses Gesetz legte bestimmte Unbedenklichkeitsvoraussetzungen für die Arbeit im öffentlichen Dienst, der Politik etc. fest. Bestimmte Stellenanwärter mußten sich einen entsprechenden Persilschein mit der Bestätigung holen, daß sie keine Stasimitarbeiter gewesen sind. Seltsamerweise haben die Amerikaner, die weitgehend von jeder Vergangenheitsbewältigung verschont blieben, gerade dieses Gesetz in ihrem Kongreßbericht als diskriminierend angeprangert.

Die neue Regierung erklärte das kommunistische Regime gesetzlich zwar für verbrecherisch, die Partei erfreut sich jedoch der Kontinuität. Sie existiert weiter – begründet mit der tschechischen, demokratischen Gesinnung und der Meinung, daß sich so den Kommunisten besser auf die Finger schauen läßt. Doch was gibt es da heute Neues zu vermelden? Nach wie vor vermutet die Partei hinter allem imperialistische Machenschaften, die CIA und wahrscheinlich noch den ADAC. So hat auch Tschechien sein Reservat der Ewiggestrigen.

Einerseits ist Deutschland für Tschechien Handelspartner Nr. 1. Das Handelsvolumen der Tschechischen Republik mit Deutschland betrug im ersten Quartal des Jahres 1996 über 180 Milliarden Kronen (knapp 1 Milliarde DM). Tendenz steigend. Laut einer Umfrage halten 50 % der Tschechen den deutschen Einfluß auf die Wirtschaft für schädlich. Eine andere, differenziertere Statistik spricht von 26 % Tschechen, die den Deutschen eine feindliche Haltung gegenüber Tschechien unterstellen. Somit belegt Deutschland die zweite Stelle – hinter den Russen (27 %). Für eher schlecht wird die Beziehung zwischen Deutschland und Tschechien von 24 % der Befragten gehalten; 5 % Prozent halten sie für sehr schlecht, und der Rest wartet ab, wie die ganze Sache ausgeht. Diese Hälfte äußert sich im Hinblick auf das nachbarschaftliche Zusammenleben indifferent oder zufrieden. In der Regel gilt, je höher das Alter der Befragten ist, desto ungünstiger fallen die Meinungen hinsichtlich des deutsch-tschechischen Verhältnisses aus.

Tschechien leidet anscheinend unter einer Art „schizophrener Deutsch-Neurose", die am besten in *buy czech*-Aufklebern zum Ausdruck kommt. Auf einem solcher Aufkleber heißt es: „Blaupunkt nein danke. Kauf Tesla!" Bezeichnenderweise klebt er an einem BMW. Das „Mißverhältnis" kommt auch in -zig Spitznamen pejorativer Färbung zum Ausdruck. Etwas Vergleichbares läßt sich im heutigen Wortschatz der deutschen Sprache kaum finden. Sogar die Unterstellung, in jedem Tschechen stecke der Schwejk, zielt eher in die Richtung „pfiffig, schlau".

Gezielte Jagden auf Verkehrsteilnehmer mit deutschem Kennzeichen und verbale Mißgeburten im Parlament sprechen für sich. Der Sprecher der Republikaner vertrat offen die Meinung, daß „die Deutschen Feinde seien. In fünfzig Jahren kann sich das Volk nicht geändert haben." Den Vogel schoß ein Anhänger der Reinkarnationsidee ab, der die Meinung vertrat, alle toten Sudetendeutschen kämen im Grenzgebiet als ätzende Herkulesstauden wieder auf die Welt.

Die Feindlichkeit verschwindet langsam, aber die Skepsis ist geblieben. Die deutsch-tschechische Geschichte wirft lange Schatten, die nicht so ohne weiteres zu überspringen sind. Präsident Havel hat gleich im Jahre 1990 die Vertreibung als Unrecht benannt. Eine Antwort der Sudetendeutschen im Hinblick auf die eigenen Beiträge zur Nazi-Herrschaft blieb aus. Stattdessen kamen Eigentumsforderungen. Manche Tschechen, die bereit gewesen wären, Havel zu folgen, zogen sich daraufhin lieber zurück. Denn sie befürchteten, die Eigentumsansprüche der Sudetendeutschen zu unterstützen. Infolgedessen wurde auch über das Recht zur Rückkehr der Vertriebenen nicht weiter diskutiert. Die Vertreibung heißen zur Zeit noch insgesamt 65 % der Tschechen in den Grenzgebieten gut, im Inland sind es sogar 70 %.

Zwei Drittel der Tschechen betrachten somit die Sudetendeutsche Frage als ein ernstes Problem. So wird ihr Einfluß auf die gegenwärtigen Beziehungen zwischen den beiden Ländern deutlicher, als es zunächst den Anschein hat. Es ist ein Gefühl der Bedrohung zurückgeblieben, das sich dem Selbstverständnis des heutigen Deutschland entzieht. Dem entgegenzuwirken, dürfte nicht immer einfach sein, obwohl die individuellen Kontakte und lokalen Aktivitäten zwischen Deutschen und Tschechen gute und konkrete Ergebnisse aufweisen.

Zu einem Gefühl der „Bedrohung" mögen natürlich auch die Forderungen der Sudetendeutschen Landsmannschaft beigetragen haben, zu denen außer dem Recht auf Heimat und Selbstbestimmung auch die Aufhebung der Beneš-Dekrete gehört, die die Beschlüsse einer „ordentlichen" Regierung ersetzten. Die Tschechen betrachten sie als rechtliche Grundlage für die Abschiebung der deutschen Minderheit. Die Vertriebenen sehen darin allerdings, zusammen mit einem sogenannten Gesetz von 1946, das die Willkür unmittelbar nach Kriegsende amnestierte, eine Blankovollmacht zur ethnischen Säuberung.

Eine Rolle in der Problematik der Sudetenfrage dürfte auch die Tatsache spielen, daß für die jüngere Generation das Sudetenland eine terra incognita ist. Die historischen Zusammen-

hänge des Konflikts wurden im Rahmen der kommunistischen Propaganda verheimlicht oder aufbereitet. Bestimmte Ereignisse wie beispielsweise der SPD-Widerstand der Sudetendeutschen gegen die Nazis oder die gewaltsamen Ausschreitungen der tschechischen „Revolutionären Garden" wurden totgeschwiegen. Das plötzliche Ausfüllen solcher weißer Stellen sorgt für eine entschiedene Abwehrhaltung; diese Situation ließe sich vielleicht mit der jüngsten Aufarbeitung der deutschen Wehrmachtsgeschichte in der NS-Zeit vergleichen.

Streng geheim

Aus dem Bericht Bruce Lockharts, des britischen Vetreters (…), über ein Gespräch mit Präsident Beneš vom 22. Mai 1941: „Im Verlauf meines Gesprächs mit dem Präsidenten entwickelte dieser seinen Plan für die Lösung der Minderheitenprobleme (…), der auf der Verschiebung von Bevölkerungen beruht. (…) Der Präsident schlägt vor, die Landstreifen entlang der West- und Nordwestgrenzen an Deutschland abzutreten. Die deutsche Bevölkerung an der Südgrenze würde gegen Tschechoslowaken ausgetauscht werden, die jetzt in Österreich leben. (…) Der Präsident geht davon aus, daß von den verbliebenen 1 800 000 Deutschen 300 000 nach Deutschland fliehen werden, (…) und daß sich 400 000 entscheiden werden, die tschechoslowakische Staatsbürgerschaft zu behalten. Vermutlich wird es sich bei diesen 400 000 überwiegend um Sozialdemokraten handeln. Die restlichen 1 100 000 Deutschen werden in das Reich zurückgeschickt.

(Zit. nach: Wochenschau II, Nr. 5, September/Oktober 1997 S. 213)

Auf der anderen Seite ist die Zahl der Deutschen, die einen ständigen oder langfristigen Wohnsitz in der Tschechischen Republik haben, immerhin gestiegen. Ende 1990 waren 5 500 gemeldet. Eine angesichts der Millionen Sudetendeutschen, der ehemals großen deutschen Prager Gemeinde oder der in Prag lebenden und problemlos akzeptierten -zig tausend Amerikaner allerdings ziemlich irrelevante Zahl. Eine große deutsche Gemeinde oder gar die Rückkehr der Vertriebenen

ist vorerst undenkbar. Die tschechische Gesellschaft wird noch lange nicht imstande sein, eine solche Koexistenz zu verdauen.

Ein Zehntel der befragten Tschechen im Grenzgebiet würde sich durch direkte deutsche Nachbarn gestört fühlen, einem Viertel wäre die Nähe eines sudetendeutschen Haushaltes ein Dorn im Auge. Gleichfalls ein Viertel könnte die Heirat seiner Kinder mit einem deutschen Partner nicht bejahen. Die Pavlovsche Konditionierung durch die Vergangenheit aufzuheben, ist anscheinend eine Sache von mehreren Generationen.

Eine verschwundene Minderheit

Die Sitzung zur Lösung der jüdischen Frage im Protektorat fand am 10. Oktober 1941 in Prag statt. Geleitet wurde sie vom Reichsprotektor Reinhard Heydrich. Ihre Folge war die Entstehung des berüchtigten Ghettos Theresienstadt. Bis zum Frühjahr 1945 war es Durchgangsstation für 90000 Juden. Viertausend überlebten. Das war das Ende der ehemals blühenden jüdischen Gemeinde in Prag und eines Leidenswegs, der vom „Stürmer" der 30er Jahre und dem tschechischen „Árijský boj" (Arischer Kampf) der Protektoratszeit flankiert wurde.

Nach Kriegsende standen viele der zurückgekehrten Juden vor verschlossenen Türen. Sie hatten bei einem Zensus in den 30er Jahren für die deutsche Staatsangehörigkeit optiert und als „Deutsche" haben sie demzufolge keinerlei Ansprüche erheben können. Das im Protektorat von der Besatzungsmacht beschlagnahmte jüdische Eigentum wurde wie alle anderen reichsdeutschen Besitztümer per Dekret des Präsidenten Beneš verstaatlicht. Mit der kommunistischen Machtübernahme wurde die Argumentation in diese Richtung erweitert. Das Eigentum sei doch erst nach dem Krieg Nationaleigentum geworden, von einer Eigentumsübertragung unter dem Druck der Besatzung könne somit keine Rede sein. Dieser Schlenker könnte in der Tat von Schwejk stammen. Er markiert den Anfang eines nahezu offiziellen Antisemitismus, der typisch ist für das darauffolgende kommunistische Regime von den 50er Jahren bis zu seinem Fall.

Vielleicht lebten unter diesem Einfluß in der tschechischen Umgangssprache Ausdrücke wie „*ty žide*" (du Jude) fort, wenn sie einen Geizhals bezeichnen will. Genauso weist sie Wendungen auf wie „schmutzig wie ein Zigeuner, stinkt wie ein Zigeuner". Das Slowakische brachte es sogar zu einem Verb: „*cikánit*" (zigeunern, lügen). Daher erstaunt es nicht sonderlich, wenn sich im Jahre acht der neuen Zeitrechnung Stimmen aus dem Volke hören lassen und die Mode der befremdlichen Namensgebung beklagen: ... wozu brauchen wir jüdische Namen wie David und Rachel, wenn es so schöne tschechische Namen wie Josef und Maria gibt? (auch Schwejk hieß übrigens mit Vornamen Josef.) Und das, obwohl Tschechien unter dem unerwarteten Einbruch der abendländischen Kultur bereits bei Namen wie Kevin-Mike oder Jessica-Desirée Příborská-Křepelková, geb. Skočdopolová angelangt ist.

Schlechte Nachrichten für diejenigen, die mit einer anderen, besseren Gesellschaft den Antisemitismus als Anachronismus untergehen sahen. Insofern kennt auch das heutige Tschechien antisemitische Symbole und Hakenkreuze an den Gemäuern der Synagogen oder an Hauswänden und auf Flugblättern, die zum Kampf gegen das Judentum aufrufen. Von fragwürdigen Publikationen und dem Antisemitismus mancher tschechischer Dichter ganz zu schweigen.

Anscheinend wird das Antisemitismus-Problem weder für aktuell, noch für gesellschaftlich relevant gehalten. Die tschechische Regierung tut sich heute noch schwer, den verbliebenen Juden das beschlagnahmte Eigentum herauszugeben. *Der Spiegel* faßte das Paradoxon der Geschichte zusammen, als er schrieb, daß der Grund für die Härte gegenüber den Juden abermals bei den Deutschen liege. Die beharrlichen Forderungen der einst aus der Tschechoslowakei vertriebenen Deutschen nach Heimatrecht und Wiedergutmachung haben das Thema Entschädigung zum Tabu werden lassen. Es gilt grundsätzlich, daß niemand entschädigt wird, der vor dem 25. Februar 1948, dem Tag der kommunistischen Machtübernahme, wodurch auch immer, seinen Besitz verloren hat. Daran hat ein 1994 nach langem Streit verabschiedetes Gesetz

über eng definierte Ausnahmen für jüdisches Eigentum nur wenig geändert.

Der Prager Golem

Einer der bekanntesten Prager Mythen erzählt von einer menschenähnlichen Gestalt aus Ton, dem Golem (hebr.), der auf bestimmte Zeit belebt werden konnte; dies erfolgte durch das Einsetzen einer kleinen Tonkugel in seine Stirnvertiefung. Die Kugel war mit der entsprechenden hebräischen Zauberformel versehen. Golems Schöpfer, der Rabbi Löw, mußte sein Werk zerstören – Golem entzog sich zunehmend seiner Gewalt.

Die tschechische Kinematografie der 60er Jahre hat sich letztendlich auch dieser bekannten Prager Legende bemächtigt. Und das geradezu mit einem hollywoodwürdigen happy end. Golem wird zu einer alternativen Energiequelle umfunktioniert, und seine Kraft liefert der arbeitenden Klasse preiswert frische Backwaren. Doch hat es den „Golem" wirklich gegeben? Der angebliche Schöpfer des Golems, der Rabbi Jehuda Löw ben Becalel, erwähnt bis zu seinem Tode im Jahre 1609 den Golem in seinen 17 Büchern mit keinem Wort. Auch auf seinem Grabstein auf dem alten jüdischen Friedhof in Prag steht dazu keine Silbe. Erst über hundert Jahre später tauchen Erzählungen über die besonderen Fähigkeiten des Rabbi Löw auf – doch auch hier von Golem keine Spur. Aber Ende des 18. Jahrhunderts hört man aus den polnischen Ghettos Erzählungen über den stummen Diener aus Ton, einen Golem. Ein Elia ben Juda soll ihn Mitte des 16. Jahrhunderts gebaut haben. So kommt nach 100 Jahren Schweigen Golem in den Mythen der Chassidim vor, die weniger die Wirklichkeit, umso mehr aber die Möglichkeit der Verwirklichung interessierte. Und falls einer fähig war, den Golem zu bauen, dann war es eben der Rabbi Löw; die Legende war geboren. Um das Jahr 1840 findet sie in Form einer anonymen Jahrmarktschrift Eingang in die Literatur. Dann folgt erst die Bearbeitung durch E.T.A. Hoffmann, die Gebrüder Grimm, Gustav Meyrink usw.

Von den verlangten Immobilien erhielt die jüdische Gemeinde, sie zählt heute 9000 Mitglieder, etwa ein Drittel zurück. Der Rest weist Kommunen und Unternehmer als Eigentümer aus,

die jene Besitztümer im Rahmen der Privatisierung gekauft oder erhalten haben. Die Kommunen können aufgrund der derzeitigen Gesetzeslage nicht zur Rückgabe gezwungen werden, die Restitution wird verschleppt. Die privatisierten Synagogen wurden umgebaut: hier zu einer Bank, da zu einer Garage der Freiwilligen Feuerwehr. Nicht selten lehnen die ehemaligen Eigentümer, und das betrifft nicht nur die jüdische Gemeinde, die Übernahme der alten Liegenschaften ab. Denn der Staat verlangt deren Renovierung und fordert Abgaben und Steuern nach, die er selbst 50 Jahre als Besitzer nicht gezahlt hatte.

Die jüdische Gemeinde strebte nach 1989 zunächst eine völlige Unabhängigkeit vom Staat an. Eine der Voraussetzungen war die Rückgabe des umstrittenen Eigentums. Nun wird an eine Aufgabe der staatlichen Unterstützung nicht weiter gedacht. Abgesehen davon, daß auch der Zustand der Immobilien es gar nicht erlauben würde. Deren Renovierung muß schließlich bezahlt werden. Somit werden Entscheidungen bebrütet, und währenddessen verfallen die ohnehin lädierten Gebäude weiter. Die meisten Synagogen wurden nach dem Krieg ihrem Schicksal überlassen, viele wurden umgebaut und als Lagerhallen verwendet. Von den 300 Synagogen ist daher mehr als ein Drittel unwiderruflich verlorengegangen. Dem Verfall überlassen wurden auch jüdische Friedhöfe, deren Granitgrabsteine Diebe anlockten. Hier gingen die Kommunisten mit leuchtendem Beispiel voran. Manche der zu Pflastersteinen verarbeiteten Grabsteine auf einer der wichtigsten Prager Promenaden (Am Graben) wiesen noch lange die Reste hebräischer Buchstaben auf.

Angst vor dem schwarzen Mann

Gleich nach dem Kriege, um 18.00 Uhr, wollte sich Schwejk mit seinem Freund in der Wirtschaft „U Kalicha" treffen und die entspannte Atmosphäre genießen. In einer tschechischen Kneipe trinkt ein Schuster neben einem Abgeordneten sein Bierchen, der Bankier neben dem Schmied und der Schorn-

steinfeger neben dem Kaufhausinhaber. Ein französischer Diplomat hatte es angeblich so erlebt und erzählt. Möglicherweise handelt es sich nicht um einen Mythos. Unter den Kommunisten ist diese Sitzordnung tatsächlich Realität gewesen. Weniger allerdings aus demokratischen Gründen, sondern im Hinblick auf die nackte Notwendigkeit von Tauschgeschäften. Einer saß allerdings nie dabei: der Zigeuner.

Die tschechischen Republikaner zitierten im Parlament den Mann von der Straße: „Das erste Verbrechen der Zigeuner ist deren Geburt." Dem folgte die Äußerung des Republikaner-Häuptlings, daß Roma sich entweder den Gesetzen der Republik anpassen oder das Land verlassen müßten. Das klang im Hinblick auf die tschechische Geschichte nicht gerade diplomatisch.

Die größte Minderheit der Republik (ca. 200 000 Menschen, die vorhandenen Angaben divergieren sehr stark) ist und bleibt auch die problematischste. Sie vertritt eine andere Kultur, besitzt eine andere Werteskala, weist einen niedrigen Bildungsgrad, eine hohe Arbeitslosen- und Kriminalitätsrate auf. Insofern belegt sie die letzte Sprosse der sozialen Hierarchie.

Trotz der theoretisch vertretenen Brüderlichkeit hat es während der Diktatur so gut wie nie vernünftige Integrations- und Sozialprogramme gegeben, auch heutzutage sind sie noch dünn gesät. Unter der KP liefen große Zwangsansiedlungprogramme ab, die die Roma dazu bewegen sollten, einer selbstbestimmten Lebensweise in ihrem eigenen sozialen Gefüge abzuschwören. Die Kinder wurden der allgemeinen Schulpflicht unter Strafandrohung unterworfen und haben mitunter auch ihre Sprache aufgeben müssen. Die Seßhaftmachung hatte eine Ghetto- und Slumbildung zur Folge.

Nach der Wende wurden Gerüchte laut, daß es eine planmäßige Sterilisation von Roma-Frauen gegeben hätte. Roma-Frauen oder mehrfache Mütter wurden in der Tat gelegentlich ohne ihr Wissen sterilisiert. Ein „Programm" in diesem Sinne hat es jedoch nicht gegeben. Solche Übergriffe waren eher die Folge einer latenten Einstellung, die auch vor der Wissenschaft nicht halt machte. Diese stillschweigende Übereinkunft

spiegelt sich in einem „wissenschaftlichen" Vortrag einer Ärztin, gehalten Anfang der 70er Jahre. Es wurde die Tatsache vorgebracht, daß das Gewicht der neugeborenen Roma-Kinder um ganze 100 Gramm niedriger sei als das Durchschnittsgewicht tschechischer Säuglinge. Die Ärzteschaft erklärte das mit den Spezifika dieser ethnischen Gruppe und mit dem niedrigen IQ. Sie seien blöd und versorgen somit ihre Kinder nicht ordentlich. Auf die Frage nach Meßinstrumenten für den IQ und eine vergleichende Verifikationsgruppe wurde mitgeteilt, daß es nicht notwendig sei, so kompliziert vorzugehen. Es reiche, mit den Zigeunern zu sprechen. Mit dieser Hinterlassenschaft der sowjetisierten Wissenschaft hat die jetzige Aufklärung schwer zu kämpfen.

Heute gibt es einen Roma-Beauftragten der Regierung (die parlamentarische Vertretung beträgt 0,5 %), eigene Medienseiten und die entsprechenden Gesetze über das Verunglimpfen einer Ethnie. Trotz alledem – von 1990 bis 1996 wurden an die 800 rassendiskriminierende Übergriffe gegen diese Minderheit erfaßt. Davon ist vor allem Nordböhmen betroffen, ein Gebiet, in dem die Roma einen hohen Bevölkerungsanteil ausmachen – eine Folge der bereits angesprochenen Besiedlungspolitik der Grenzgebiete in der Nachkriegszeit. Über die dokumentierten Übergriffe hinaus gibt es eine Dunkelziffer an rassistischen Ausschreitungen, für die eine Skinhead-Bewegung tschechischer Provenienz zeichnet. Sie übt eine „Selbstjustiz" aus, die bereits 28 Roma das Leben kostete.

Die öffentlichen Auftritte der Skinheads, von Rufen wie „Zigeuner vergasen" und „Schwarze raus" begleitet, werden von den meisten Tschechen zwar verbal verurteilt, jedoch nicht entschieden bekämpft. Die Polizei reagiert oft ratlos und indifferent. Erst seit 1995 formiert sich ein erwähnenswerter öffentlicher Widerstand, die Gerichte gehen wesentlich strenger gegen rassistisch motivierte Straftaten vor, und die Regierung verurteilt sie schärfer.

Eine rassistische Begründung der massiven Vorbehalte und der tiefsitzenden Ablehnung gegenüber den Roma weisen die meisten Tschechen von sich (einer Umfrage nach sind 12,5 %

Tschechen bekennende Rassisten). Sie erklären sie vielmehr durch konkrete Erfahrungen mit Vandalismus und kriminellen Delikten. Die Genese der heutigen Konflikte und die soziale Situation der Roma-Ethnie wird dabei selten berücksichtigt.

Rechts außen

Die Skinhead-Szene drang nach einer „Biber" genannten Aktion in das Bewußtsein der breiten Bevölkerung. Roma wurden mitten in der Stadt Písek genötigt, in den Fluß zu springen. Ein Junge ertrank. Das Gericht wußte mit der rassistisch motivierten Straftat wenig anzufangen, die Täter erhielten eher symbolische Bewährungsstrafen. Erst nach weiteren drei Jahren und unter dem Druck der Öffentlichkeit kam es zu einem erneuten Prozeß. Vor der Wende gehörten Punks und Skinheads zu den „asozialen Elementen" der Gesellschaft – so die offizielle Parteidarstellung. Nach der Wende erlebten diese Randgruppen eine kurze Euphoriephase. Bald jedoch kam es zu einer Differenzierung. Langsam bildete sich eine faschistoide Szene heraus, deren sichtbare Strukturen allerdings als eher zufällig und ungefestigt gelten. Die Szene zählt laut Polizeistatistiken etwa 3 000 bis 5 000 Personen. Das Gesamtbild setzt sich zusammen aus Grüppchen, die die Parole „Tschechen zuerst" vertreten, „Hammerskins Bohemia" heißen und die Schrift „Der tschechische Schild" herausgeben. Sie vertreten ein ethnopluralistisches Konzept und akzeptieren andere Rassen, solange diese sich „ordentlich" benehmen. Das ganze wird gelegentlich gewürzt mit einer pseudowissenschaftlichen Erklärung über das „arische" Element der Slawen. Auch der arme Jan Hus muß ab und zu als Nationalheld herhalten, der gegen die „Fremdbestimmung der Nation" aufbegehrte. Zu Schwejk läßt sich angesichts dieser Tatsachen beim besten Willen keine Verbindung herstellen.

Die Antwort auf die Frage, ob Tschechen Rassisten sind, hängt von der Definition des Rassismus ab. In der Tat stößt die gängige tschechische Version von Rassismus bei den überraschten Deutschen, Amerikanern oder anderen westlichen Ausländern schnell an deren Verständnisgrenzen. Tschechen beenden dann die Diskussion oft mit dem Argument, daß die westlichen Zigeuner besser und zivilisierter seien.

Ein Beispiel: Ein junger Zigeuner kommt zum Arbeitsamt und sagt: „Ich suche Arbeit." „Also", meint die Angestellte, „Sie könnten zwei Tage die Woche, jeweils drei Stunden täglich, Briefe stempeln. Für dreißigtausend pro Monat." Der Junge läuft rot an: „Sie machen sich über mich lustig!" „Stimmt", antwortet die Frau, „aber Sie haben angefangen." Solche und ähnliche, in den Silvesterbeilagen der Zeitungen publizierten Witze über Randgruppen – auch über Behinderte – sind für die meisten Tschechen über jeden Verdacht der Diskriminierung oder des Rassismus erhaben. Das vielerorts in Restaurants praktizierte Hausverbot für Roma (gelegentlich gar öffentlich ausgehängt) oder das Vorweisenmüssen von Seife und Handtuch im öffentlichen Schwimmbad wird nicht primär als Rassismus, sondern als Schutz gegen deren Kriminalität und mangelnde Hygiene verstanden.

Der ausländische Mitbürger

Als Tourist oder Investor ist der Ausländer grundsätzlich willkommen. Und da Tschechien von *political correctness* unvorbelastet geblieben ist, werden die Dinge beim Namen genannt. Wenn etwa Japaner eine Fabrik in Westböhmen aufziehen wollen, wird darüber unter der Schlagzeile „Schlitzaugen in Westböhmen" berichtet. Treffender wäre allerdings die Schlagzeile: „Schlitzaugen bei den Schlitzohren". Den heimisch gewordenen Ausländer erkennt man, vom äußeren Erscheinungsbild abgesehen, am Autokennzeichen. Während Tschechen über schwarze Zahlen auf weißem Hintergrund verfügen, bekommt ein Ausländer gelbe Zahlen auf blauem Hintergrund. Obwohl dieses Kriterium ganz so zuverlässig auch nicht ist, werden manchmal die „ausländischen" Kennzeichen aufgrund der traditionellen Engpässe nicht geliefert.

Die rund 50 000 Ukrainer und Polen werden mitunter gerne geduldet, weil sie, insbesondere auf den Baustellen, eine billige Arbeitskraft darstellen. Das trifft im Grunde für die meisten Ausländer des ehemaligen Ostblocks zu. Die US-Amerikaner dagegen, zu 99 % in der Hauptstadt konzentriert, sind vor-

wiegend jüngere Leute, die im heutigen Prag eine Art Paris der Belle Époque nachleben. Sie sollen nach Schätzungen die größte ausländische Kolonie Tschechiens bilden. Die Zahlenangaben divergieren allerdings sehr stark. Auf jeden Fall behauptet die US-Botschaft, in Prag lebten 10 000 US-Amerikaner, der tschechische Innenmister spricht von 4 000, und die wirkliche Zahl (laut Presseberichten) soll astronomisch hoch sein: 30 000 Amerikaner.

Ausländer in Zahlen

In Tschechien leben zur Zeit offiziell:

> 40 000 Slowaken
> 23 000 Ukrainer
> 28 000 Polen
> 14 000 Vietnamesen
> etwa 5 000 Chinesen (Prag)
> 4 000 US-Amerikaner
> 5 500 Deutsche
> 1 400 Briten

und einige tausend Rumänen, Bulgaren, Russen und Weißrussen. Das ergibt insgesamt über 120 000 Ausländer. Slowaken gelten zwar dem Gesetz nach als Ausländer, werden in der Praxis aber nicht als solche betrachtet. Sie bilden eine eigene Kategorie.

Amerikaner gehören zu den besten Ausländern. Sie haben Geld, Freiheit und sind cool. „*Sorry*" und „*no comments*" wird mittlerweile auch von den Tschechen verwendet, die sonst mit dem Dativ und Akkusativ im Tschechischen ins Schleudern kommen. Aber im Ernst: US-Amerikaner haben einen Bonus, von dem keiner so richtig weiß, woher er kommt und warum. Das Ende des Krieges und die Herrschaft der Sowjets haben ihn nur anwachsen lassen. Dieser Bonus sorgt unter anderem dafür, daß auch sämtliche musikalische Entwicklungen und Richtungen an der Country Music nicht vorbei kommen. Gleich nach der Samtenen Revolution entstanden Häuser und Gaststätten im Western-Stil, die „Colorado-Ranch", „Texas

Plain" oder „Jesse James" heißen. Allerdings, Sympathie hin oder her, auch hier macht der vorsichtige Wirt aus dem T-bone-Steak lieber gleich eine Portion mehr.

Eine weitere große Gruppe von Ausländern stellen die Vietnamesen dar, im Volksmund „Rohrspatz" genannt. Zum Teil handelt es sich um hängengebliebene Gastarbeiter aus sozialistischen Zeiten, die Verwandte, Bekannte und Kameraden nachkommen ließen. In der ganzen Republik betreiben sie Märkte und vertreiben vietnamesische, chinesische, polnische und türkische Waren. Zum Leidwesen des Finanzamtes oft unverzollt. Insbesondere in den Grenzgebieten sind die Vietnamesen zum Synonym für Verkäufer geschmuggelter Zigaretten, Alkoholika und Gartenzwerge geworden.

Die zweitgrößte Gruppe der in Prag lebender Ausländer bilden die Chinesen und deren im Entstehen begriffenes *china-town*, das hoffentlich einen respektablen Kontrapunkt zur Gotik, Renaissance und zum Jugendstil der Hauptstadt setzen wird. Sie gelten als ungemein fleißig, denn sie arbeiten regelmäßig und mit Ausdauer. (In Tschechien hat es bis 1989 so gut wie keine Chinesen gegeben. Sogar das chinesische Restaurant, ein frühes Geschenk des Großen Steuermannes Mao, mußte tschechische Köche beschäftigen.)

Die Zahl der Ausländer im Lande ist somit, gegenüber der Zeit vor 1989, als in der ganzen Tschechoslowakei 35 000 Ausländer lebten, stattlich gewachsen. Deren Zahl, Flüchtlinge eingeschlossen, ist aber im Vergleich zu anderen westlichen Ländern gering (1,8 % der Bevölkerung). Doch Tschechien stellt sich auf den Standpunkt, daß die Transformation des Gesellschaftssystems genügend eigene Sorgen mit sich bringt. Die Aufenthaltsbedingungen sollen daher verschärft werden – und bei der Gelegenheit gleich die Richtlinien der EU erfüllen.

„Sie kommen auch schon zu uns", heißt es in der Zeitung. Tatsächlich, neben den vielen Arbeitskräften kamen 1990 die bis dahin so gut wie unbekannten Asylanträge. Zwischen 1989 und 1996 wurden 9 667 Anträge gestellt, davon wurden 2 040 anerkannt. Die meisten Flüchtlinge kommen aus Rumänien, der ehemaligen Sowjetunion und Afghanistan. Mittler-

weile schlägt die Regierung eine Registrierung der Asylanten per Fingerabdruck vor, und die Politiker sind „erschrocken über die Flut der Ausländer" (interessanterweise werden in puncto Ausländer regelmäßig Vergleiche mit Wasserkatastrophen angestellt). „Die Notbremse muß gezogen werden. Für so viele Fremde fehlen die entsprechenden Bedingungen. Das zwingt sie zur Kriminalität", so das tschechische Innenministerium.

Touristen

Andererseits gibt es Ausländer, auf die Tschechien nicht verzichten will: die Touristen. Sie teilen sich auf in Einkaufstouristen und „Kulturfreaks". Über die Einkaufstouristen wird gerne gelästert. Lächelnd werden die überquellenden Einkaufstaschen beschrieben, und wütend weisen Einheimische auf die leeren Regale hin. Nun wird allzu gerne verdrängt, daß Tschechen genauso fleißig „Butterfahrten" nach Polen unternehmen. Es gibt sogar eigens angefertigte Taschen dafür (ungefähr ein Kubikmeter Volumen), aus reißfestem Plastikstoff. Mitten in der Nacht tauchen dann auf dem Bahnhof Prozessionen von Menschen auf, die in jeder Hand eine solche prallgefüllte Tasche hinter sich herschleifen. Das sind die Konsumnomaden auf dem Nachhausewege aus Krakau, Kattowitz oder Warschau.

Die vermeintlichen Einkaufsschnäppchen in Tschechien wie zum Beispiel bekannte Markenware, können sich oft als Luxusware entpuppen – wenn man die Kosten der Einreise und das Schlangestehen an der Grenze mitrechnet. Natürlich bekommt der Besucher vieles billiger, das ist insbesondere im Bereich der vietnamesischen Märkte gar keine Frage. Erst unlängst aber wurde vor einem nachgemachten und infolgedessen gesundheitsgefährdenden Whisky der Marke *Ballantines* gewarnt.

Ob Einkaufs- oder Kulturbesessene, beide Gruppen von Touristen hinterlassen Unmengen von Geld – im ersten Quartal des Jahres 1996 waren es beispielsweise 581 Mio. US $. Während die Republik 1989 nicht einmal eine halbe Milliarde

US-Dollar an Einnahmen aus diesem Wirtschaftszweig verzeichnete, nahm sie im Jahre 1996 schon ganze 3,3 Milliarden US-Dollar ein.

Im Jahre 1994 überschritt der Zustrom zum ersten Mal die Grenze von 100 Millionen Besuchern pro Jahr. Der Hauptanziehungspunkt für diese Millionen ist, wie gesagt, Prag, wobei die durchschnittliche Aufenthaltsdauer mit etwa drei Tagen angegeben wird. Die wirtschaftliche Dominanz Prags wird dadurch kräftig unterstützt. In Prag leben rund 12 % der Tschechen, aber die Stadt allein erwirtschaftet 70 % des tschechischen Bruttoinlandprodukts. Aufgrund der geographischen Lage kommen die meisten Besucher aus Deutschland, und zwar über 50 %.

Der erwähnte Anstieg der Einnahmen aus dem Touristengewerbe hat noch eine andere, recht prosaische Erklärung. Ein Gesetz aus dem Jahre 1871 hob zwar in Tschechien die Verwendung der „doppelten Elle" auf und führte das metrische System ein. Bis dahin hatte in Böhmen sowohl die böhmische, als auch die sogenannte Wiener Elle gegolten. Mit der Öffnung der Grenzen erinnerte sich das Land jedoch wieder an die „doppelte Elle" und führte sie in einer neuen Variante ein. So kommen ganz legal die dualen Preise für Tschechen und Ausländer zustande. Das gilt mancherorts sogar für Krankenhäuser. Diese Politik wird mittlerweile von vielen Einheimischen kritisiert. Für eine Abschaffung der Mißverhältnisse reicht jedoch die Initiative nicht.

Außerhalb der Hotels, in denen Tschechen weniger als die Hälfte des angegebenen Preises bezahlen, richtet sich der Wert der angebotenen Güter nach der Muttersprache des Käufers, gegebenenfalls nach seinem Autokennzeichen. Der Tourist muß dabei weniger an den schlitzohrigen Schwejk als an Ali Baba und mindestens vierzig Räuber denken. So zum Beispiel legalisierte die Regierung das Preischaos im Taxigewerbe und gab im Sommer 1996 die Beförderungstarife, an die sich grundsätzlich sowieso keiner hielt, frei. Im Namen des göttlichen Mercurius kommen so für zwei Kilometer ohne weiteres auch 400 Kronen zustande (22 DM). Doch damit nicht genug. Die

vorwiegend bewaffneten Taxifahrer sind durchaus entschlossen, ihre Wucherpreise auch mit Gewalt durchzusetzen.

Selbstverständlich werden Touristen rund um die Welt ausgenommen. Während aber der Tourist in anderen Ländern oft charmant übers Ohr gehauen wird, führt man in Tschechien mit traditionell marxistischer Verbissenheit einen Umverteilungskampf. Wobei ab und zu eine bestimmte Art von Pampigkeit an den Tag gelegt wird, wenn ausländische Besucher etwa die Teynkirche auf dem Wenzelsplatz suchen oder die Neruda-Gasse standhaft als einen früheren Aufenthaltsort von Pablo Neruda verteidigen. In solchen Augenblicken fühlt sich ein Prager, der sich ohnehin als die Steigerung eines Tschechen betrachtet, schlicht und einfach beleidigt. Darüber hinaus wird die interkulturelle Begegnung für manche Tschechen gelegentlich richtig schmerzhaft: Manche Touristen geben auch in einem Supermarkt großkotzig Trinkgelder, was ihnen zu Hause sicherlich nicht in den Sinn kommen würde.

Glanz und Elend der böhmischen Küche

Ähnlich wie in Deutschland gehört das Grillen in Tschechien zum Volkssport Nr. 1. Obwohl alle Traditionen, auch die kulinarische, in den letzten Jahrzehnten gelitten haben, blieb das fette Schweinefleisch ein fester Bestandteil der Ernährung. Neues hat sich kaum entwickeln können, und einiges ging verloren, zum Teil einfach aus dem Grunde, weil es die entsprechenden Waren nicht gab. So ist zum Beispiel der Spargelanbau in Süd-Mähren nahezu verschwunden. Nicht selten spielten auch die Umweltsünden eine Rolle. Der Flußkrebs ist dahin, der letzte Lachs in der Moldau wurde 1934 gefangen, Fasane, Hasen und Rebhühner wurden Opfer der landwirtschaftlichen Kollektivierung und der Pestizidkeule. Aus der zentralverwalteten Gastronomie zog sich das kulinarische Können in die Privatsphäre zurück. Um den Glanz und die Vielfalt der böhmischen Küche zu erleben, sind private Kontakte erforderlich. Hier haben die gebratene Ente mit Speckknödeln, der Schweinebraten mit Kartoffelknödeln, das

Rindfleisch mit Sahnesoße und Preiselbeeren oder der Apfel-strudel, die Zwetschgenknödel mit zerlassener Butter und die Palatschinken weder unter dem Sozialismus noch unter der Marktwirtschaft gelitten. Ein Essen in der Gaststätte dagegen stillt einfach den Hunger, die angebotenen Standardgerichte reichen selten über Braten, Schnitzel und Knödel hinaus. Falls die tschechische Speisekarte unverständlich ist, kann man irgendetwas nehmen. Das Risiko ist nicht groß. In der Regel kann man sich auf das Auftauchen von Knödeln ver-lassen.

Schlimmstenfalls flüchtet man sich zu der *nouvelle cuisine* des mittlerweile allerorts vertretenen McDonald's. Denn die Snacks für den kleinen Hunger, den Hunger zwischendurch und danach, hielten längst auch in Tschechien Einzug. Die an-fängliche Begeisterung etablierte die Ware auf dem Markt, einheimische Produkte verschwanden. Das alte Lied: alles aus dem Westen ist besser. Die soziale Marktwirtschaft half kräf-tig nach, indem sie dem Ladeninhaber kostenlos eine Kühl-truhe hinstellte, aus der er allerdings nur bestimmte Erzeug-nisse verkaufen durfte. Die Lage stabilisierte sich in den letzten zwei Jahren, viele der tschechischen Produkte erleben ihr Comeback. Letztlich diktierte auch das Portemonnaie die Entscheidung. Für diejenigen übrigens, die eine Reise nach Amerika, sei es aus ideologischen oder aus finanziellen Grün-den scheuen, wurde in Prag ein Planet Hollywood-Restaurant eröffnet. Dies geschah in Anwesenheit von Herrn Schwarzen-egger, der dem Etablissement eine seiner Wunderwaffen ver-machte. Das dürfte, zumindest symbolisch, den NATO-Beitritt eingeleitet haben.

Ebensowenig wie die Qualität der Küche in tschechischen Gaststätten hat sich auch die Qualität des Service geändert. In diesem Bereich hat Tschechien, insbesondere Prag, sogar die Italiener das Fürchten gelehrt. Nicht nur das Gedeck, auch das Besteck, die Zitrone zum Tee, die saure Gurke als Beilage, das Tütchen Zucker – alles ist Sonderausstattung und wird extra berechnet. Selbstverständlich kostet auch die Toilette in einem Café extra.

Wie lange muß für einen Hamburger gearbeitet werden?
(in Minuten)

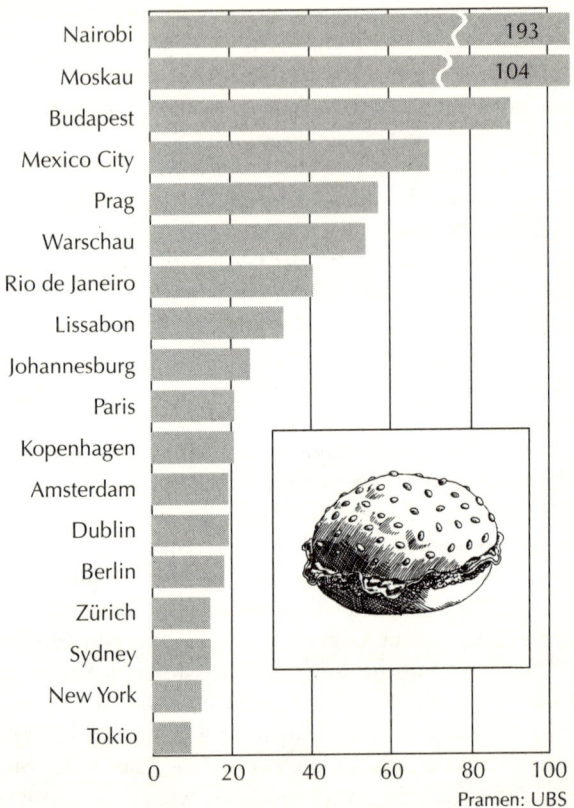

Nairobi	193
Moskau	104
Budapest	
Mexico City	
Prag	
Warschau	
Rio de Janeiro	
Lissabon	
Johannesburg	
Paris	
Kopenhagen	
Amsterdam	
Dublin	
Berlin	
Zürich	
Sydney	
New York	
Tokio	

0   20   40   60   80   100

Pramen: UBS

Allen Erklärungen über gesunde Ernährung zum Trotz, ungeachtet der Müsli-Auswahl (auf tschechisch *miesli*), der Körner,
des Tofu-Käse und sonstiger Reformationsversuche wandelt
sich die Küche im Tempo einer schläfrigen Schnecke. Die
Konditionierung hat eine tiefe Gewohnheit zur Folge, und ein
full-time-Vegetarier gilt durchaus noch als exzentrischer Märtyrer. Der Salat, früher ein trauriges Häufchen marinierten
Gemüses, wandelte sich hier und da zu einer Tomate, in der

de luxe-Ausführung gar schamhaft mit einem Blatt Kopfsalat und Gurke bedeckt. Manche Restaurants bieten zwar eine durchaus reichliche Salatschüssel an, aber ein Tscheche überlegt es sich gut, 70 Kronen in eine, wenn auch üppige Salatschüssel importierten Gemüses zu investieren, wenn er zum selben Preis eine Schweinshaxe, womöglich mit Pommes-Kontext, haben kann.

Im Hinblick auf das Fleisch überrascht einen Restaurantbesucher immer wieder die Anachronie einer Zahlenangabe, die vor dem Gericht steht. Sie ist ein Erbe des Sozialismus und heißt nichts anderes, als daß der Gast mit soundsoviel Gramm Fleisch zu rechnen hat. (Diese Angabe bleibt meistens eine hypothetische Größe.) Sie sollte ursprünglich der Behörde die Kontrolle über den Wirt erleichtern. Die nun ausbleibenden Kontrollen führen mitunter zu Katastrophen, insbesondere in der warmen Jahreszeit. Die hygienischen Verhältnisse werden selbstverständlich dem Profit unterworfen, und nicht selten werden auch ältere Waren oder Artikel, deren Kühlung unterbrochen worden ist, verarbeitet. Im Sommer 1995 zum Beispiel mußten sich deswegen in Pilsen gleich 300 Leute ins Krankenhaus legen. Vorsicht heißt es vor allem bei dem in Tschechien verbreiteten Schnellimbiß, dem *chlebíček* (belegte Baguettescheibe). Eine Grundlage der Garnierung bildet nämlich die unvermeidliche Mayonnaise. Ähnliche Komplikationen lauern bei *topinky*, einem in nicht unbedingt immer frischem Öl gebratenen und mit Knoblauch bestrichenen Brot.

Fett, Mehl und Zucker, die drei Könige der tschechischen Küche, herrschen also unangefochten weiter. Sie dominieren die Fleisch- und Teiggerichte, und bilden somit die Hauptbestandteile der böhmischen Küche, der Speisen, die die in Wien gerne gesehenen Köchinnen aus Böhmen und Mähren nach Österreich trugen. Daher hielt Tschechien noch Anfang der 90er Jahre den traurigen Rekord an Herzgefäßerkrankungen. Sie traten bei 53 % der Männer und 57 % der Frauen als Todesursache auf. Dies geht größtenteils auf das genannte Triumvirat zurück. Zu einer der schwersten Belastungen kommt es im Winter, wenn das Schwein geschlachtet wird. Die haus-

eigene Schlachtung, aus dem Arsenal der Geheimwaffen gegen die Versorgungsengpässe, ist noch sehr verbreitet. Sie währt, unter der kräftigen Hilfe der Verwandt- und Nachbarschaft den ganzen Tag lang, wobei schon am frühen Morgen, gleich nach dem Schlachten, zusammen mit dem ersten Schnapsangebot frischgekochtes Wellfleisch gereicht wird.

Kaffeegenuß

Zum Essen gehört der Kaffee. Tschechien ist ein von Eduscho, Tchibo und Meinl-Kaffee umkämpftes Gebiet geworden. Schulter an Schulter mit der Aufklärung kam die Kaffeemaschine und die unvermeidbare Filtertüte. Der tschechische Kaffee – heute unter der Bezeichnung *Turek* (Türke) angeboten, ein Hinweis auf das auf dem ganzen Balkan im Rückzug befindliche osmanische Erbe – mußte weichen. Weil die Zubereitung ganz einfach darauf beruhte, einen Löffel Kaffee mit heißem Wasser zu übergießen, war der Kaffee nicht nur feiner gemahlen, sondern auch dunkler geröstet. Nach dem Genuß blieben die sanften Körnchen zwischen den Zähnen hängen, und in der Tasse bildete sich eine Lage Kaffeesatz, aus der man die Zukunft lesen konnte.

Gute Kaffeehäuser sind, von den Prager Cafés abgesehen, selten. Das Kaffeetrinken wird ähnlich wie das „Essengehen" erst langsam wieder als Genuß in angenehmer Atmosphäre gesehen – wenn man es sich leisten kann.

Inzwischen sorgen auch chinesische und vietnamesische Gastronome, in Prag sogar ein jüdisches Restaurant, für eine Belebung der kulinarischen Szene. Nicht zu übersehen sind die bereits erwähnten McDonald's. Die Gründe für ihre Beliebtheit liegen auf der Hand – der Erfinder der McDonald-Kette hieß Kroc und soll aus der Pilsner Gegend stammen. Im Pilsner McDonald's (Americká-Straße Richtung Bahnhof) wird seiner mit einer goldenen Büste gedacht. Der nächste globale Countdown soll folgen – ein Netz von „Schwejk's Restaurants". Das erste machte bereits in der Nähe der deutschen Grenze in Nordböhmen auf.

Da Tschechien ein von der römisch-katholischen Kirche geprägtes Land ist, dürften die meisten Traditionen unschwer als eine tschechische Variante des abendländischen Kulturerbes zu identifizieren sein. Daher wird genauso enthusiastisch wie der Geburtstag in Tschechien auch der Namenstag begangen. Bei weit verbreiteten Namen wie Václav (Wenzel) und Josef ziehen Sonderstreifen der Polizei an den entsprechenden Namenstagen ins Feld und flechten ein dichtes Netz von Verkehrskontrollen.

Die wichtigsten Ereignisse des Jahres sind zweifellos Weihnachten und Ostern. Wobei Weihnachten schon Anfang Dezember beginnt. Außen an den Fenstern hängen bereits geduldig, zusammen mit Hasen oder Fasanen, die Weihnachtsbäume. Etwa zur gleichen Zeit beginnt die Herstellung des Weihnachtsgebäcks. Die gehört in den Zuständigkeitsbereich der Frauen, während das Weihnachtsbäumchen samt der Geschenke vom Christkind gebracht wird. Einen Weihnachtsmann gibt es nicht. Der frühere Versuch, den artfremden Großvater Frost aus Rußland zu integrieren, schlug fehl.

Am 24. 12., an Heiligabend, sollte selbstverständlich gefastet werden, und zwar bis zum traditionellen Abendessen, dem Weihnachtskarpfen. Die Beilage darf variabel bleiben (z. B. Kartoffelsalat), der Karpfen ist ein absolutes Muß. Als der kalte Winter 1995/96 die Karpfenproduktion beeinträchtigte, wurden im darauffolgenden Herbst in den Medien ernsthafte Befürchtungen laut, ob es auch für jeden Weihnachtstisch reichen werde.

Das Leerfischen der Teiche beginnt schon im Oktober. Dieses von einer großen Menge Schaulustiger begleitete Spektakel zu erleben, heißt einen Luis-Trenker-Heimatfilm live zu erfahren. Das Wasser des Teiches wird abgelassen, Schleppnetze ausgeworfen, quer durch den schlammigen Boden gezogen (gleichzeitig wird eine Unmenge Grog verbraucht) und eingeholt. Wenn die Fischer zufrieden sind, beenden sie ihre Arbeit mit „'s brennt!" Daraufhin dürfen die Zuschauer durch den

Traditionelles Karpfenfischen am Rožmberk-See in Südböhmen. –
Foto: Süddeutscher Verlag

Schlamm waten und sich an dem Restbestand bedienen. Der
wird jedoch, unter dem Zugriff der Marktwirtschaft, immer
magerer.

In der Regel blockiert der erbeutete Karpfen einige Tage vor
Weihnachten die Familienbadewanne. Geschlachtet und verarbeitet wird er erst am Heiligabend. Das Abendessen fängt
mit einem Vaterunser des Familienvaters an, auf der Tafel
liegt in der Regel ein symbolisches Gedeck für unerwartete
Gäste bereit. Jedes Familienmitglied findet unter dem Teller
eine Karpfenschuppe, die es dann das nächste Jahr über in
seiner Geldbörse trägt. Sie soll das Geld zusammenhalten.
Dies ist billiger als die Klassenlotterie, und der Effekt dürfte
der gleiche sein. Das Aufstehen vom Tisch bringt großes Unglück. Nach dem Abendessen werden Geschenke ausgepackt.
In vergangenen Zeiten verbrachte die Familie den Rest des
Abends mit Bleigießen, Äpfelschneiden (ein Stern in der Mitte

bedeutete ein langes Leben), Schuhwerfen (die Spitze zur Tür deutete auf baldiges Verlassen des Familienkreises hin) etc. Heute wird der Fernseher eingeschaltet.

Um Mitternacht gehen viele Tschechen, auch wenn sie sonst um die Kirche einen Bogen schlagen, zur Mitternachtsmesse. Der weihnachtliche Kirchenbesuch hat genauso wie die Taufe und die kirchliche Hochzeit in den letzten Jahren stark zugenommen. Während der Diktatur mußte die Mitternachtsmesse der Gesichtskontrolle wegen schon am Nachmittag um 16:00 Uhr stattfinden.

Der Anfang des Jahres beginnt zwar inoffiziell mit dem Kater, traditionell jedoch wird zum Mittagessen eine Linsensuppe gereicht. Das soll Glück bringen und – doppelt hält besser – schon wieder Geld. Am Dreikönigstag, wenn die letzten Reste der Karpfen und Puten vertilgt sind, verschwindet auch das Bäumchen. Gewöhnlich, insbesondere in den Plattenbausiedlungen, liegt es dann aufgrund der etwas unorthodoxen Abfallbeseitigung bis Juni herum.

Der Februar ist die Zeit des Karnevals. Der wird in Tschechien bei weitem nicht so enthusiastisch begangen wie in Mainz oder Köln. Das Karnevalfeiern lebt in der tschechischen Tradition der Bälle. Der erste tschechische Ball, organisiert von Patrioten der Nationalen Wiedergeburt, fand im Jahre 1840 statt. Bald etablierte sich eine richtige „Ballsaison" (etwa von Januar bis März). Und so veranstaltet heutzutage jeder Verein, jedes Dorf oder jede Institution eigene Bälle. Es gibt den Kleingärtnerball, den Metzgerball, den Theaterball, den Universitätsball. Sogar die Partei steuerte früher einen Kommunistenball bei. Insbesondere die Dorfbälle sind erwähnenswert. Nicht nur, weil die Tschechen hier dem Stereotyp Schwejk am nächsten kommen. Um den offenen Generationskonflikt zu vermeiden, wird Polka & Walzer regelmäßig abwechselnd mit „moderner" Musik gespielt. Hier hat der Musikfreund die seltene Gelegenheit, „Yesterday" in der Darbietung einer tschechischen Blaskapelle zu hören.

Lange vor Karfreitag tauchen auf den Straßen Stände mit Osterruten und bemalten Ostereiern auf. Die Muster- und

Farbensymbolik der schmucken Hühner- und Gänseeier, zum Beispiel rot für Lebenskraft und schwarz für die Mutter Erde, ist oft nicht mehr regional eindeutig auseinanderzuhalten. Sehr viele solcher Straßenverkäufer stammen aus der Slowakei, vieles wird ausschließlich für Touristen hergestellt.

Die Osterrute, aus acht oder zwölf Weidenzweigen geflochten, symbolisiert die Kraft der erwachenden Natur. Sie kommt erst später zum Gebrauch. Zunächst wird das theoretische Fasten beendet. Am Ostersonntag werden dann festliche Speisen gereicht: gebratenes Lamm oder Zicklein. In der Form eines Lämmchens oder eines Osterhasen werden auch die traditionellen Kuchen, meistens aus Sandteig, hergestellt. Tage vor Ostern schmücken sie schon die Fenster privater Wohnungen oder die Geschäftsauslagen. Ein Osterhase hat in Tschechien eine einzige Aufgabe: gegessen zu werden. Er verrichtet keine Dienstleistungen wie Eierverstecken.

Die Feierlichkeiten erreichen ihren Höhepunkt am Ostermontag. Dann kommt das Rutengeflecht zum Einsatz. Die männliche Hälfte der Bevölkerung zieht von Haus zu Haus und macht Jagd auf alles Weibliche. Die eingefangenen Mädchen und ihre Mütter werden mit der Rute geschlagen, bei der Gelegenheit soll die Kraft des Frühlings von der Gerte in den weiblichen Körper transferiert werden. Die Tradition lebt auf dem Dorfe, die Plattenbausiedlungen bleiben tot. Danach verteilt die Frau des Hauses Ostergeschenke. Das sind zumeist Süßigkeiten, Kuchen und gefärbte Eier, das Symbol des Lebens. Je nach Alter oder der Verfassung der Besucher wird Schnaps ausgeschenkt. Mancherorts wird eine Art Retourkutsche praktiziert: die Frauen begießen die Männer mit kaltem Wasser. Das soll sie von allen Sünden befreien, rein und frisch machen.

Wenn die letzte Aprilnacht einbricht, brennen auf vielen Hügeln „Hexenfeuer" (unter den Kommunisten „Friedensfeuer"). In derselben Nacht pflegten früher die Burschen im Dorfe den Mädeln unter ihren Fenstern einen Maibaum als Liebessymbol aufzurichten. Vielleicht gibt es inzwischen weniger Liebe, die Bäume werden rar oder beides – auf jeden

Fall ist daraus ein kollektiver Maibaum mitten im Dorfe geworden. Seine Ausführung kommt allerdings bei weitem nicht an die reichlich geschmückten Maibäume in Bayern heran.

Hexenfeuer und Maibäume sind erhalten geblieben, die „Friedensfeuer" nahm keiner ernst. Das Erntedankfest wurde gefeiert, obwohl die LPG Korn allenfalls trank, nicht aber einfuhr. Es gibt auch Traditionen, die sich die Partei im Rahmen eines dialektischen Mirakels zu eigen machte. Dazu gehören beispielsweise „Promotionen", die allerdings nicht nur die Verleihung einer Doktorwürde bedeuten. Es ist schlicht ein gemeinsames Ritual des Schulterklopfens am Ende des Studiums. Zu dieser Performance gehören die Plüschumhänge der Ordinarien, steife Auftritte und das feierliche Aushändigen des entsprechenden Diploms. Die Liebe zu diesen Ritualen hängt mit der bereits angesprochenen Titelliebe zusammen. Nebenbei bemerkt gilt es als gesicherte Erkenntnis, daß, hätte man den dialektischen Rahmen damit nicht gesprengt, die Partei auch den Ritterschlag gerne wiedereingeführt hätte.

Ersatzrituale

Die alten Sitten und Gebräuche, insbesondere diejenigen, die im Glauben wurzeln, waren der Partei ein Dorn im Auge. So versuchte sie, einen Ersatz zu finden, der die rituellen Bedürfnisse abdecken sollte. Die versuchte Liquidation hatte teilweise Erfolg, viele Tschechen wissen heute nicht mehr, woher ihre Bräuche stammen. Die intensiven Wiederbelebungsversuche bestimmter Traditionen sind zum Teil auch auf die Bemühungen des Einzelhandels zurückzuführen.

Die Kommunisten führten Initiationsriten ein, wie die Jugendweihe der Pioniere, verschiedene Friedensmärsche etc. Das alles lief in Ulbrichts und Honeckers DDR nicht anders. Der Höhepunkt der Bemühungen war eine Massenveranstaltung, bei der die jüngere Hälfte der Tschechen auf dem Stadionrasen Ästhetisches vorführte, während die ältere Hälfte zuschaute: die alle Jahre wiederkehrende „Spartakiade". Beliebt waren insbesondere Bilder des einen oder anderen Vorsitzen-

den, die unter Beihilfe von Tüchern oder farbigen Hemden zustande kamen und sehr telegen wirkten. (Die Fackeln hat man taktvoll weggelassen.)

Das Proletariat schien die Botschaft trotzdem nicht ganz begriffen zu haben und nutzte solche Veranstaltungen in seinem Sinne. Somit schnellte nach der Spartakiade die demographische Kurve jeweils steil nach oben. Speziell die Spartakiade sollte aber auch eine Art Ersatz für den verbotenen Turnverein „Sokol" (Falke) bieten, dessen Reihen schon während des Protektorats zuverlässige Widerstandskämpfer hervorgebracht haben. Dieser Hintergrund dürfte erklären, warum Tschechien heute auf Massenveranstaltungen ähnlichen Charakters allergisch reagiert, Transparente meidet und den 1. Mai lieber in der Gartenlaube verbringt.

Der „Sokol" lebte 1990 zwar wieder auf, jedoch eher als eine Art Reminiszenz der Zeitgenossen. Der Nachwuchs fehlt. Genauso lebten die streng nach englischem Vorbild aufgezogenen, aber rigoros verbotenen, bei den Tschechen schon immer hochgeschätzten *boy scouts* auf, die durch Pioniere ersetzt wurden. Die *boy scouts* durften zwischen 1967 und 1970 kurz Luft holen, dann mußten sie aber wieder verschwinden. Heute sind sie eine Selbstverständlichkeit geworden.

Mit dem Jahr 1989 verschwanden obligatorische „Schlachten" wie zum Beispiel die Hopfenbrigaden, von der Parteipresse die Schlacht um das grüne Gold genannt, oder die Erntebrigaden (eine Ährenschlacht), an denen sich Schüler und Studenten „freiwillig" beteiligten. Statt dessen ist eine Fülle von mittelalterlichen Märkten entstanden, und bei jeder vernünftigen Burg oder auf einem historischen Marktplatz wird die lokale Geschichte samt Ritterkämpfen nachgespielt. Die Znaimer historische Weinlese oder die Schlacht bei Königgrätz (zum 130. Jahrestag mit über 400 Kämpfern und zwei Verwundeten auf der Feindesseite), werden begeistert aufgenommen.

Letztlich, um die Erfahrung mit Zeit und Raum nicht zu missen oder eine Art *memento* aufrechtzuerhalten, wird die wunderbare Gepflogenheit des Schlangestehens fortgesetzt: Neue Bahnhöfe, Postämter und Banken bekommen grund-

sätzlich mindestens 20 Schalter verpaßt, von denen höchstens zwei besetzt sein dürfen.

Ein wichtiger Brauch darf nicht vergessen werden: Kinder, notfalls auch Ehefrauen, die am Abend oder nach dem sonntäglichen Mittagessen mit Glas- oder Steingutkrügen in den Straßen gesichtet werden. Sie steuern die nächste Kneipe an, um für das Familienoberhaupt frisches Bier vom Faß zu holen.

Hopfen und Malz

Das Hauptnahrungsmittel der Tschechen ist das Bier: *pivo*. Es wird traditionell in einem Krug zu 0,5 Liter gereicht. Erst die unheimlichen Touristen weichten diese Norm auf, so daß 0,3 (hochgezogene Augenbrauen des Wirtes) oder gar 0,2 Gläser (offene Mißachtung) auftauchten. Drei bis fünf, gelegentlich sechs oder sieben regelmäßige Biere (0,5l) pro Abend sind noch lange kein Anlaß dazu, den Verdacht auf Alkoholismus aufkommen zu lassen.

Diese Trinkkultur katapultierte Tschechien 1996 an die sechste Stelle der globalen Hitparade im Alkoholverbrauch (reiner Alkohol 10,1 Liter pro Person jährlich). Was das Bier betrifft, ist Tschechien mit 160 Litern jährlich selbstverständlich führend. (Deutschland belegt mit 138 Litern den zweiten Platz). Obstsaft, Limonade, Tee – für einen gesunden Tschechen „Weibergetränke". Über ein Viertel der Fünfzehn- und Sechzehnjährigen raucht und trinkt, gut 20 % in dieser Altersgruppe trinken eindeutig zu viel. Wenn ein sechzehnjähriger Junge einen Rum bestellt, mag die Hand des Schankwirts zögern. Beim Bier gibt es keine Probleme.

Im Herzen eines jeden Tschechen nistet die Überzeugung, Tschechien habe das beste Bier der Welt. Das Schlachtschiff ist das Pilsner Urquell, dessen Wurzeln sich, und das dürfte den Stolz der Einheimischen ankratzen, nach München und von da aus in das niedersächsische Einbeck verfolgen lassen. Man läßt es sich schmecken, und das in zwei Grundvarianten: leichte, goldene Farbe, das ist das *světlé* (Helles). Süßer ist das *tmavé* (Dunkles). Das helle, leichtere Bier wird als Pilsner

oder Lagerbier gebraut. Wer will, kann sich an die äußerste Grenze der Probierfreudigkeit eines tschechischen Biertrinkers wagen und *řezané* (halbe-halbe) bestellen. Sonst ist der tschechische Biertrinker ein äußerst konservatives Wesen. Alsterwasser oder Radler, Bierbowle, Hefe-, Kristallweizen oder gar Berliner Weiße stoßen auf empörte Ablehnung. Ihren Erfindergeist beweisen die Tschechen demgegenüber bei den „harten" Alkoholika. Da ist beispielsweise das „Bayernbier", das ist Tonic gemischt mit Fernet. Erwähnenswert ist auf jeden Fall auch der sogenannte „Neger im Gras": Bier mit einer Lage Pfefferminzlikör am Boden des Kruges, in das behutsam ein kleines Gläschen dunkelbrauner Fernet gesetzt wird. Das Gegenstück dazu bildet das „Magische Auge", das ist das gleiche wie der „Neger im Gras", nun sorgt aber der Fernet für den Hintergrund, während das Leuchten des grünen Pfefferminzlikörs an ein altes Grundig-Röhrengerät erinnert.

Die Bezeichnung 10° oder 12° beim Bier wirkt übrigens oft irreführend. Sie hat nichts mit dem Alkoholgehalt zu tun. Die Angabe zeigt lediglich die verarbeitete Menge von Malz, Hopfen und Wasser an. Die mit 10° gekennzeichneten Biere müssen einen Mindestgehalt von 2,6 % Alkohol aufweisen. Dieses leichtere Bier kostete im Jahre 1989 durchschnittlich 2,80 Kronen (0,5l), 1997 sind es schon über 10 Kronen; die Revolution legt ihre Kinder trocken. Und schließlich: so wie andere Länder *The Economist*, *Das Kapital* oder den *Bayernkurier* auf den Markt bringen, erfahren Tschechen die Neuigkeiten über die Situation im Lande der Biertrinker aus dem *Pivní kurýr* (Bierkurier).

Das Biotop des Tschechen: die Kneipe

Das nächste Klischee: Ein Tscheche begibt sich auf dem Nachhausewege zunächst in die Bierhalle, wo er ohnehin die meisten Stunden seiner Arbeitszeit verbrachte. Die Bierstube ist eine Männerdomäne. So weit ersichtlich, gibt es kein anderes Land in Europa, wo während der Arbeitszeit die Kneipen so voll mit Männern in Arbeitsoveralls sind. Für Helden der

Der Tscheche liebt seine „knajpa", auch während der Arbeitszeit. –
Foto: Süddeutscher Verlag

Arbeit übrigens, also Leute, die das Volk für dumm und fleißig hielt, weil sie es den ganzen Tag auf dem Arbeitsplatz
durchhielten, ersann der Volksmund die Bezeichnung *„půl
vola, půl včely"* (eine Mischung aus Ochse plus Biene). Die
verzweifelten Kommunisten führten Kontrollen ein, die von
Kneipe zu Kneipe tingelten und überprüften, warum die Arbeiterklasse nicht arbeitet. Das fruchtete wenig, also erließ
man ein Verbot von hartem Alkohol – bis 11:00 vormittags
durfte man nur Bier ausschenken. Die Folge davon waren
Unmengen von „Kaffeetassen" auf den Tischen. Hier biß sich
der Hund in den Schwanz, weil das absolut paternalistische

System die Arbeiter vor Entlassungen schützte. Die Situation hat sich nicht wesentlich gebessert. Und vor Entlassungen schützt allein die Tatsache, daß die Nachfrage nach Arbeitskräften das Angebot übersteigt.

Eine „richtige" *pivnice* (Bierstube), *hospoda* (Gaststätte) oder *knajpa* (Kneipe) sollte folgende Merkmale aufweisen: einen dicklichen, unfreundlichen Wirt, der nur ausnahmsweise Nichtalkoholisches zu servieren gewillt ist, eine chronisch nasse Theke, Plastiktische ohne Tischdecken, überquellende Aschenbecher und kaum etwas zum Essen, außer dem, was zum Bier gehört: *utopenci* (‚Wasserleichen', in Essig eingelegte Würste) und *zavináči* (Rollmöpse). Möglicherweise gibt es noch *dršťková* (Kuttelfleckensuppe), die man, zusammen mit Bier, schon zum Frühstück um sechs Uhr serviert bekommt. Im Idealfall hängt an der Wand ein nikotingelbes Bild des braven Soldaten, mit der Aufschrift *„To chce klid"*, also in etwa „Immer mit der Ruhe" oder „Sachte, sachte".

Ochsen an der Tränke

Beim Bier wird Kultur geschaffen (es sei noch einmal an den Schriftsteller Hrabal und seine Romane erinnert) und am Stammtisch Politik gemacht. Die Kneipe ist in jeder Hinsicht eine ergiebige Quelle für das Studium der Tschechen und ihrer Sprache. Eine Eigenart der Sprache, ursprünglich wohl der Jugendsprache, zwingt den Sprecher dazu, in den Redefluß so oft als möglich das Wörtchen *vole* (Ochse) einzuflechten. Das hört sich dann so an: „Was soll ich, Ochse, sagen – 'n super Schlitten. Ochse, so was haste, Ochse, noch nicht gesehn, Ochse."

Der Ausdruck „Ochse" ist (in diesem Kontext) auf keinen Fall als Beleidigung gemeint. Geradezu umgekehrt. Er signalisiert die freundschaftlich intime Beziehung zwischen den beiden Sprechern und entspricht annähernd dem neudeutschen „ey, Alter". Dieser wunderbaren Sprache, einer reichen Quelle für psycholinguistische Promotionen, bedient sich ausschließlich die männliche Population zwischen 12 und 40 Jahren. Der Ochse verschwindet automatisch, sobald sich der Sprecher an einen Außenstehenden oder eine Frau wendet.

Was die Getränke betrifft, ist in einer solchen *pivnice* alles zu haben, getrunken wird aber hauptsächlich eins: Bier. In Mähren allerdings ist die Hegemonie des Bieres nicht so ausgeprägt, hier sorgen der St. Laurentius oder der Grüne Veltliner für eine Abwechslung. Bedauerlicherweise wechselt die Qualität des Weines nicht nur von Jahrgang zu Jahrgang, sondern gelegentlich auch von einer Flasche zur anderen – bei derselben Marke, versteht sich.

Die mährischen Produzenten scheinen sich nicht daran zu stören. Solange für die importierten Weine 25 % Zoll und 4 Kronen Ausgleichsgebühr pro Liter erhoben werden, ist ihnen der Markt sicher, und Tschechien wird auch weiterhin 10 Liter mährischen Weines pro Person und Jahr verbrauchen. Glücklichere Besucher Mährens kommen über persönliche Kontakte an „Archivweine", die besseren Weine in den Privatkellern abseits der Touristenströme. Aber es hilft nichts, auch in einem Restaurant der gehobenen Klasse ist ein tschechischer Kellner bereit, den als zu kalt eingestuften Rotwein kurz unter den heißen Wasserstrahl zu halten. Tschechien ist und bleibt ein „Bierland", das Bier die Lebensanschauung eines Tschechen, die *knajpa* sein Biotop und seine kulturelle Drehscheibe.

Kröten, Kohle, Kapitalisten

Marktwirtschaft ohne Adjektive?

Die sieben festen Säulen des Rates für gegenseitige Wirtschaftshilfe, wie sie ein politischer Witz aufzählte, sind gefallen: die polnische Liebe zur Arbeit, der DDR-Sinn für Humor, die tschechische Unbestechlichkeit, der russische Takt, die mongolische Technologie, der bulgarische Intellekt und Ungarisch als leicht erlernbare internationale Sprache. Tschechien hat seinen Außenhandel im Rahmen der marktwirtschaftlichen Transformation grundlegend neu auf den westlichen Markt orientiert. Der weitaus größte Handelspartner, die damalige Sowjetunion, fiel weg.

Das verlorene Paradies mußte ersetzt werden, und so trat an seine Stelle im Jahre 1992 die CEFTA, ein Freihandelsabkommen zwischen Tschechien, der Slowakei, Ungarn, Polen und Slowenien. Der Verbund ist ein Trainingslager für die EU, hier sollen die Folgen der Mißwirtschaft beseitigt und die geplante Integration in die EU beschleunigt werden.

Die Startposition sieht zunächst vielversprechend aus: Die Tschechische Republik gehört mit ihren Verbindlichkeiten zu den am wenigsten verschuldeten Staaten Europas. Die Staatsschulden betragen ca. 9 Mrd. DM, d.h. 900 DM pro Bürger (Deutschland 26 000 DM pro Person; Österreich 30 000 DM pro Person).

Im Bereich der ausländischen Investitionen in Mittel- und Osteuropa nimmt Tschechien nach Ungarn und Polen mit etwa 10 Milliarden US $ (bis Ende 1996) den dritten Platz ein. Für Deutschland, dessen Gesamtvolumen von Investitionen im Ausland 50 Milliarden DM beträgt, ist Tschechien mit 1,3 Milliarden DM (Direktinvestitionen bis Ende 1995) auf Platz Nr. 8 aufgelistet. Umgekehrt gehört Deutschland (27 %), vor der Schweiz (16 %), den Niederlanden (15 %), den USA (14 %) und Frankreich (10 %) zu den wichtigsten Handelspartnern Tschechiens.

Auch um die Währung war es bislang nicht schlecht bestellt. Sie gehörte zu den härtesten der „weichen" Währungen des ehemaligen Ostblocks und wies im Jahre 1996 eine bereits zurückgeschraubte Inflation von ca. 9 % aus. Neben Slowenien und der Slowakei war dies eine der niedrigsten Inflationsraten. Die Gehälter und Löhne hielten Schritt. Sie wuchsen seit 1993 auch schneller als die Produktion, jährlich um etwa 15 bis 18 %.

Der durchschnittliche Monatsverdienst eines Tschechen betrug im letzten Quartal des Jahres 1996 ca. 10 000 Kronen (ca. 550 DM). Ein Liter Benzin kostet 24 Kč (1,25 DM), ein Liter Milch 16–18 Kč, das Essen in der Gaststätte etwa 50–70 Kč, die Anschaffung eines Škoda kostet um die 300 000. Ein neues Haus mit Investitionen von 3–5 Millionen liegt jenseits aller Träume des Durchschnittsverdieners. Die Statistik spricht jedoch nicht über die immensen Einkommensunterschiede. Am schlechtesten dürfte es um die Rentner bestellt sein, die mit 2 000 bis 4 000 Kronen pro Monat auskommen müssen. Zu den bestbezahlten Jobs zählt die Arbeit im Kredit- und Versicherungsgewerbe, mit weniger als der Hälfte des Durchschnittslohns kommen dagegen die Arbeitskräfte in der Landwirtschaft nach Hause.

Dennoch übertraf die Lohnsteigerung in den letzten Jahren die Preisentwicklung und brachte somit reale Lohngewinne für die Erwerbstätigen. Im Jahre 1993 wurden sogar Lohnkontrollen eingeführt, um den Lohnanstieg einzudämmen. Diese Maßnahme sollte auch zum Erhalt der internationalen Wettbewerbsfähigkeit beitragen und die Anheizung der Inflation abwenden. 1995 wurde diese Regulierung wieder aufgehoben. Seitdem belegt, im Hinblick auf die Kosten der Arbeitskraft, Tschechien nach Slowenien und Kroatien den dritten Platz unter den osteuropäischen Staaten.

Die Umwandlung der sozialistischen Naturalienwirtschaft, in der das Land mit Tauschgeschäften überlebte, zum modernen monetären System zeitigte nach außen hin Erfolge. Auch die schnell entstandene Wirtschaftselite der Neureichen paßte sich in ihrem Outfit erstaunlich rasch westlichen Vorbildern

an. Die Sensibilität gegenüber der Markenware und den zulässigen Kombinationen muß allerdings noch verfeinert werden.

Die wirtschaftliche Entwicklung Tschechiens 1993–1996

	1993	1994	1995	1996
Jährliches Wachstum des Bruttoinlandsprodukts (BIP) in Prozent	– 0,9	+ 2,6	+ 4,8	+ 4,4
Arbeitslosenquote (Jahresende) in Prozent	3,5	3,2	2,9	3,5
Jährlicher Anstieg der Verbraucherpreise[1] in Prozent	20,8	10,0	9,1	8,8
Jährliche Veränderung der Reallöhne[2] in Prozent	+ 3,5	+ 7,7	+ 8,6	+ 8,5
Leistungsbilanz[2] in Mrd. US $	+ 0,6	+ 0,05	– 1,4	– 4,5

Quelle: Tschechisches Statistisches Amt
[1] 1991: 56,5; 1992: 11,1. – [2] 1991: –24,5; 1992: +9,7. – [3] 1991: +0,4; 1992: +0,2. – Leistungsbilanz: Teil der Zahlungsbilanz eines Landes, in der sämtliche in Geld auszudrückenden Transaktionen zwischen dem Inland und dem Ausland in einer bestimmten Zeitperiode (meist ein Jahr) festgehalten werden. Zur Zahlungsbilanz gehört die Handelsbilanz (Wert aller Aus- und Einfuhren eines Landes), die Dienstleistungsbilanz (Austausch) von Dienstleistungen, Reiseverkehr) sowie die Übertragungsbilanz (Zahlungen an das Ausland), Handels-Dienstleistungs- und Übertragungsbilanz zusammen bilden die Leistungsbilanz.

Die andere Seite der Medaille bilden die Industriebetriebe im Besitz passiver Investitionsfonds. Die Verantwortung des Managements fällt dementsprechend niedrig aus. Als äußerst negativ wirkt sich die versäumte Restrukturierung der Firmen aus, die vor der Privatisierung hätte stattfinden müssen – bis heute kam sie nicht zustande. Dazu gesellen sich zu niedrige Investitionen in neue Technologien. Der schnelle Erfolg gründete zum großen Teil auf dem Export von Rohstoffen und billigen Arbeitskräften. Das Bruttoinlandsprodukt liegt nun um 12 % unter dem des Jahres 1989, die erwarteten Wachstumsraten liegen bei 2,5 %, der Wohnungsbau bewegt sich kaum. Außerdem mangelt es dem heimischen Markt an qualifizierten Fachleuten, von finanziellen Problemen, ein-

schließlich des Zugangs zu zinsgünstigen Krediten, einmal abgesehen.

Dem Schulterklopfen bezüglich der Spitzenqualität tschechischer Erzeugnisse widerspricht ein Rekorddefizit im Außenhandelsbereich. Das Exportvolumen der ČR in die CEFTA-Länder sank beispielsweise um die 20 %, der Import stieg 1996 um 14 %. Den stärksten Rückgang mangels Nachfrage verzeichneten die Exporte in die EU. Das schlug sich zum Teil auch auf den heimischen Markt nieder, denn die importierte Ware stellt wiederum eine starke Konkurrenz dar. Die Regierung interpretiert das Außenhandelsdefizit positiv, als Zeichen reger Investitionstätigkeit der Wirtschaft und damit als Indiz für eine zukünftige Belebung der heimischen Produktion. Doch die nationale Industrieproduktion sinkt. Kritiker weisen außerdem darauf hin, daß ein großer Teil der eingeführten Waren reine Konsumgüter sind.

Entgegen allen guten Vorsätzen der Wendezeit lohnt es sich aber wieder, in Tschechien in die Rüstungsindustrie zu investieren. Vor 1989 kam ihr eine Schlüsselstellung zu, während der Teilung der Republik sackte sie leicht ab. Große Teile dieser Industrie blieben ohnehin in der Slowakei, außerdem gab es kaum sogenannte *spin-off*-Effekte auf die zivile Wirtschaft. Nun floriert sie wieder und erwirtschaftet Gewinne. Im Jahre 1996 führte sie zu etwa 70 % Flugzeugtechnologie aus, vor allem nach Polen und Übungsflugzeuge nach Nordafrika. Die restlichen 30 % fielen auf schwere Waffentechnologien für 44 Länder der Welt.

Wenig wurde auch in die Infrastruktur, die Eisenbahn und in das Straßennetz investiert. Tschechien wurde von der EU für diesen Zweck finanzielle Unterstützung in Höhe von 330 Millionen ECU (für die Jahre 1995–1999) bewilligt.

Die Kluft zwischen Habenden und Habenichtsen ist gewachsen. Tschechien lernt nun auch Armenküchen, Obdachlose und Bettler kennen und kämpft, nachdem 40 Jahre lang alle ungefähr das gleiche Auto, die gleiche Schrankwand und drei Fernsehprogramme genossen haben, mit dem Sozialneid. Doch das Ziel bleibt klar: einen „Kapitalismus mit menschli-

chem Antlitz" soll es nicht geben. Das Wort Marktwirtschaft hat in Tschechien einen Inhalt wie zu Zeiten des Frühkapitalismus. Das betonte auch Premierminister Klaus gerne, der seine Hausaufgaben in der Wirtschaftspolitik bei Mrs. Thatcher machte und als Bettlektüre Milton Friedman bevorzugt. Das Credo des Premierministers hieß „Marktwirtschaft ohne Adjektive", und er fand bei vielen auf der Gewinnerseite Gehör. Doch die Realität erzwingt anderes. Die Fülle der nach wie vor vorhandenen Preisbindungen (Mieten, Energie, Verkehrsmittel) beweist es. Angesichts seines propagierten „freien Spiels der Kräfte" mußte Klaus bereits Importe von Konsumgütern drosseln und einheimische Bewerber bei Staatsaufträgen vorziehen.

Bei näherem Hinsehen zeigt sich, was der Kapitalismus schon alles geschafft hat: praktisch alle Haushalte haben einen Kühlschrank und einen Farbfernseher. Im stolz verkündeten statistischen Vergleich mit Österreich mangelt es Tschechien nur noch unwesentlich an Mikrowellenöfen, Rasenmähern, Kaffeemaschinen und Toastern. Doch der äußere Eindruck und die schnelle, flächendeckende Versorgung mit westlichen Konsumgütern täuschten. Seit dem Frühjahr 1997 hat das schöne Bild des marktwirtschaftlichen Musterknaben Tschechien tiefe Kratzer bekommen. Die eigenwillige Vorgehensweise bzw. die nahezu ganz ausgebliebene wirtschaftliche Restrukturierung der privatisierten Betriebe, die Konkurrenzunfähigkeit, Veruntreuung und Pleiten im Bankwesen haben der tschechischen Krone zugesetzt. Die Darlehenszinsen kletterten bis auf 28 %, ein *run* auf die deutsche Mark und den Dollar setzte ein, und der Wechselkurs der Krone gegenüber der Mark ist gefallen. Die bis zum Jahre 2000 geplante volle Mitgliedschaft der Tschechischen Republik in der Europäischen Union dürfte somit etwas übereilt erscheinen.

Doch ein Adjektiv?

Im Jahre 1993 führte der Staat eine Steuerreform durch und somit auch neue direkte, indirekte und Vermögenssteuern ein.

Weiterhin wurde die Umsatzsteuer durch eine Mehrwertsteuer ersetzt (mit Sätzen von 5 % für z. B. Lebensmittel und 23 % für Elektronik), wobei eine gleichzeitige Ausdehnung auf Wareneinfuhren und Dienstleistungen stattfand. Im übrigen ist das Steuerwesen in seiner Struktur, seinen Steuertarifen und Abschreibungen dem deutschen Modell auch in puncto Unübersichtlichkeit sehr ähnlich (mit der Bundesrepublik gibt es ein Abkommen, um doppelte Steuerzahlungen zu vermeiden).

Die Schattenwirtschaft beteiligt sich am Bruttosozialprodukt in Tschechien mit ca. 15 % (BRD 8 %). Die Mehrwertsteuer zu umgehen, ist ein Kavaliersdelikt, das Beifall verdient. Mit diesem Wunsch werden tschechische Unternehmer nicht allein auf der Welt sein. Kriminell wird es natürlich, wenn es um sozialistische Praktiken geht, die die Existenz von Kleinbetrieben oder Arbeitnehmern gefährden. Gute Qualität etwa wird als Ausschuß mit Preisnachlaß dem Kunden überlassen, ohne daß der Arbeitgeber es ahnt. Was der Kunde einspart, wird zwischen dem Verkäufer und dem Kunden geteilt. Die verschiedenen Nebeneinnahmequellen sind möglicherweise eine Ursache für die tschechische Tageseinteilung. Ganz Tschechien steht unwahrscheinlich früh auf. Sogar die Schulen oder Universitäten fangen um 7.30 an. Sie wollen alle spätestens um zwei oder drei fertig sein – um Zeit zum Arbeiten zu haben. Auch Firmeninhaber untereinander können sich nicht unbedingt auf korrekte Verhaltensnormen verlassen. Viele Betriebe und Abnehmer bezahlen die Rechnungen nicht. Beispielsweise schulden mehrere Firmen dem Stromerzeugungswerk Tschechiens Millionen von Kronen. Sie zahlen nicht, den Strom abzuschalten ist aber auch weiterhin nicht möglich. Die unterbrochene Produktion und die so erzwungene Beschäftigungspause würde die wirtschaftlichen Verluste ins Unermeßliche steigen lassen. Den Rechtsweg zu beschreiten, dauert in der Tat Jahre. Auf solche Weise können auch gesunde Firmen schnell in den Ruin getrieben werden. In den letzten drei Jahren (bis 1996) gab es insgesamt etwa 5700 Konkursanträge, tausend Firmen kamen unter den Hammer.

Seit Jahren tönt durch die Länder der böhmischen Krone ein Klagelied: solche Gleichgültigkeit, solch einen Zynismus und Neid wie heute gab es „früher" nicht. Irrtümlicherweise schreiben viele die Diebstähle, Betrügereien und die Gewalt der Rohheit des Kapitalismus zu. Es ist aber vielmehr eine Folge der kollektiven Amnesie. Zum Beispiel sind die Gurkengläser anstelle der Blumenvasen auf den Gräbern der tschechischen Friedhöfe wahrlich nichts Neues, die gab es immer. Sie sind keine religiöse Eigenart oder als Grabbeigabe gedacht, sondern eine pure Notwendigkeit. Die klaut nämlich keiner.

Privatisierung

Die Privatisierung nach 1989 verlief in zwei Wellen. Ab 1990 fand eine sogenannte kleine Privatisierung statt, während der Geschäfte und kleinere Dienstleistungsunternehmen verkauft oder verpachtet wurden. Im Jahre 1991 kam das restliche Staatseigentum unter den Hammer. Tschechien bediente sich hierbei einer Couponmethode: Jeder erwachsene Bürger des Landes erhielt die Möglichkeit, tausend Kronen zu investieren und dafür ein Couponbuch mit tausend Punkten zu erhalten. Das garantierte eine relativ breite Streuung der Besitzverteilung auf die gesamte Bevölkerung. Außerdem sollte der Ausverkauf einheimischer Produktionen an ausländische Investoren vermieden werden. (Nach wie vor bleibt es übrigens Ausländern verwehrt, Grundstücke und Immobilien in Tschechien zu erwerben.) Diese Punkte durften nun in verschiedene Investitionsfonds oder einzelne Unternehmen investiert werden. Im Jahre 1994 lief die zweite Phase dieser Umschichtung an. Zur Zeit sind etwa 78 % der gesamten tschechischen Wirtschaft im Wert von 861,5 Milliarden Kronen (48 Milliarden DM) privatisiert, und Tschechien hat 6 Millionen Aktionäre. Nicht privatisiert sind Institutionen wie die Post, die Telekommunikation, die Eisenbahn und Versorgungsunternehmen (Stromerzeuger, Gas).

Die insgesamt als erfolgreich bewertete Couponprivatisierung brachte dennoch Probleme mit sich. Die Betriebe erfuh-

ren ein hohes Maß an ökonomischer Selbstverwaltung, ohne letztlich unternehmerisch zu haften. Zwar gibt es neue Eigentümer, doch die große Anzahl an Teilhabern stimuliert die Notwendigkeit, grundsätzliche Entscheidungen zu treffen, nur gering. Anstatt die veralteten Betriebe zu modernisieren, wurden sie geplündert. Die nicht konsequente Strukturumwandlung und mangelnde Transparenz ließen Veränderungen auf der formalen Ebene stehenbleiben. Eine Restrukturalisierung erfolgte bis heute nicht. Sie wäre nicht nur im Fall von Betrieben und Unternehmen notwendig, sondern beispielsweise auch im Gesundheitssystem oder an der Hochschule. Jedoch brächte sie als Konsequenz vielerorts unweigerlich eine Pleite oder den Zusammenbruch einer Institution hervor.

Es zeigte sich auch, daß die Reformen nur ungenügend gegen Mißbrauch abgesichert waren. Schätzungsweise sind umgerechnet über 10 Milliarden Mark bei der Privatisierung verschwunden. Wie überall im ehemaligen Ostblock kam es im Zuge der Privatisierung zur schamlosen Bereicherung über die verschiedensten Kanäle und alten Seilschaften. Oft waren es gerade die „alten Strukturen", die das notwendige (zusammengeklaute) Anfangskapital besaßen und sich gleich in der ersten Welle der Privatisierung einkaufen konnten.

Heutzutage hat ein beginnender Geschäftsmann einen ungleich schwierigeren Stand. Ein Quadratmeter Büro- oder Verkaufsfläche in Prags guter Lage kostet inzwischen um die 20 000 Kronen (1 100 DM) und mehr an jährlicher Miete. Das sind höhere Preise als in Dublin, Wien oder Mailand. In der Hitparade der Höchstpreise folgt auf Prag die Budweiser Stadtmitte mit 10 000 Kronen pro Quadratmeter jährlich. In den Zentren der übrigen größeren Städte bewegen sich die Preise um 4 000–7 000 Kronen pro Quadratmeter.

Die Skandale bei der Privatisierung und der Restitution nagen an der Glaubwürdigkeit der Regierung und an der schönen offiziellen Darstellung. Unglücklicherweise ließ sich der Direktor der Privatisierungsbehörde höchstpersönlich mit einer halben Million DM an Bestechungsgeldern erwischen. Abgesehen davon haben etliche der neuen Eigentümer das er-

worbene Eigentum einfach nicht bezahlt. Die Eigner solcher Betriebe schulden dem Staat Milliarden Kronen. Und so hat auch Tschechien mittlerweile seine Wirtschaftsflüchtlinge in Costa Rica und Paraguay.

Gauner

Wie jedes Land hat auch Tschechien seinen Schinderhannes, Lip Tullian, Cartouche, Rinaldo oder Hiesel. Der in Tschechien für solche Mythenbildung zuständige Räuber heißt Babinský. Doch seine Räuberpistolen sind zum großen Teil das Ergebnis seiner reichen Phantasie: Babinský verbrachte nach 20 Jahren Gefängnis, zu denen er 1841 verurteilt wurde, sein Lebensende als ehrbarer Gärtner in einem Kloster nahe Prag und schmückte in bester Propagandamanier seinen Lebenslauf am Stammtisch aus.
Dennoch war dieser Babinský, über den es sogar einige Lieder gibt, ein *grázl* (Grasl), so nennt man heute noch in Tschechien Halunken und Lumpen schweren Kalibers. Kaum jemand weiß jedoch, daß es sich nicht um ein deutsches Wort für einen Verbrecher handelt. Die Bezeichnung geht auf den Nachnamen eines anderen, in der zweiten Hälfte des vorigen Jahrhunderts in Mähren tätigen Räubers namens Jiří Grasel zurück.

Eines der größten Ost-West-Projekte der Privatisierung war die Beteiligung des VW-Konzerns an Škoda. Dies ereignete sich gerade zum 100jährigen Jubiläum der Škoda-Werke, die im Jahre 1895 in Mladá Boleslav (Jungbunzlau) von den Herren Laurin und Klement gegründet worden waren. Durch die VW-Anteile werden die Škoda-Automobilwerke in die Gesamtstrategie des VW-Konzerns eingegliedert. Die wichtigsten Produktionsteile wird Škoda mit Seat, VW und zum Teil mit Audi gemeinsam haben, nur das Erscheinungsbild soll individuell bleiben.

Sicher gibt es Punkte, an denen sich das komplizierte Verhältnis zwischen Tschechen und Deutschen auch hier bemerkbar macht. Zumal die eine Seite überwiegend am Fließband steht, während die andere vornehmlich in der oberen Etage sitzt. Der Volksmund wußte gleich, wie ein Gespräch abläuft,

wenn drei Škoda-Chefs zu einer Sitzung schreiten: „Ich bin nicht vorbereitet, ich weiß gar nicht, was wir eigentlich beraten sollen", sagt der eine. „Das weiß ich auch nicht, ich bin erst vor einer Viertelstunde gelandet", meint der zweite. Der dritte ergänzt: „Ich hab' keine Ahnung, ich komm' auch aus Deutschland." Doch das Positive überwiegt. Die Produktivität ist gestiegen, und die Erzeugnisse konnten zumindest in Tschechien ihr Image deutlich verbessern. Die Erwähnung des VW-Konzerns als eines potentiellen Käufers der Nobelmarke Rolls & Royce stieß auf Begeisterung. Die Vorstellung, daß Škoda Rolls & Royce beliefern könnte, übertraf anscheinend auch die kühnsten Träume.

Banken, Banknoten und Bankrotteure

Nach dem Einzug der sozialistischen Banknoten und dem Intermezzo der Föderation gibt Tschechien seit 1993 sein historisch erstes, fungelnagelneues tschechisches Geld aus; 1995 wurde die tschechische Krone frei konvertierbar.

Auf Heller und Krone genau

Im Umlauf sind die üblichen Banknoten im Wert von 50, 100, 200, 500 und 1000 Kronen (koruna). Die Heller (halíř), zu je hundert pro Krone, werden nicht so ernst genommen. Es sind leichte, kleine Münzen, der Ex-DDR Währung recht ähnlich. Scheine im Wert von 10 Kronen gibt es nicht mehr. Sie wurden durch Münzen ersetzt. Der Versuch, den 20er und den 50er Schein „umzumünzen", ist aufgrund der geringen Akzeptanz nicht ganz gelungen. Seitdem gibt es sowohl Münzen als auch Banknoten im Wert von 20 Kč, bei den 50ern wurden die Münzen zurückgezogen und tauchen nur noch äußerst sporadisch auf. Vor drei Jahren ist zusätzlich eine 5000-Kronen-Banknote eingeführt worden, im Herbst 1996 ein neuer 2000-Kronenschein.

Mit der Herausgabe der Banknoten ist die Tschechische Bank (Česká Národní Banka, ČNB) betraut, die aus der Tschecho-

slowakischen Staatsbank hervorgegangen ist. Sie ist nach dem Vorbild der Deutschen Bundesbank strukturiert, allerdings hat sie gegenüber dem Parlament eine Informationspflicht.

Das Land stand 1990 vor der Aufgabe, das hundertprozentig sozialistische Bankwesen aufzulösen. Auf dem Markt wurden außerdem ausländische Banken zugelassen. Der Staat ist weiterhin der wichtigste Aktionär bei vier Großbanken, die übrigen Teile des Bankwesens wurden privatisiert und neue Lizenzen für private Bankiers ausgegeben.

Das so geformte ökonomische Herz erleidet seitdem einen Infarkt nach dem anderen. Wie in allen anderen Bereichen mangelt es auch hier an erfahrenem Management. Daher mußte der neue Fonds des Nationaleigentums (FNM) Beamte und Finanzgenies in die Vorstandsetagen berufen, deren Erfahrungsschatz auf den Mimikry-Spielen des Sozialismus fußte. Wer darüber hinaus den privaten Banken auf die Finger schaut, bleibt in den Nebel des Bankgeheimnisses gehüllt. Sicher ist auf jeden Fall, daß der Staat bereits umgerechnet 5 Milliarden DM zur Konsolidierung des Bankensektors ausgegeben hat. Die ČNB schlägt mittlerweile vor, ein gesondertes Organ ins Leben zu rufen, das den Finanzmarkt beobachten und kriminelle Aktivitäten signalisieren soll. Denn seit 1990 gingen bereits 11 Bankhäuser entweder bankrott oder wurden unter Zwangsverwaltung gestellt. Die Ursachen waren faule Kredite (an die 100 Milliarden Kronen) und Spekulationen. Die Banken wurden – dafür prägten die Tschechen einen speziellen Begriff – *vytunelovány* (ausgehöhlt). Der vorsichtige Bürger steckt sein Geld erstmal wieder unter die Matratze.

Die Arbeit ist kein Hase

Das von allen Seiten mit größter Verwunderung beäugte Kind des tschechischen Wirtschaftswunders ist die niedrige Arbeitslosigkeit. Manche Standorte wie die Stadt Kopřivnice zum Beispiel, der Sitz des zweiten tschechischen Automobilproduzenten Tatra, leiden zwar unter einer hohen Arbeitslosenrate

(bis zu 11 %). Prag mit 2000 registrierten Arbeitslosen hat demgegenüber einen klaren Überschuß an offenen Stellen (14000). Insgesamt aber weist Tschechien mit einer Arbeitslosenrate von 3 % die besten Werte in Europa auf. Die Republik läßt sogar Tausende von Gastarbeitern kommen, vor allem aus der Ukraine.

Was finanzielle Forderungen betrifft, sind ausländische Arbeiter ohnehin bescheidener. Sie geben sich mit der Hälfte oder zwei Dritteln des üblichen Lohnes zufrieden. Außerdem sind sie bereit, auch unangenehme Arbeiten zu übernehmen. Das Vorgehen gegen illegal Beschäftigte, deren Zahl auf über 100000 geschätzt wird, bleibt daher ohne größere Erfolge. Und das trotz der Tatsache, daß ein Schwarzarbeiter mit Bußgeld bis zu 10000 Kronen belegt werden kann und des Landes verwiesen wird. Der Firma kann ein Bußgeld von bis zu 250000 Kronen, bei Wiederholung rund 1 Million Kronen, auferlegt werden.

Die niedrige Arbeitslosenzahl hat im wesentlichen zwei Gründe. Zum einen ist es die wachsende Nachfrage nach Arbeitskräften im Dienstleistungssektor, der die in Industrie- und Agrarbereich freigewordenen Kräfte aufnahm. Zum anderen ist es die astronomisch hohe Überbeschäftigung, gepaart mit einer gewissen „Gemütlichkeit".

Sektorale Beschäftigungsstruktur Tschechiens

Sektor (in Prozent)	1991	1994	1996*
I. Land- und Forstwirtschaft	10,0	6,9	5,5
II. Industrie und Bauwesen	46,5	43,2	42,0
davon: Industrie	38,5	34,1	
Bauwesen	8,0	9,1	
III. Dienstleistungen	43,5	50,0	52,5
davon: Handel	9,6	14,4	
Bildung	6,4	6,6	
Gesundheit	5,3	5,3	
Finanzen	0,7	1,6	
Sonstiges	21,5	23,0	

Quelle: Tschechisches Statistisches Amt   * Schätzung

Erst Ende 1996 schaffte beispielsweise eine Universität eine Bürokraft ab, deren Aufgabe es war, die ins Ausland gerichteten Briefe sämtlicher Fachbereiche zu sammeln, sie in ein dickes Buch mit Datum, Absender und Adressaten einzutragen und zur Post zu bringen. Aber gewonnen war die Rationalisierungsschlacht noch lange nicht. Nun werden alle nach außen gehenden Telefongespräche in ein dickes Buch eingetragen (Datum, Name, Anfang und Ende des Gesprächs), trotz der bereits installierten Computeranlage, die jene Gespräche ohnehin registriert. Nur notiert sie leider nicht, wer genau sie führt. Am Ende des Monats werden beide Unterlagen verglichen. Was die Effektivität solche Arbeiten betrifft, so gilt das globale Gesetz: „Das haben wir schon immer so gemacht". An diesen Strukturen zu rütteln, ist ungemein gefährlich. So ein Schuß könnte böse nach hinten losgehen. Denn das Geflecht der Beziehungen außerhalb der offiziellen Hierarchie ersetzt hier seit 40 Jahren zweckmäßige und rationelle Handlungsweisen durch existenzielle Denkart.

Die Effektivität solcher Arbeitsplätze von allerhand Türstehern, Aufsehern und Aufsichtspersonal wurde dem Volke unlängst drastisch vor Augen geführt. Zum Landwirtschaftsministerium kam ein Besucher, vielleicht ein erboster Bauer, trug beim Pförtner in das übliche dicke Buch das Verlangte ein, marschierte zum Minister, klopfte an seine Tür, ging rein und legte vor ihn auf den Tisch – eine Bombe. Glücklicherweise wohl ein heimisches Produkt, denn sie hatte nicht den gewünschten Erfolg. Es gab nur geringen Sachschaden.

Was die Gemütlichkeit betrifft, so kennt Tschechien wunderbare Sprichwörter, die sie auf den Punkt bringen: „Die Arbeit ist kein Hase" (sie läuft nicht weg). Oder „Ich gehe ran wie ein Löwe" (brülle kräftig, dann leg' ich mich hin). Weiter geht es mit: „Wer nicht jede Stunde klaut, hat sich das Einkommen versaut", „Fremdes Eigentum blutet nicht" etc.

Bereits nach dem letzten Weltkrieg kam die Wirtschaft nur schwerlich in Gang. Die Arbeitnehmer gewöhnten es sich an, langsam zu arbeiten, was als passiver Widerstand deklariert wurde. Abertausende pilgerten von einer Manifestation für

den Frieden zur anderen oder schlüpften in verschiedene Uniformen. Dieser Trend setzte sich nach der kommunistischen Machtergreifung fort. Wer nach 1989 gehofft hatte, daß 40 Jahre Schonung für Energiereserven sorgte, die nun verbraucht werden könnten, sah sich enttäuscht. Was nicht heißt, daß ein tschechischer Arbeiter nicht geschwind sein könnte. Das illustriert ein entsprechender Witz über die effektivste Bauweise in Europa: „Wenn man in Tschechien um 6 Uhr morgens eine Brauerei zu bauen anfängt, gibt's eine Stunde später schon das erste Bier."

Die vierte Gewalt

Der politische Witz, dessen Verschwinden die Tschechen beklagen, erlebt heute sein Comeback mit anderem Inhalt. Zunächst die ursprüngliche, politische Variante: „Wieviele Polizisten sind nötig, um eine Glühbirne einzuschrauben? Sechs. Einer steht mit der Birne in der Hand auf dem Tisch, vier drehen den Tisch, und einer steht mit gezogener Pistole an der Tür, damit der Strom nicht in die Leitung kommt."

Diese in Deutschland übrigens als ein Ostfriesenwitz bekannte Anekdote erscheint nach 1989 als Reflexion auf die neue Gewalt im Staat, die Handwerker: Eine kaputte Birne ist auszuwechseln. Die Abordnung eines Betriebes begibt sich mit Geschenken und Blumen in die Kneipe auf dem Marktplatz und bittet den dort sitzenden Elektriker um Hilfe: „Meister, nur eine Glühbirne!" Doch der Meister ist nicht begeistert, das Bier könnte schal werden. Die Delegationsteilnehmer versprechen, den Meister aus der Kneipe mitsamt dem Stuhl hinauszubringen, über die Straße huckepack zu befördern und in das dritte Stockwerk hinauf auf den Händen zu tragen. Als sie mit dem Meister auf den Händen dann unter der Lampe stehen und ihm die Birne in die Hand drücken, tut sich lange nichts. Dann sagt der Elektriker ungeduldig: „Ja nun, soll ich mich etwa selber herumdrehen?"

Was heißt Effizienz?

Die Gewerkschaft ist außer sich vor Begeisterung: Ein Viertel aller Tschechen ernährt sich ohne jegliche Umschulung durch

einen anderen Beruf als vor 1989. Das wird der enormen Anpassungsfähigkeit „unserer Leute" zugeschrieben. Ein kleiner Schönheitsfehler bleibt verschwiegen. Er äußert sich in Unmengen von Pfusch. Die gerühmte Improvisationsgabe bleibt auch weiterhin eine aus der Not geborene Tugend, um mit den Unzulänglichkeiten und dem Schlendrian der Erzeugnisse bzw. Dienstleistungen klarzukommen.

Insofern wird auch die Unfähigkeit, profitabel zu arbeiten auf den Kunden oder den Steuerzahler abgewälzt und so die Minimalisierung der Betriebskosten gesichert. Wen wundert es, daß die Bedienung in manchen Restaurants bei vollem Betrieb noch die Zeit hat, die Servietten für die Kundschaft – aus eins mach zwei – zu halbieren? Merkwürdigerweise sind auch andere Phänomene nicht verschwunden: Die Verkäuferin verhält sich bei der Nachfrage eines Kunden weiterhin so ungehalten wie ein bei der Operation gestörter Kardiologe. Bei einer größeren Warenlieferung wird der Laden nach wie vor für den ganzen Tag einfach geschlossen. Höhere Preise gleichen den Verlust dann wieder aus.

Ein Ladeninhaber verkauft ohnehin das, was er verkaufen will. Warum sollte der Kunde das Sortiment mitbestimmen? So kommt oft eine beneidenswert kunterbunte Mischung zustande, die den Ramschtischen des deutschen Winterschlußverkaufs ähnelt. Keinen wundert es, wenn ein Zeitungskiosk auch Kinderschuhe anbietet.

Die „Effizienz" treibt auch absurde Blüten: Ein Problem ist die mangelnde Versorgung mit Klopapier, ein traditionell wunder Punkt des Kommunismus und ein nationales Trauma. Denn auch der Marktwirtschaft ist es nicht gelungen, diese Versorgung sicherzustellen. Bewährte Maßnahmen blieben in Kraft. Die einzelnen Rollen werden beispielsweise in der erwähnten Universität wie eh und je streng rationalisiert und mit Monatsnamen beschriftet an die Bedürftigen distribuiert. Ins Krankenhaus muß man gar einen eigenen Vorrat mitbringen. Im Restaurant empfiehlt es sich, ausreichend Kleingeld bereitzuhalten, um die von der Aufsicht zugeteilten drei (in Zahlen: 3) Blätter ohne Wartezeiten bezahlen zu können.

Mit einer einfachen Bezahlung ist ein Tscheche selten zufrieden. Es muß noch etwas dazu, etwas, was keine Mühe gekostet hat und ohne weitere Abgaben direkt in die eigene Tasche wandert. Das ist ein Teil der alten Krankheit von Verbindlichkeiten und Gefälligkeiten. Der Arzt bekommt eine Flasche, die Sekretärin ein Päckchen Kaffee.

Aus diesem Grunde werden westliche („reiche") Ausländer oft für geizig gehalten. Sie spielen nicht mit. Sie geben so wenig Trinkgeld! Daß bereits der doppelte Preis berechnet wurde, wird in der Schrecksekunde der Enttäuschung völlig vergessen. Folgende Vorgehensweise hat sich vorzüglich bewährt: Der Kunde muß einschätzen, wieviel ihm die Arbeit oder Dienstleistung wert ist. Dann sollte er tief unter dieser Vorstellungsgrenze ansetzen und verhandeln. Der vereinbarte Preis wird später korrekt bezahlt, die Differenz zu der eigenen Vorstellung gibt man als reichliches Trinkgeld dazu. Und – Wohlwollen breitet sich aus, man hält ein Schwätzchen, eine Zigarette wird angeboten, das Leben wird plötzlich lebenswert.

Und er strahlt doch ...

Das irdische Paradies

In der tschechischen Nationalhymne wird durch die Wiesen brausendes Wasser, dazu das Rauschen der Wälder besungen und das Bild eines paradiesischen Gartens gezeichnet. Doch es besteht die Gefahr, daß demnächst noch etwas über die Savanne dazugedichtet werden muß: die Wälder sterben. Denn die positive wirtschaftliche Entwicklung der letzten Jahrzehnte ist zu einem Großteil dem verschwenderischen Verbrauch von Rohstoff- und Energiereserven zu verdanken, die dazugehörigen Produktionsverfahren nahmen enorme Abfallmengen billigend in Kauf. (Der Energieverbrauch für die Erzeugung einer Einheit des Bruttosozialprodukts ist in Tschechien ungefähr zweimal höher als in Westeuropa.)

Die Kosten des Fortschritts: Tschechien gehört zu den Ländern mit der stärksten Luftverschmutzung. Außerdem führen diese Zustände zu einer starken gesundheitlichen Belastung der Bevölkerung. Im Hinblick darauf war die Verbesserung der Umweltbedingungen in den postrevolutionären Jahren nicht unbedingt so revolutionär, daß Grund zum Jubeln bestünde. Die positiven Ergebnisse werden sich ohnehin erst langfristig bemerkbar machen. Zur Zeit steht fest, daß beispielsweise die Zahl der allergischen Erkrankungen weiter ansteigt. Betroffen sind mittlerweile rund 2,5 Millionen Bewohner Tschechiens. Als Hauptursache gelten hier negative Umwelteinflüsse, insbesondere die Luftverschmutzung. Die letzten Jahre weisen zwar im Hinblick darauf eine Besserung auf, dies ist jedoch zum großen Teil auf die nachlassende Industrieproduktion infolge des wirtschaftlichen Umbruchs zurückzuführen.

„Apocalypse now"

Die Distrikte von Aussig, Teplitz, Brüx, Komotau (Chomutov) gehören zu einer Gruppe von acht Distrikten in der Tschechischen Republik mit extrem gestörter Umwelt und mit sehr schlechten Indikatoren für das soziale Umfeld; im Gesamtvergleich sind sie die Distrikte mit bedeutend erhöhter Sterblichkeit. Der Vorrang der Kohlegewinnung um jeden Preis, die dadurch verursachte Verwüstung der Landschaft sowie tiefe Eingriffe in die Siedlungsstruktur führten bei einem beträchtlichen Teil der Bevölkerung zu einem Schwinden ihrer Wertorientierung mit verheerenden Folgen für ihr psychisches, moralisches und soziales Klima.
nach : Nachbarn in Europa,
Bundeszentrale für politische Bildung, S. 184

Am stärksten durch Luftverschmutzung belastet sind Nordböhmen, Nordmähren und Prag. (Als die „sauberste" Gegend gilt Südböhmen.) Die besungenen Wälder schwinden dahin, die Gewässer sind extrem schadstoffbelastet und das Trinkwasser verschmutzt. In größeren Städten entstanden bereits Äquivalente zu den früheren Brunnen, die Trinkwasserautomaten.

Der Wald

Tschechien besitzt etwa 2 630 000 ha Wald. Nahezu ein Drittel der Republik ist somit bewaldet, allerdings mit recht empfindlichen Monokulturen, zumeist Fichten.

Der tschechische Wald ist im Vergleich zu Gesamteuropa durch giftige Emissionen am stärksten beschädigt: Ganze 64,4 % der Waldfläche sind krank oder tot (andere Statistiken sprechen von 84 %: 37 % schwache Schädigungen, 47 % mittelstarke bis schwere Schädigungen). Die Schäden sind je nach Region sehr unterschiedlich. Beispiel Riesengebirge: Von der für Skipisten freigeräumten Landschaft abgesehen, gibt es auf über der Hälfte des Nationalparks eindeutig negative Bedingungen, die die weitere Existenz der Gehölze und Bäume extrem bedrohen. Der Nationalpark Riesengebirge gehört übrigens zu den elf am stärksten bedrohten Landschaften der Welt. Nahezu 100 % des Waldes in Nord- und Ostböhmen leben nicht mehr. In Westböhmen sind 22 % der Waldfläche krank, in Südböhmen 15 %. Im Jahre 2000 rechnet man mit insgesamt 79 % geschädigter Waldfläche. Diesem traurigen Zustand setzt auch noch der Borkenkäfer zu.

Große Teile des Waldes wurden in den letzten Jahren an die ehemaligen Eigentümer zurückgegeben. Sie haben an ihrem Eigentum mitunter nicht nur Freude. Ein neues Gesetz über die Nutzung von Waldflächen schreibt vor, daß sie ihr Wäldchen erstens in Ordnung bringen müssen, zweitens auf diese Ordnung fortan achten sollen. Bisher wurde der Wald einfach von allen genutzt. Gelegentlich bekam er dafür hier oder da eine wilde Deponie verpaßt. Darf nun der normale Bürger in einen privaten Wald hinein? Er darf. Der Wald ist nach Inkrafttreten des Gesetzes auch weiterhin für jeden Bürger zugänglich, unabhängig davon, wem nun das Grundstück gehört. Die Tschechen können also weiterhin spazierengehen und ihre Pilze sammeln. Allerdings dürfen sie nicht mehr wild campen, kreuz und quer Ski und Rad fahren oder gar reiten.

Wohin damit?

Die Abfallbeseitigung hat bereits in den 60er Jahren des letzten Jahrhunderts Jan Neruda, dem Autor der „Kleinseitner Geschichten", schlaflose Nächte bereitet. Der Dichter schlich des Nachts durch die Kleinseitner Gassen und versuchte seine gebrauchte Matratze loszuwerden. Er konnte sich nicht ins Auto setzen und den Abfall auf die nächste wilde Deponie im nahegelegenen Wald fahren. So, wie das in den letzten Jahrzehnten dieses Jahrhunderts viele Tschechen tun. Sie tun es allerdings nicht nur aus lauter Bequemlichkeit. Die Organisation der Abfallbeseitigung spiegelte in ihrem Aufbau das Chaos der Planwirtschaft: viele Dörfer kannten überhaupt keine Müllabfuhr. Der Abfall wurde somit verbrannt, und was nicht brennen wollte, an den entferntesten Teil des Dorfes gekarrt. Viele Menschen blieben dieser billigen und einfachen Lösung verhaftet, zumal das Anfahren einer Mülldeponie heutzutage mit Gebühren verbunden ist.

Das Abladen des Abfalls auf einer wilden Deponie wird zwar mit überaus empfindlichen Bußgeldern geahndet – verschwunden ist es noch lange nicht. Trotz der intensiven Aufklärung über die Umweltproblematik, trotz der Aufstellung von Glas-, Papier- und Plastikabfallcontainern kommt der gewünschte Effekt nur mühsam zustande. Tschechien muß sich wohl zunächst im Nachholbedarf an raffinierten Zwei- und Dreifachverpackungen der früher nur in einer Papiertüte oder einem Stück Zeitungspapier eingeschlagenen Konsumgüter austoben. Und diese Flut schwillt weiterhin an. Wohin damit und wie?

Ursprünglich herrschte die Vorstellung, daß der sozialistische Mensch die Rohstoffe liebevoll dem Wirtschaftskreislauf wieder zufügt. Um ihn in diesem Vorhaben zu unterstützen, gab es ein Netz von *sběrny*, Sammelstellen, die Papier, Eisen und andere Stoffe aufkauften. Was wiederum dazu führte, daß ab und zu, hier oder da eine Kupferleitung fehlte, die in der *sběrna* als Buntmetall Abnehmer fand. Im Rahmen des sozialistischen Wettbewerbs waren es insbesondere die jungen Pioniere, die

solche Sammelstellen fleißig frequentierten, weiter dann einkommensschwache Rentner, die sich so ihr Zubrot verdienten.

Russisches Erbe

Im Sommer des Jahres 1968 überschritten die Soldaten des Warschauer Paktes die Grenze der damaligen Tschechoslowakei; sowjetische Truppen setzten sich fest. Dreiundzwanzig Jahre später, am 27. Juni 1991, verließ General Vorobëv, Oberbefehlshaber der Besatzungstruppen, mit seinen Soldaten das Land. Die Okkupation war beendet.

In der damaligen ČSSR waren es 93 Örtlichkeiten, die Tausende Rotarmisten beherbergten. Von den 73, die im heutigen Tschechien liegen, weisen 60 solcher Sperrgebiete enorme Umweltschäden auf. Diese sind gleich nach dem Abzug der Soldaten zu einem Zankapfel zwischen der damaligen tschechoslowakischen Regierung und Rußland geworden. Während Tschechien (zu dem Zeitpunkt die ČSFR) Sanierungsgelder in Milliardenhöhe forderte, ging die russische Seite höchstens von Millionen aus. Die Patt-Situation wurde 1992 im Rahmen einer sogenannten „Null-Variante" gelöst. Das, was die Rote Armee während der zwanzig Jahre an architektonischer und baulicher Leistung vollbrachte, durfte die damalige ČSFR gratis behalten. Denn die Russen haben zu 80% ihre Unterkünfte, Sportanlagen, Krankenhäuser oder Kliniken etc. selber finanziert und gebaut. Die tschechische Seite verpflichtete sich daraufhin, den von den Russen zurückgelassenen Sperrmüll ohne weitere Forderungen aufzuräumen. Nun wird versucht, das durch Altöl und ähnliche Stoffe kontaminierte Trinkwasser zu retten, die durch Panzer und Kanonenschüsse zerstörten Wald- und Feldflächen zu flicken, zubetonierte Landschaften zu sanieren, Tausende von Schwarzbauten abzureißen oder nutzbar zu machen und die liegengebliebene Munition aufzusammeln. Allein in den ersten sechs Monaten ihrer Arbeit sammelten Pyrotechniker 35 000 scharfe Geschosse ein. Der ökologische und materielle Schaden geht sehr wohl in die Milliarden, und mit seinen Folgen wird Tschechien bis zum Ende des Jahrhunderts zu kämpfen haben.

Dieses Sammelnetz zerfiel nahezu vollständig, der Ersatz ist dürftig. Überhaupt lassen ein einheitliches Konzept und moderne Technologien im Bereich der Abfallbeseitigung auf sich

warten. Wobei alle üblichen Maßnahmen, wie beispielsweise der „grüne Punkt", bereits ergriffen wurden. Die Umsetzung der vorhandenen Konzepte kapituliert vor der Unreife der technischen Ausführung und dem mangelnden Problembewußtsein. So wurden mancherorts die *sběrny* durch sogenannte Sammelhöfe ersetzt. Wenn dann diese Sammelhöfe endlich Anklang bei der Bevölkerung finden, macht die Müllabfuhr das gerade aufkeimende Problembewußtsein zunichte: der getrennt gesammelte Abfall landet nicht selten wieder in einem gemeinsamen Container. Abgesehen davon sind solche Maßnahmen noch nicht „verbraucherfreundlich" genug. Mehr als die Hälfte der Prager beispielsweise kann einen solchen Sammelcontainer nicht zu Fuß erreichen. Unter anderem aus diesem Grunde enden rund 90 % der recycelbaren Rohstoffe auf einem Müllhaufen. Diese praktische Vorgehensweise ist zum Teil auch das Ergebnis eines weitverbreiteten und politisch bejahten Glaubens, daß die Marktwirtschaft nicht reguliert werden muß. Sie wird's schon irgendwie lösen.

Böhmischer Nebel

Die für die Beseitigung der bestehenden ökologischen Schäden nötigen Ausgaben werden auf 100 Milliarden US $ geschätzt. Tschechien hat allein in den ersten vier Jahren nach der politischen Wende Milliarden Kronen in Umweltmaßnahmen investiert: Von annähernd 1,3 % des Bruttoinlandsprodukts (BIP) jährlich sollen diese Ausgaben bis zum Jahr 2000 auf 4 % des BIP steigen. Im Hinblick auf die Umweltprobleme ist es auch unbedingt notwendig, die Legislative deutlich zu verbessern, die Bußgelder für Luftverschmutzung, verunreinigte Abwässer oder illegale Abfallbeseitigung den tatsächlichen Schäden anzugleichen, die Energiepreise entsprechend den Erzeugerpreisen anzuheben und vor allem eine systematische und intensive Aufklärung der Bevölkerung zu betreiben. So, daß auch dem letzten Tschechen klar wird, warum es unvernünftig ist, in Zeiten des Smog-Alarms die Kinder mit dem Auto von der Schule abzuholen.

Ungeachtet aller Investitionen und Verbesserungen erschöpft sich nach Meinung vieler Tschechen die offizielle Öko-Politik in Verboten, Grünflächen zu betreten. Das mag unter anderem mit der etwas überheblichen Einstellung der Regierungsstellen zu dieser Problematik zusammenhängen. Den Minister für Umweltangelegenheiten beispielsweise interessiert die heftige Kritik an seiner Arbeit „nur am Rande". In bester Tradition des vergangenen Regimes werden Kritikbeiträge in diesem Bereich abgelehnt. Der Tenor: „(Die Ökologie) wird ohnehin von bestimmten Kräften mißbraucht, um die ökonomische und politische Transformation des Landes anzugreifen."

Die damalige Tschechoslowakei, die noch nach dem Zweiten Weltkrieg zu den modernen Industrieländern gehörte, sollte die Stahlschmiede und das Zentrum der Schwerindustrie innerhalb des sozialistischen Blocks werden. Um diese Pläne zu verwirklichen, war Energie nötig. Das Land verfügt aber über keine großen Energiereserven oder fossile Brennstoffe. Es gibt zwar in Südmähren hier und da einige Tröpfchen Öl und ein kleineres Schwarzkohlerevier in Mährisch-Schlesien. Diese Kohle wird allerdings in den Hochöfen der Stadt Ostrau verheizt. Als einzig ausreichende Energiequelle konnte auf die Braunkohle in Nordböhmen zurückgegriffen werden. Unglücklicherweise beinhaltet sie unter anderem zuviel Schwefel. Die Konsequenzen: Nordböhmen gehört zu den am schlimmsten zerstörten Landschaften der Welt. Sogar die Kommunisten, die ansonsten kaum eine Information rausrückten, mußten „ein Problem in Nordböhmen" einräumen.

Am schlimmsten belastet Schwefeldioxid die Luft, das zu etwa 80 % bei der Energieerzeugung in den nordböhmischen Kohlekraftwerken entsteht. Der durchschnittliche Schwefeldioxid-Ausstoß liegt in Tschechien fünfmal so hoch wie in den OECD-Ländern: 150 Kilogramm pro Einwohner werden jährlich in den böhmischen Himmel geschleudert.

Die Schadstoffemissionen wurden in den letzten Jahren infolge der Umrüstung einiger größerer Braunkohlekraftwerke mit Entschwefelungsanlagen zurückgefahren (35 Mio. t im Jahre 1994 gegenüber 42 Mio. t 1990). Bis zum Jahr 2000

wird eine Reduktion des Schadstoffes bis zu 65 % angestrebt, und bis zum Jahre 2005 will die Prager Regierung einen Umweltstandard erreichen, wie ihn die OECD-Länder zu Anfang der 90er Jahre hatten. Im Jahre 2020 soll ein Anschluß an die OECD-Länder in diesem Bereich stattfinden.

Wasserspiele

Der Moloch der extensiven Ökonomie ließ sich mit der Braunkohle-Energie nicht sättigen. Auch alle Flüsse, die irgendwie hätten genutzt werden können, haben bereits mehr oder minder monumentale Staudämme aufzuweisen. Das letzte derartige Assuan-Unternehmen leistete sich Tschechien in Südmähren, nur wenige Jahre vor der politischen Wende. Südmähren zeichnet sich durch hohe Trockenheit aus, die jedoch im Frühjahr häufig von Überschwemmungen unterbrochen wird. Um die zu nutzen, wurde Mitte der 80er Jahre ein Staudamm am Zusammenfluß der Thaya (Dyje) und Iglau (Jihlava) erbaut, der eine 3 500 ha große Wasserfläche entstehen ließ. In diesem Stausee ertranken vier Naturreservate, 500 ha Auenwälder und die Nistplätze seltener Vogelarten.

Im Jahre 1991 fanden rege Demonstrationen statt, deren Ziel es war, den Stausee zu entleeren und die Auenwälder zu erneuern. Eine Expertise stellte allerdings klar, daß die Vegetation nicht mehr im ursprünglichen Ausmaß erneuert werden kann, insofern dient der See heute vor allem den Petri-Jüngern, die die dortigen Fische überaus loben. Um zumindest etwas zu retten, werden an den Seeufern Auenwälder gepflanzt oder erneuert und für Millionen von Kronen künstliche Inseln als Bio-Nischen angelegt.

Der Kohleverbrauch für die Wärmeerzeugung in Privathaushalten sinkt jährlich, Tausende von Haushalten wurden an neue Gasnetze angeschlossen. Das norwegische Gas kommt nun via Ingolstadt nach Tschechien. Inzwischen wird aber auch wieder eine Unmenge an Strom verbraucht. Viele Haushalte schaffen sich Elektroheizung an; die Fabriken sahen sich noch nie gezwungen zu sparen. Der Energieverbrauch wächst geradezu dramatisch an – ein historisches Maximum (55 TKWh) wurde zum Jahresende 1997 erreicht. Im übrigen, so die

Meinung von Fachleuten, könnte das Land durch relativ einfache Maßnahmen wie den Einbau von Thermostaten, Isolierung und Wärmedämmung bis zu 30% der gesamten Energie sparen. Ungeachtet aller Diskussionen, Vorschläge und Maßnahmen erzwingen der zunächst steile Anstieg des Energiebedarfs und die Verzögerung der Inbetriebnahme des Kernkraftwerks Temelín den Erhalt der Dreckschleudern im Norden.

Daher gleichen die bisherigen Maßnahmen dem berühmten Tropfen auf den heißen Stein. Die tschechischen Schlote rauchen weiter, die Beeinträchtigung der Umwelt macht sich insbesondere im Grenzbereich zum Gebiet der ehemaligen DDR bemerkbar. Wenn der Wind aus Süd oder Südost kommt, trägt er die Abgasschwaden, die in dieser Gegend „Böhmischer Nebel" genannt werden, aus der Region um Aussig n. L. (Ústí), Tetschen (Děčín), Teplitz (Teplice) und dem Braunkohlerevier bei Brüx (Most) über die Grenze. Acht Kraftwerke speien hier jährlich 800 000 t des Killergases SO_2 in die Lüfte. Der restliche Wald in der Grenzregion zwischen Tschechien und Sachsen wird dahingerafft (20 000 bis 30 000 ha sind bereits abgestorben).

Im Gegenzug treiben von der sächsischen Grenze (Boxberg, Hagenwerder) 200 000 t Schwefeldioxid nach Polen. Ergänzend dazu wurden schon in den ersten Jahren nach der Wende die meisten Trabbis nach Tschechien abgestoßen (wie der Volksmund wissen will, als „Rache für's Sudetenland"), wo sie in Ruhe ihrem natürlichen Ende entgegenstinken dürfen.

Mit beschränkter Haftung

Nach der Braunkohle und den Wasserspielen bot sich der Weg zur Atomkraft an, insbesondere weil das Land über ein Uranvorkommen in der Gegend von Joachimsthal (Jáchymov), Příbram und Böhmisch Leipa (Česká Lípa) verfügt. Damals wußte man noch nicht, daß zwanzig Jahre später für die Verunreinigung des Grundwassers nicht nur Landwirte und fehlende Kläranlagen, sondern auch der Uranabbau Verantwor-

tung würde übernehmen müssen. Die angeblich vorbildlich-fortschrittliche Gewinnung des Urans erwies sich als so umweltbelastend, daß insbesondere die Sanierung der Gegend um Böhmisch Leipa viele Jahre in Anspruch nehmen und ohne ausländische Geldgeber kaum zu verwirklichen sein wird.

Auch diese Pläne waren das Ergebnis einer Dr. No würdigen Gigantomanie. Der erste tschechoslowakische Versuch in Richtung Atomkrafterzeugung wurde dann auch lieber als Versuchszentrum deklariert, denn es wurde mehr Energie verbraucht als erzeugt. Diese Effektivität wurde durch die übliche, miserable Bauweise noch unterstrichen. Niemand hatte sich überlegt, daß das AKW nicht ewig halten würde, der Abriß war im Preis nicht einkalkuliert. Nicht einkalkuliert war auch die Entsorgung der Brennelemente – sie wurden einfach in die große Sowjetunion gekarrt. Infolge dieses Unternehmens haben die Tschechen nach dem Zerfall der Tschechoslowakei nicht nur ein bereits in Betrieb befindliches Kernkraftwerk (Dukovany in Südmähren) sowjetischer Bauart übernommen. Sie sind auch auf dem Nuklearabfall sitzengeblieben.

Die Standorte in Südmähren und in Südböhmen, wo das nächste AKW gebaut wird, wurden allem Anschein nach aufgrund der bis dahin geringsten Umweltbelastung dieser Gebiete gewählt. Zu den stärksten Kritikern von Dukovany gehören verschiedene österreichische Organisationen: die Entfernung nach Österreich beträgt lediglich 35 Kilometer. Das AKW wird im übrigen nach einem gleichnamigen Dorf genannt, das das fragwürdige Glück hat, zwischen diesem Kernkraftwerk, einem Zwischenlager für verbrauchte Brennelemente und einem Militärflughafen zu liegen. Als sich Dukovany gegen das Zwischenlager aussprach, zahlte es das erste Lehrgeld marktwirtschaftlicher Prägung. Da das Dorf von dem Kraftwerk finanziell abhängig ist und außerdem auch Gelder gesponsert bekommt, wurde der Geldhahn zugedreht. Eine Reihe von Sicherheitsproblemen blieb auch nach einer Einigung und trotz aller Proteste ungelöst: Eine Aufklärung der Bevölkerung findet nicht statt, Schutzmittel besitzt nie-

mand, für eine Evakuierung der Anwohner fühlt sich keiner
zuständig. Ursprünglich wäre beispielsweise eine solche Evakuierung in die Kompetenz der staatlichen Verkehrsbetriebe
gefallen. Die gibt es allerdings nicht mehr, und ihre privaten
Nachfolger kann niemand dazu zwingen, sich im Ernstfall in
die radioaktiv verseuchten Gebiete zu begeben.

Störfälle

Alles, was mit der Nutzung der Nuklearenergie zusammenhing,
inklusive der Sicherheitsmaßnahmen, galt als „top secret". Erst
nach 1989 erfuhr die Öffentlichkeit von einigen tödlichen,
glücklicherweise nicht direkt mit der Kernkraft zusammenhän-
genden Unfällen in den AKWs. Sogar die Aufklärung der Bevölkerung über das Gefahrenausmaß nach der Tschernobyl-Explo-
sion fand erst nach 1989 statt.
Die radioaktive Wolke, die damals Tschechien erreichte, gab es
in drei Fortsetzungen. Die letzte kam am Tage der Befreiung,
dem 8. Mai. Die Regierung verheimlichte die Katastrophe zunächst einige Tage, dann bagatellisierte sie sie. Immerhin gab
sie interne Anweisungen: Das Vieh dürfe kein Grünfutter bekommen, die Radioaktivität von Fleisch, Milch, Eiern etc. wurde
unter Beobachtung gestellt. Selbstversorger wie zum Beispiel
Kleingärtner oder Pilzesammler haben allerdings keine Warnung
erfahren. Durchschnittlich gerechnet wurden die Tschechen im
Vergleich zu anderen europäischen Staaten (die direkt betroffenen Gebiete natürlich ausgenommen), der siebtstärksten Bestrah-
lung ausgesetzt.

Die in den letzten Jahren aufgekommene Diskussion im Hinblick auf die Kernkraftnutzung hat ihre Wurzeln in den langen Jahren der Geheimnistuerei. Vielleicht gerade deswegen
läuft sie so hitzig und emotionsgeladen ab. Viele Stimmen
fordern einen sofortigen Ausstieg aus dem Atomkraftpro-
gramm, viele sind sich ihrer eigenen Einstellung nicht sicher.
Aber sie fordern eine offene Diskussion zum Thema. Das betrifft nicht nur die Kernkraft allein, sondern alle Arten der
Energiegewinnung.

Schon kurze Zeit nach der politischen Wende steckte die Diskussion zwischen den Gegnern und den Befürwortern der Kernkraft in einer Sackgasse. Die Debatte kam in Bewegung, als beschlossen wurde, das seit Jahren im Bau befindliche Kernkraftwerk Temelín in Südböhmen zu beenden und in Betrieb zu nehmen. Einerseits stand dieses nahezu fertige Kernkraftwerk ungenutzt in der Landschaft herum und die Schlote der Kohlekraftwerke in Nordböhmen rauchten weiter. Andererseits war zu erwarten, daß die unsinnige Energievergeudung ein Ende finden und vernünftige Energiesparprogramme ins Leben gerufen würden. Diese Erwartungen wurden enttäuscht. Denn bevor die öffentliche Debatte konkrete und seriöse Formen annehmen konnte, wurde Václav Klaus zum Premierminister gewählt. Das war Ende des Jahres 1992, und seitdem erinnert die Diskussion an die Tage vor 1989: Die Regierung tut sich mit einer offenen Diskussion der Frage „Braucht die Republik überhaupt Temelín?" reichlich schwer.

Der offiziellen Darstellung nach wird Temelín gebraucht. Um den zukünftigen Bedarf zu befriedigen, ist der Bau angeblich unumgänglich. Offiziell heißt es dazu weiter, daß, um den Energiebedarf abzudecken, die ursprüngliche Energiepolitik im wesentlichen beibehalten werden solle. Doch schon vor dieser Darstellung ermutigte die Regierung beispielsweise zum Gebrauch von elektrischen Heizkörpern in den Haushalten; der Strom wurde subventioniert. Das führte zwar zur Minderung des Braunkohleverbrauchs, aber der benötigte Strom fehlte. So wurde ein zusätzliches Argument für Temelín geschaffen. Zum Vergleich: Die von Tschechien jährlich für alternative Energien freigestellte Geldsumme wird in Temelín innerhalb einer Woche für die Fertigstellung des Kernkraftwerks verbaut.

Der Staat hat es bis 1997 aus wirtschaftspolitischen Gründen verzögert, die Energiepreise anzuheben, und zwar so, daß der Verkaufspreis auch dem Erzeugerpreis entspräche. Selbstverständlich hat sich daher niemand, am wenigsten die Industrie, verpflichtet gefühlt, mit der Energie sparsam umzugehen. Somit entspricht der in der Produktion benötigte Energieverbrauch eher den Zuständen unter den Kommunisten als den Ver-

brauchsdaten der Industrienationen. Es zeigt sich, daß, auch wenn das Kernkraftwerk ans Netz geht, die Kohlekraftwerke im Norden nicht abgestellt werden können. Die Inbetriebnahme des Kernkraftwerks wird somit das Defizit zwischen Nachfrage und Angebot nicht lösen können. Und außerdem: Die Lebensdauer des AKW Dukovany wird auf 30 Jahre geschätzt. Sehr wahrscheinlich wird diese Grenze um weitere 10 Jahre heraufgesetzt. Sollte der heutige Energieverbrauch und der die Kernkraftenergie eindeutig befürwortende Kurs beibehalten werden, so müßte kurz nach dem Jahre 2000 im kleinen Tschechien der Bau eines weiteren Kernkraftwerks in Angriff genommen werden.

Die Grüne Gefahr

Bürgerinitiativen und Umweltorganisationen wie „Grüner Kreis", „Kinder der Erde", „Robin Wood" oder „Greenpeace" haben in Tschechien mit drei wesentlichen Problemen zu kämpfen. Zum einen ist es die große Interesselosigkeit der breiten Öffentlichkeit in bezug auf Umweltthemen und -aktionen. Das dürfte erklären, warum beispielsweise direkte Aktionen von Greenpeace keine große Beachtung erfahren. Obwohl gerade die Mondlandschaften Nordböhmens allen Grund zur Sorge bieten.

Den zweiten Grund stellt die tschechische Bürokratie dar. Eine der ökologischen Bürgerinitiativen beschreibt ihren Versuch, in einer Prager Straße die Begrünung mit dreizehn neuen Bäumen zu erneuern: „Viele Grünflächen und Bäume sind den Gebäuden und Straßenerweiterungen infolge des Aufschwungs zum Opfer gefallen. Die Stadt hat kaum Geld, um die Begrünung zu erneuern. Außerdem sind die meisten Bäume in den Städten überaltert, deren Sterberate wird durch das winterliche Salz auf den Straßen kräftig unterstützt. Daher haben wir beschlossen, Geld zu sammeln und neue Bäume zu pflanzen. Der weitere Verlauf der Aktion mutet uns jedoch sonderbar an, und wir verstehen, warum Kafka sein „Schloß" wahrscheinlich nicht ohne Prager Erfahrungen hätte schreiben können. Denn es gibt eine erschreckende Fülle an Bestimmun-

gen, beispielsweise über die Art und Höhe der zu pflanzenden Bäume. Sie dürfen wegen der vielen Allergiker nicht blühen. Auch eine bestimmte Stärke des Stammes (stärker als ein Männerarm) wird gewünscht, damit der Baum von umherziehenden Vandalen nicht so leicht gebrochen werden kann. Daher benötigten wir für die Pflanzerlaubnis insgesamt 32 Stempel – von der Verwaltung der U-Bahn, den Stromwerken, der Verwaltung der Kanalisation, dem Bauamt, der Feuerwehr, der Telekom, der Flugsicherung .... Die Besorgung dieser Stempel nahm zwei Jahre in Anspruch."

Nach uns die Sintflut

Im Sommer 1997 regnete es mehrere Wochen hintereinander. Ostböhmen, Nord- und Südmähren standen plötzlich unter Wasser. Als sich die Situation entspannte, schlugen die Tschechen den Mährern vor, die Städtische Polizei zur Küstenwache umzuwandeln. Doch es gab nichts zu lachen: 38 Tote, 60 000 Personen evakuiert, 12 000 Menschen in Notunterkünften, über 300 000 Tiere und 20 t Fische verendet. Straßen, Eisenbahnabschnitte (950 km), Städte und Dörfer (536 Gemeinden standen unter Wasser) verschwanden in den Fluten. Allein in der Nordmährischen Hauptstadt Olmütz riß das Hochwasser über 30 Häuser mit. An die 3000 Wohnhäuser und Wohnungen wurden total vernichtet, weit über 20 000 stark beschädigt. Der direkte Schaden wird mit etwa 10 Mrd. Kč (eine halbe Mrd. DM) beziffert, der Folgeschaden wird weitere negative Einflüsse auf die Wirtschaft ausüben.

Die Katastrophe förderte zwei Tatsachen zutage. Erstens: der Staatsapparat war auf eine solche Krise nicht sonderlich gut vorbereitet. Der Informationsfluß zwischen der Feuerwehr, der Armee, der Verwaltung und den Bewohnern klappte vielerorts nicht. Eine der Ursachen ist die Tatsache, daß die Gemeinde als kleinster Baustein der Verwaltung über die letzten Jahrzehnte praktisch nicht existierte, die Direktive kam stets von oben. Die Organe der „Basis" haben es nie gelernt, untereinander Informationen auszutauschen und Maßnahmen oder Entscheidungen transparent bzw. anderen zugänglich zu machen. Zweitens: Radikal abgeholzte Gebiete, gigantische Anbauflächen, begradigte Flüsse und Bäche fingen nur einen verschwindend geringen Teil der Niederschläge auf.

Für die heutige Zeit ist solch bürokratischer Wildwuchs symptomatisch. In den letzten Jahren fiel eine Reihe von verschiedenen Institutionen und Organisationen auseinander. Die Kompetenzen und Zuständigkeiten sind daher oft nicht eindeutig, die Kenntnis der entsprechenden Gesetze und Vorschriften dürftig. Das ergibt, gemeinsam mit dem fehlenden Bewußtsein an Verantwortung gegenüber dem Lebensraum, ein Verwaltungslabyrinth, das den ökologisch bewegten Bürger höchst effektiv zermürbt.

Zum dritten ist es die politische Einstellung zu ökologischen Bürgerinitiativen, die von höchsten Stellen Rückendeckung bekommt. Selbst Premierminister Klaus sprach davon, daß „nach dem Zusammenbruch des klassischen sozialistischen Gedankengebäudes der Umweltschutz als Mantel für die linke Ideologie mißbraucht worden sei, die eine Notwendigkeit staatlicher Eingriffe fordert und das spontane Funktionieren demokratisch entstandener Institutionen verhindert". Er sprach von einem „sogenannten Tag der Umwelt" und „sogenannten Umweltschutzorganisationen", die ihre Kritik nicht mit Fakten untermauerten, sondern auf politischen Haß oder auf Romantik, Irrationalität und falsches Moralisieren aufbauten.

Das läßt die öffentliche Öko-Diskussion, die in einer der führenden, stark pro-Klaus orientierten Zeitungen weniger von Ökologen, dafür um so mehr von Politikern und Soziologen getragen wird, in einem fahlen Licht erscheinen. Denn die Ökobewegten wurden bereits unter den Kommunisten als rechte Reaktionäre abgestempelt. Der damalige Oberkommunist Miroslav Štěpán ging einer offenen Diskussion zum Thema Umweltproblematik wie folgt aus dem Wege: „... natürlich ist uns jede Diskussion willkommen. Aber wir dürfen nicht vergessen, daß die westlichen, subversiv-ideologisch wirkenden Zentralen uns mit der Ökologie in die Ecke treiben wollen." Nun finden sich die „Grünen" plötzlich in der linken Ecke wieder. Dazu der ehemalige Premierminister höchstpersönlich: „Ökologie ist keine Wissenschaft und hat mit Wissenschaft auch nichts zu tun. Es ist eine Ideologie." Glückli-

cherweise sind die Beiträge mitunter auch kabarettistisch wertvoll – wenn etwa ein Referent des Schulministeriums die Öffentlichkeit davon zu überzeugen sucht, daß „Rohstoffe ihre Entstehung dem Menschen verdanken." Für eine solche überaus erbauliche Vorstellung, wie Tschechen in einer stillen Stunde fossile Brennstoffe produzieren, bleibt jeder Leser dem Verfasser lange verbunden.

Stoffbezug serienmäßig (Sondermodell auch in Denim lieferbar),
zweiter Scheibenwischer auf Wunsch, Dachgepäckträger, Hängeschloß
und Alufelgen. Sonderausstattung. Billig abzugeben. –
Foto: Jiří Burgerstein

Jugendliche Rocker am Wenzelsplatz. –
Foto: Süddeutscher Verlag, Wolfgang M. Weber

Tschechien auf einen Blick

Fläche: 78 864 km²

Hauptstadt: Praha (Prag) 1 215 532 Einw. (1992)

Bevölkerung: 10 310 286 (1991); Tschechen 94,4 %, Slowaken 3,1 %, Polen 0,6 %, Deutsche 0,5 %; die größte Minderheit des Landes bilden die Roma (keine statistischen Angaben).

Staats- und Regierungsform: Republik, 8 Verwaltungseinheiten (*kraje*)mit 72 Bezirken und Stadtverwaltungen (Brno, Ostrava, Plzeň);

Exekutive: Präsident (Wiederwahl möglich) und Regierung, die beide vom Parlament auf 5 Jahre gewählt werden.

Legislative: Abgeordnetenhaus (auf 4 Jahre gewählt) und Senat (Wahl auf 6 Jahre).

Judikative: Verfassungsgericht, dessen 15 Richter vom Präsidenten mit Zustimmung des Senats auf zehn Jahre ernannt werden.

Staatsembleme: Fahne: oben weiß – unten rot, von rechts ein blauer Keil; Wappen: ein zweischwänziger Löwe; Symbole: Lindenblatt, -baum.

Religion: römisch-katholisch 39,5 %, evangel. luth. 8 %, Tschechische Hussitische Kirche 3 %, Atheisten 39,7 % und andere.

Feiertage: 1. Januar; 1. und 8. Mai (Ende des II. Weltkriegs); 5. Juli (Ankunft der byzantinischen Mission; Kyrill und Method); 6. Juli (Verbrennung von Jan Hus in Konstanz); 28. Oktober (Gründung der Republik, Staatsfeiertag); 25. und 26. Dezember; 1. Juli bis 31. August Schulferien.

Wirtschaftliche Entwicklung: Bruttoinlandsprodukt + 4,4 %; Arbeitslosenquote 3,5 %; Anstieg der Verbraucherpreise 8,8 %; Veränderung der Reallöhne + 8,5 %; Leistungsbilanz in Mrd. US $: – 4,5 % (1996).

Inflation: nach dem Verbraucherpreisindex: 1996 8,8 %; 1997 8,5 %; Prognose für 1998 9,5 %.

Außenhandel: Export 21 918 Mio. US $, davon Nahrungsmittel, Öle, Fette 5,3 %; Roh- und Brennstoffe 9,2 %; Chemikalien 9,1 %; Halbwaren 28,8 %; Maschinen/Fahrzeuge 32,7 %; sonstige Fertigwaren 14,9 %. Importe: 27 824 Mio. US $ (davon Deutschland 82 90 Mio. US $).

Auslandsschulden: zwischen 1991 und 1995 Anstieg von 8,251 Mrd. US $ auf 14,724 Mrd. US $.

Internationale Mitgliedschaften: Vereinte Nationen und deren Sonderorganisationen, KSZE, Europarat, NATO-Kooperationsrat; NATO-Partnerschaft für den Frieden; Allgemeines Zoll- und Handelsabkommen (GATT); Internationaler Währungsfond (IWF); Weltbank; Europäische Bank für Wiederaufbau und Entwicklung (EBWE); Assoziierungsabkommen mit der EU (Beitrittsverhandlungen ab 1998, Vollmitgliedschaft evtl. um 2005).

Zeittafel

5.–6. Jh.	Ein byzantinischer Historiker erwähnt die Slawen, ihr Ursprung wird östlich des Dnjeprs vermutet
620–660	Samos Reich
768–814	Fränkische Herrschaftssphäre unter Karl d. Großen
830	Großmährisches Reich unter Fürst Mojmír
845	Taufe der böhmischen Fürsten in Regensburg
846	Fürst Rastislav wird Mojmírs Nachfolger
864	Ankunft der byzantinischen Mönche Kyrill und Method in Mähren, slawische Liturgie
869	Kyrill stirbt, Method wird Erzbischof von Mähren
885	Method stirbt, Ende der byzantinischen Mission
894	Rastislavs Nachfolger Svatopluk stirbt, Beginn des Zerfalls des Großmährischen Reiches; Rückkehr zur westlichen lateinischen Kirche und Kultur
929	Der Přemyslide Wenzel (Hl. Wenzel) wird von seinem Bruder Boleslav ermordet
997	Der Hl. Wolfgang, Bischof von Regenburg, erteilt seine Erlaubnis zur Gründung eines Bistums in Prag; zweiter Bischof wird der Hl. Adalbert (Vojtěch)
1085	Der Přemyslide Vratislav wird zum ersten böhmischen König gekrönt (der Titel ist ihm von Heinrich IV., dem Kaiser des Heiligen Römischen Reiches, verliehen worden)
1212	Goldene Bulle von Sizilien, Kaiser Friedrich II. bestätigt Přemysl Otakar I. Erblichkeit des Königstitels
1306	Wenzel III. wird in Olmütz ermordet, Ende der Přemyslidendynastie
1311–1346	Johann von Luxemburg, Sohn des römischen Kaisers Heinrich VII., heiratet Eliška, die Witwe Wenzels III. und wird böhmischer König
1347	Karl IV., sein Sohn, wird König von Böhmen
1348	Gründung der Prager Universität
1355	Karl IV. wird römischer Kaiser, er wählt Prag zur Hauptstadt seines Reiches
1378	Sein Sohn Wenzel IV. wird König

1415	Jan Hus wird nach dem Konstanzer Konzil auf dem Scheiterhaufen verbrannt
1415–1434	Unruhen in Böhmen, Jan Žižka und Prokop Holý führen die sogenannten Hussiten an, die Kriege enden mit der Niederlage der Hussiten bei Lipany
1458	Georg von Poděbrady wird von den böhmischen Ständen zum König von Böhmen gewählt
1471–1526	Nach seinem Tode fällt die böhmische Krone an die polnische Dynastie der Jagiellonen, der letzte dieser Dynastie gibt durch seinen Tod die Krone wieder frei, die böhmischen Stände wählen den Habsburger Ferdinand I. zum König von Böhmen
1547	Aufstand der böhmischen Stände gegen Ferdinand I.
1609	Kaiser Rudolf II., Ferdinands Nachfolger, erläßt das Majestat der Religionsfreiheit, mitsamt dem Hof zieht er von Wien nach Prag
1611	Rudolfs Bruder Matthias übernimmt die Macht; die Konfessionsproblematik entflammt aufs Neue
1618	Gesandte der böhmischen Stände dringen in die Kanzlei des Hradschin (2. Prager Fenstersturz)
1619	Matthias stirbt, im August wählen die böhmischen Stände den deutschen Protestanten Friedrich von der Pfalz zum König („Winterkönig")
1620	Schlacht am Weißen Berg, Friedrich von der Pfalz flieht aus dem Land, Hinrichtungen und Exil des böhmischen Adels; später wird Deutsch zur Amtssprache erhoben
1740–1780	Herrschaft von Kaiserin Maria Theresia
1780–1790	und ihres Sohnes Josef II.; der „aufgeklärte" Absolutismus mündet in die Aufklärung
1781	Aufhebung der Leibeigenschaft
1800	Seit Beginn des Jahrhunderts formiert sich die tschechische Nationalbewegung (Wiedergeburt)
1848	Slawenkongreß in Prag, ein Aufstand wird niedergeschlagen
1914–1918	Erster Weltkrieg, gegen die Monarchie bildet sich im Exil eine tschechische, von T. G. Masaryk angeführte Opposition
1918	Die Tschechoslowakische Republik wird ausgerufen

	(28. 10.); T. G. Masaryk wird ihr erster Präsident; die bis dahin administrativ Ungarn unterstellten Slowaken bekennen sich zu dem neuen Staat; Tschechisch wird Amtssprache
1919	Beitritt der Karpato-Ukraine (nach 1945 fällt sie an die Sowjetunion
1918–1939	Erste Republik
1933	Gründung der Sudetendeutschen Partei (SdP) durch Konrad Henlein
1938 24. 4.	Karlsbader Programm: die SdP fordert die völlige Autonomie des Sudetenlandes, die Gegenvorschläge der Regierung in Prag werden abgelehnt;
29. 9.	Hitler, Mussolini, Chamberlain und Daladier unterschreiben das Münchener Abkommen (tschechisch: „Münchner Diktat") die Grenzgebiete werden von der deutschen Armee besetzt
5. 10.	Präsident Beneš geht ins Exil nach England, sein Nachfolger wird Dr. Hácha
1939	Einmarsch der deutschen Truppen in die „Rest-Tschechei", das Protektorat Böhmen und Mähren wird errichtet; die Slowakei wird als „Schutzstaat" des Deutschen Reiches eigenständig (1939–1945);
1942	Auf Statthalter Neurath folgt Reichsprotektor Heydrich, der im Juni nach einem Attentat stirbt; brutale Vergeltungsmaßnahmen, u. a. die Liquidierung des Dorfes Lidice
1945	Amerikanische und sowjetische Armee befreien das Land (in Jalta vereinbarte Demarkationslinie: Budweis – Pilsen – Karlsbad); Prager Aufstand gegen die deutsche Besatzungsmacht (5. 5.); Präsident Beneš kehrt aus dem Exil zurück und übernimmt die Regierungsgeschäfte (Dekrete); die Vertreibung der Sudetendeutschen beginnt
1948	Übernahme der Macht durch die Kommunisten, erster „Arbeiterpräsident" Klement Gottwald
1953–1957	Verfolgung des Klerus und politische Prozesse
1957	Antonín Novotný Präsident
1964	Kafka-Konferenz in Libnice, Auftakt zum Prager Frühling; Novotný tritt ab, Alexander Dubček wird

	Vorsitzender der KP, Präsident wird General Ludvík Svoboda
1968	Prager Frühling, Einmarsch der sowjetischen Truppen und der Truppen des Warschauer Paktes
1969–1973	Die Zeit der „Normalisierung", Präsident wird der Slowake Gustáv Husák
1977	Bürgerbewegung Charta 77
1989	Das Bürgerforum wird zu tragenden Kraft der „Samtenen Revolution"
Nov.	Die kommunistische Regierung wird nach vierzig Jahren ohne Blutvergießen abgesetzt
Dez.	Václav Havel wird Präsident
1990	Diskussionen über die wirtschaftliche Transformation (u. a. Liberalisierung der Binnen- und der Außenwirtschaft, Privatisierung der Staatsbetriebe)
1992	Wahlen: Der Ökonom Václav Klaus (Demokratische Bürgerpartei) wird Premierminister
16. 12.	Die neue Verfassung der Tschechischen Republik als „demokratischer Rechtsstaat" wird verabschiedet. Die Charta der Grundrechte und -freiheiten, die nach dem Umbruch im Januar 1991 von der tschechoslowakischen Bundesversammlung beschlossen worden war, wird unverändert von Tschechien übernommen.
1993, 1. 1.	Tschechen und Slowaken bilden zwei unabhängige Republiken
1996	Wahlen bestätigen, wenn auch mit Verlusten, die regierende Partei im Amt
1997, Dez.	Václav Klaus tritt nach Spendenaffäre zurück, Nachfolge wird Josef Tošovský
1998, Jan.	Republikanerchef Miroslav Sládek wird wegen rassistischer und antideutscher Ausfälle verhaftet; Havel wird im 2. Wahlgang als Staatspräsident wiedergewählt

Die wichtigsten politischen Parteien

Občansko-demokratická strana (ODS) – *Demokratische Bürgerpartei*
liberalkonservativ, stützt sich vor allem auf die Mittel- und Oberschicht der größeren Städte und auf Selbständige; Abspaltung der Freiheitsunion im Januar 1998

Občansko demokratická Aliance (ODA) – *Demokratische Bürgerallianz*
stützt sich auf eine ähnliche Wählergruppe wie die ODS (beide Parteien haben einen gemeinsamen Ursprung in der Bewegung „Bürgerforum" der frühen 90er Jahre

Česká sociální strana demokratická (ČSSD) – *Tschechische Sozialdemokratische Partei*
die wichtigste oppositionelle Partei, die auch Exilsozialdemokraten, Dissidenten oder ehemalige Kommunisten aufnahm

Křest'ansko-demokratická Unie/Česká strana lidová (KDU-ČSL) – *Christlich-Demokratische Union/Tschechische Volkspartei*
eine ehemalige Blockpartei (d.h., sie bestand früher neben der KP, deren Führungsrolle sie anerkannte), die v. a. Gläubige, Landwirte und die ländliche Bevölkerung anspricht

Sdružení pro Republiku/Republikánská strana Čech (SPR-RSČ) – *Vereinigung für die Republik/Tschechische Republikanische Partei*
eine Partei der Ewiggestrigen und Benachteiligten des Systemwechsels, die nun eine kollektive Xenophobiepflege betreiben und gegen ethnische Minderheiten Tschechiens agieren

Komunistická strana Čech a Moravy (KSČM) – *Kommunistische Partei Böhmens und Mährens*
nimmt alle Kommunisten auf, die bei den Republikanern keinen Unterschlupf mehr fanden

Tschechisch-deutsche Ortsnamen

Brno	Brünn
Bruntál	Freudenthal
České Budějovice	(Tschechisch) Budweis
Český Krumlov	Tschechisch Krumau
Česká Lípa	Böhmisch Leipa
Hradec Králové	Königgrätz
Cheb	Eger
Chomutov	Chomotau
Jablonec	Gablonz
Jihlava	Iglau
Karlovy Vary	Karlsbad
Klatovy	Klattau
Liberec	Reichenberg
Litoměřice	Leitmeritz
Mariánské Lázně	Marienbad
Mladá Boleslav	Jungbunzlau
Moravská Ostrava	Mährisch Ostrau
Most	Brüx
Olomouc	Olmütz
Opava	Troppau
Plzeň	Pilsen
Praha	Prag
Ústí nad Labem	Aussig
Teplice	Teplitz
Terezín	Theresienstadt
Trutnov	Trautenau
Vyškov	Wischau
Žatec	Saatz
Znojmo	Znaim

Deutsch-tschechische Kontakte

Dipl. Vertretung Tschechiens:
  Bonn: Botschaft der Tschechischen Republik, Ferdinandstraße 27,
  53127 Bonn; Tel.: 02 28/91 97–0, Fax: 91 97–281
  Wien: Penzingerstraße 11–13, Tel.: 02 22/8 94 37 41
  Bern: Muristraße 53, Tel.: 0 31/44 36 45
Deutschland: Botschaft der Bundesrepublik Deutschland, P.O. Box č.88,
  Vlašská 19, 11801 Praha 1; Tel.: 02/24 51 03 23, Fax: 24 51 01 56
Österreich: Österreichische Botschaft, Victora Huga 10, 15000 Praha 5
  (Smíchov); Tel.: 02/24 51 16 77
Schweiz: Schweizer Botschaft, Pevnostní 7, 16000 Praha 6 (Střešovice);
  Tel.: 02/24 31 12 28
Die Deutsch-tschechische Handelskammer, Masarykovo nábřeží 30,
  11121 Praha 1;
Deutsch-Tschechische und Deutsch-Slowakische Wirtschaftsvereinigung
  e.V. (DTSW e.V.), Altebornstraße 1, 60389 Frankfurt/Main
Jugendaustausch: Koordinierungsstelle für den Deutsch-Tschechischen
  Jugendaustausch, Gutenbergplatz 1 a, 93047 Regensburg
Deutsch-Tschechische Studentenvereinigung e.V., Burgstraße 39,
  37073 Göttingen

Tschechien im Internet

Auf der Suche nach dem Stein der Weisen organisieren die www-Such-
dienste ihr Angebot gelegentlich um. Daher empfiehlt es sich, z.B. über
Programme wie AltaVista (http://www.altavista.digital.com) oder Yahoo
(http://www.yahoo.de) einzusteigen.
  Die zahlreichen Einträge reichen von „Art und Humanities" über
„Government, News and Media" bis „Science" etc. und sind mehrheitlich
auf Tschechisch und Englisch gehalten. Von Interesse sind auch spezielle
Seiten (www.czech.cz) mit ihren „Daily news" und den von hier aus er-
reichbaren weiteren Infos. An einer aufschlußreichen Diskussion zu aktuellen Problemen kann unter Usenet – soc.culture.czecho-slovak teilgenommen werden. Ein lesenswerter e-mail news service unter dem Namen
CAROLINA bringt wöchentlich aktuelle Nachrichten über Tschechien.
Der Subskriptionsvorgang wird auf einer www Seite (http.//www.cuni.cz/
cucc/carolina/notickaENG.html) erläutert.

Literaturhinweise

Sprachliche Hilfsmittel

Čechová, Elga/Trabelsiova Helena: Wollen Sie Tschechisch sprechen?
Česká Lípa (Böhmisch Leipa) 1992
Ein umfangreiches Lehrbuch, ohne einen Sprachlehrer kaum zu bewältigen

Frei, Bohumil Jiří: Tschechisch gründlich und systematisch, Bd. I, Verlag
Otto Sagner, München 1997
Anspruchsvoll und äußerst ausführlich, auch für Slawisten geeignet
(Bd. II und III in Vorbereitung)

Last Minute Tschechisch, Klett Verlag, Stuttgart 1996
Alltagsbegriffe für Reisende, Kenntnisse der Lautschrift notwendig

Marco Polo Tschechisch, Mairs Geographischer Verlag, Ost Fildern
Die wichtigsten Begriffe des Alltags mit für jeden verständlichen Aussprachehilfen (pepř = päprsch)

Wortmann, Martin: Tschechisch Wort für Wort, Reise Know-How Verlag, Bielefeld [4]1995

Wegen der schwierigen Aussprache ist es oft notwendig, auch zu einem
für Autodidakten bestimmten Lehrbuch einen Lehrer hinzuzuziehen. Im
übrigen kann man sich in den meisten Fällen auf Deutsch problemlos verständigen.

Literatur für Reisende

Arens, Detlev: Prag. Kunst, Kultur und Geschichte der Goldenen Stadt,
DuMont Köln [4]1996
Ausführliche Geschichte des Landes, fachkundige und detaillierte Führung durch Prags Stadtlandschaft und Geschichte der Sehenswürdigkeiten; ein Exkurs zu der Burg Karlstejn und Prager deutsche Literatur;
reichlich bebildert; prakt. Hinweise im Anhang

Bartmann, Christoph: Prag, C. H. Beck, München 1994
Ein Insider-Lexikon: ein mit Vergnügen zu lesender und mit feiner Ironie geschriebener Blick hinter die Kulissen der Stadt und seiner Bewohner

Chwaszcza, Joachim (Hrsg.): Prag, Apa-Guides Reise- und Verkehrsverlag München, 1994
Geschichte und Kultur der Stadt mit 20 Rundgängen; darüber hinaus
Süd-, Westböhmen und westböhmische Kurorte; Berichte zum Thema
Musik, Theater, Architektur, Avantgarde, Küche; Essays von bekannten
Autoren; reichlich bebildert; praktische Informationen im Anhang

Frey, Alexander: Prag, Artemis Kunst & Reiseführer, München 1991
Ausschließlich Kunst & Kultur betreffender Reiseführer; sehr gute Darstellung der Sehenswürdigkeiten unter Einbeziehung der Geschichte, mit 42 Stadtrundgängen; ein für Reisende mit begrenzter Zeit hilfreiches Punktebewertungssystem

Fröhling, Stefan/Reuß, Andreas: Böhmerwald und böhmische Bäder, DuMont, Köln ²1996
Ausgewählte Wanderrouten mit Schwerpunkten auf beiden Seiten der Grenze des Böhmischen bzw. Bayrischen und Oberpfälzer Waldes (Museen, Baudenkmäler, Natur); prakt. Reisehinweise im Anhang

Gorys, Erhard: Tschechische Republik, Kultur, Landschaft und Geschichte in Böhmen und Mähren, Köln 1994
Umfangreiches Kapitel über Prag, ausführliche Beschreibung der einzelnen Verwaltungsregionen, deren Sehenswürdigkeiten und Baudenkmäler; reichlich bebildert; praktische Reisehinweise im Anhang

Gründel, Eva/Tomek, Heinz: Tschechien (Richtig Reisen), DuMont Verlag, Köln 1996
Prag und die einzelnen Verwaltungsregionen mit attraktiven Schwerpunktthemen, Exkurse über Kunst, Geschichte, Architektur, Literatur, Theater; reichlich bebildert, prakt. Reisehinweise im Anhang

Gründel, Eva/Tomek, Heinz: Prag, DuMont Reiseverlag, Köln ²1994
Anschauliche und und fundierte Beschreibung der Sehenswürdigkeiten; Vorschläge für attraktive Spaziergänge; Darlegungen zu Musik, Theater etc.; reichlich bebildert; praktische Informationen im Anhang

Humprey, Rob: Tschechische und Slowakische Republik (mit ausführlichem Prag-Teil) M. Müller Verlag, Erlangen 1993
Kurzgefaßte Angaben von A–Z, Prag wird auf 130 Seiten gesondert abgehandelt; ansonsten knappe Beschreibungen zu Sehenswürdigkeiten; ausführliche Angaben zu Unterkunft, Verpflegung, Verbindungen etc.

Ivory, Michael: Prag, Viva-Guide, EVA Verlag, Berlin 1994
Eine umfangreiche, prägnant präsentierte Menge an Informationen über Prag, Ausflüge in die nähere Umgebung eingeschlossen

Petro, Jozef/Werner, Karin: Tschechien, Reise Know-How Verlag, Bielefeld 1997
Ein praktisches Reisebuch mit umfangreichen Orts- und Landschaftsbeschreibungen, Darlegungen zur Geschichte, Land und Leuten, ausführliche praktische Informationen (Reisetips, Unterkunft, Verbindungen); Karten und Abbildungen eingeschlossen

DuMont Visuell: Prag, Köln 1996
Tabellarischer Lebenslauf der Stadt und überreichlich bebilderter, im FOCUS-Stil gehaltener Reiseführer zu den Prager Highlights; praktische Informationen im Anhang

Wagenbach, Klaus: Kafkas Prag, Klaus Wagenbach Verlag, Berlin 1997
Ein in jedem Sinne schönes Buch; eine bibliophile Ausgabe im Taschenbuchformat, verführt während der Spaziergänge zu Reminiszenzen in stillen Ecken der Prager Altstadt

Geschichte, Gesellschaft

Bundeszentrale für politische Bildung: Tschechen, Slowaken und Deutsche, Hrsg. Niedersächsische Landeszentrale für politische Bildung, Bonn 1995
Eine Aufsatzsammlung: Geschichte, Verständnisprobleme, Literatur, Umwelt

Grünwald, Leopold: Sudetendeutscher Widerstand gegen Nationalsozialismus, Rieß-Druck und Verlag, Benediktbeuern 1986

Heidinger, Annemarie: Vertrieben. Tagebuchaufzeichnungen aus den Jahren 1945/46, Wien 1995

Helsinki Watch: Struggling for Ethnic Identity, Czechoslowakia's Endangered Gypsies, New York 1992

Janáček, Josef: Das alte Prag, Gesellschaft m.b.H. Graz, Wien 1983

Langer, Gudrun: Die Bewertung des Barocks in der tschechischen und österreichischen Literaturgeschichtsschreibung des 18. Jh., München 1984

Lemberg, H., Seibt, F. (Hrsg.): Deutsch-Tschechische Beziehungen in der Schulliteratur und im populären Geschichtsbild, Georg-Eckert-Institut Braunschweig 1980

Rohan, Bedrich: Kafka wohnte um die Ecke, Herder Verlag, Freiburg 1986
Prager Gesellschaftsleben zwischen den beiden Weltkriegen

Seibt, Ferdinand: Deutschland und die Tschechen, Geschichte einer Nachbarschaft in der Mitte Europas, Piper Verlag, München 1993
Eine umfassende Darstellung des ein Jahrtausend währenden Nebeneinanders, ein auch in Tschechien stark beachteter Autor

Ströbinger, Rudolf: Schicksalsjahre an der Moldau, Casimir Katz Verlag, Gernsbach 1988
Tschechoslowakische Geschichte zwischen 1918 und 1970

Vodička, Karel: Politisches System Tschechiens, Lit Verlag, Münster 1996
Vom kommunistischen Einparteisystem zur Pluralität

Zayas, A.-M. de: Anmerkungen zur Vertreibung der Deutschen aus dem Osten, Kohlhammer Verlag, Stuttgart 1987

Wirtschaft

Alcamo, J. (Hrsg.): Coping with Crisis in Eastern Europe's Environment, Lancs, NY, 1993 S. 121–141

Deutsch-Tschechische Industrie- und Handelskammer (Hrsg.): Chancen und Perspektiven in der Tschech. Republik, Prag, 1994
Ein Handbuch für Geschäftspraxis und Investitionen

Frankfurter Allgemeine Zeitung: Tschechische Republik, Beilage der FAZ vom 23. 5. 1995

Handelsblatt: Beilage vom 5. 10. 95, Düsseldorf, Handelsblatt 1995

Kern, H.: Das Bankensystem der Tschechischen Republik, Rückblick – Transformation – Weiterentwicklung, eurotrans-Verlag, Regensburg 1994

Statistisches Bundesamt: Länderbericht Tschechische Republik 1995, Statistisches Bundesamt, Zweigstelle Berlin, Otto-Braun-Straße 70/72; 10178 Berlin

Die Deutsch-tschechische Handelskammer (Masarykovo nábřeží 30, 11121 Praha 1) gibt regelmäßig Publikationen heraus. Außerdem veröffentlicht auch die Tschechische Botschaft sog. „Wirtschaftsbriefe". Die Deutsch-Tschechische und Deutsch-Slowakische Wirtschaftsvereinigung e.V. (DTSW e.V. Frankfurt), gibt ein „BULLETIN Wirtschaft & Kultur" heraus. Eine weitere Zeitschrift, die sich an Geschäftsleute wendet, ist die „Central European Business Weekly", auch in Ungarn, Polen, der Slowakei, den USA und Großbritannien erhältlich.

Literatur

Schamschula, Walter: Geschichte der tschechischen Literatur, Köln 1990

Born, J. (Hrsg.): Deutschsprachige Literatur aus Prag und den böhmischen Ländern, Saur Verlag, München 1900–1925
Serke, J.: Böhmische Dörfer. Wanderungen durch eine verlassene literarische Landschaft, Wien 1987

Ein Verzeichnis empfehlenswerter tschechischer Literatur aufzulisten, scheint mir eine Bevormundung des Bücherfreundes. Größen wie beispielsweise Jan Neruda und seine *Kleinseitner Geschichten,* Karel Čapek mit vertrauten Werken wie *Aus dem Leben der Insekten, Krakatit, Das Absolutum oder die Gottesfabrik, Aus der einen Tasche in die andere* oder Jaroslav Hašek und sein *Abenteuer des braven Soldaten Schwejk* sind für den deutschen Leser nichts Neues. Auch Namen wie Teige, Skácel, Seifert (Nobelpreisträger 1984/Lyrik), Hrabal, Klíma, Kundera, Škvorecký, Kohout oder Ota Filip, um nur einige zu nennen, sind bekannt, vom Prager Kreis oder der Dissidentenliteratur ganz zu schweigen. Bei vielen tschechischen Schriftstellern und ihren Werken steht uns nach wie vor die Sprachbarriere im Wege. Hätten viele der heute weniger bekannten Literaten in einer „großen" Sprache geschrieben, wären sie auch „große" Schriftsteller geworden.

Eine Arbeitsgruppe an der TU in Berlin unter der Leitung von Professor Zimmermann arbeitet an einem Projekt der „Tschechischen Bibliothek". Mitherausgeber wird u. a. auch der Schriftsteller Jiří Gruša sein. Diese Bibliothek soll einen repräsentativen Überblick über die tschechische Literatur bis in die Gegenwart vermitteln. Geplant sind rund dreißig Bände.

Register

Die Verwaltungsbezirke Tschechiens

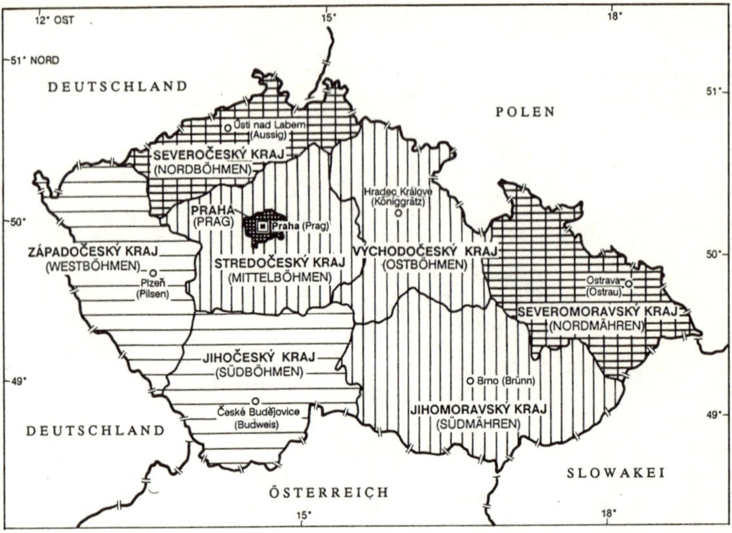

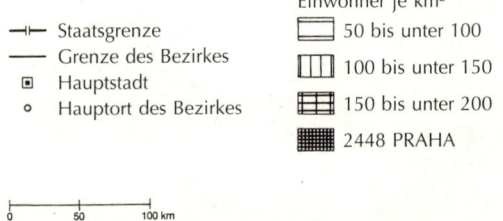

—⊢— Staatsgrenze	**Einwohner je km²**
—— Grenze des Bezirkes	⬚ 50 bis unter 100
▣ Hauptstadt	▥ 100 bis unter 150
○ Hauptort des Bezirkes	▦ 150 bis unter 200
	▨ 2448 PRAHA

0   50   100 km

Quelle: Statistisches Bundesamt 1995

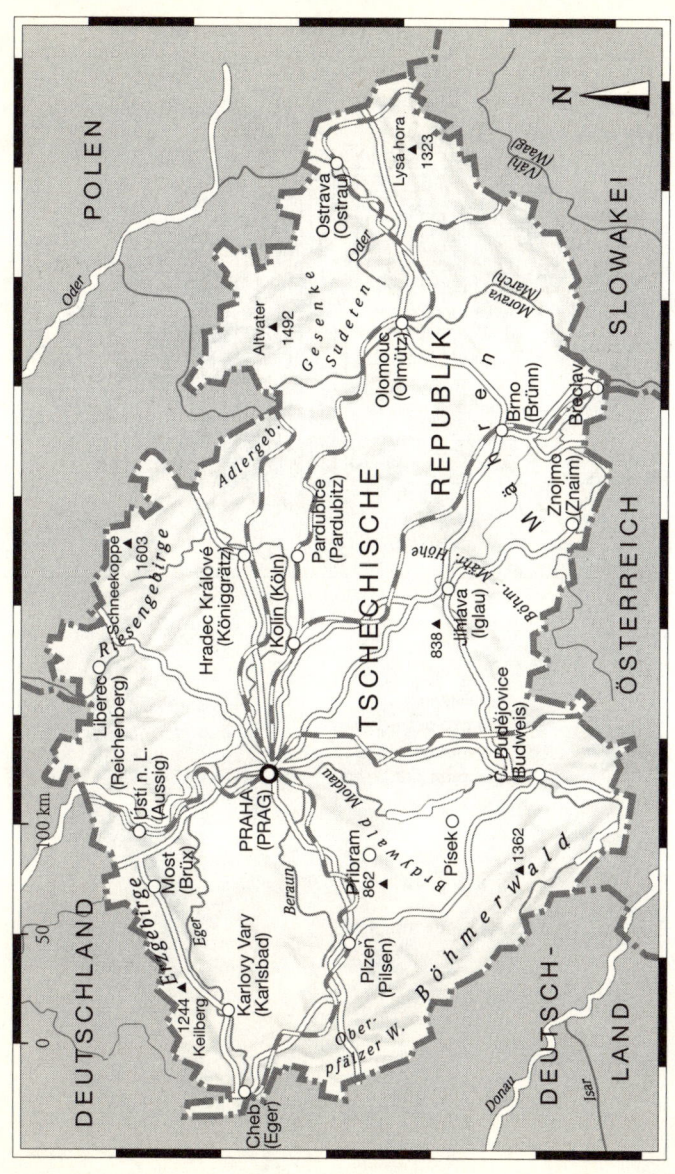

POLEN

SLOWAKEI

N

Oder

Ostrava
(Ostrau)

Lysá hora 1323

Altvater
1492

Vltava (Waag)

Gesenke

Sudeten

Oder

Olomouc
(Olmütz)

Morava
(March)

Brno
(Brünn)

Adlergeb.

Břeclav

Schneekoppe
1603

Pardubice
(Pardubitz)

Znojmo
(Znaim)

Riesengebirge

Hradec Králové
(Königgrätz)

Kolín (Köln)

Böhm.-Mähr. Höhe

Mähren

Liberec
(Reichenberg)

838 ▲

Jihlava
(Iglau)

TSCHECHISCHE

Ústí n. L.
(Aussig)

PRAHA
(PRAG)

Č. Budějovice
(Budweis)

REPUBLIK

Most
(Brüx)

Beraun

Příbram
862 ▲

Písek

Erzgebirge

Eger

Brdywald Moldau

Karlovy Vary
(Karlsbad)

1362 ▲

Keilberg
244 ▲

Plzeň
(Pilsen)

Böhmerwald

ÖSTERREICH

DEUTSCHLAND

0   50   100 km

Ober-
pfälzer W.

Donau

Cheb
(Eger)

Isar

DEUTSCH-

LAND

© Verlag C.H.Beck (1998)

Länder und Städte
in der Beck'schen Reihe

Verlag C.H. Beck München

Kleines Frankreich-Lexikon, von G. Haensch/P. Fischer
  (BsR 802)

Großbritannien, von H. Händel/D. Gossel (BsR 835)

Politisches Lexikon GUS, von R. Götz/U. Halbach (BsR 852)

Hamburg, von E. Eckhardt (BsR 1154)

Hongkong s. Taiwan

Horn von Afrika s. Äthiopien

Indien, von K. Gräfin v. Schwerin (BsR 820)

Indochina, von O. Weggel (BsR 809)

Irland, von M. P. Tieger (BsR 801)

Island, von P. Schröder (BsR 857)

Italien, von C. Chiellino/F. Marchio/G. Rongoni (BsR 821)

Kleines Italien-Lexikon, von C. Chiellino (BsR 819)

Japan, von M. Pohl (BsR 836)

Kleines Japan-Lexikon, von M. Pohl (BsR 861)

Jemen und Oman, von D. Ferchl (BsR 858)

Kenia, von H. Hecklau (BsR 853)

Kolumbien, von G. Dilger (BsR 864)

Korea, von H. W. Maull/I. M. Maull (BsR 812)

Politisches Lexikon Lateinamerika, hrsg. von P. Waldmann/
  H.-W. Krumwiede (BsR 845)

Madagaskar, von A. Osterhaus (BsR 867)

Madrid, von J. Oehrlein (BsR 1008)

Maghreb: Marokko, Algerien, Tunesien, von W. Herzog
  (BsR 834)

Marokko s. Maghreb

Mexiko, von K. Biermann (BsR 851)

Mongolei, von A. Schenk/U. Haase (BsR 848)

Politisches Lexikon Nahost/Nordafrika, hrsg. von
  U. Steinbach/R. Hofmeier/M. Schönborn (BsR 850)

Nepal, von W. Donner (BsR 833)

Neuseeland, von A. Hüttermann (BsR 844)

New York, von G. M. Freisinger (BsR 422)

Niederlande, von J. Schilling/R. Täubrich (BsR 817)

Verlag C. H. Beck München

Verlag C. H. Beck München

Osteuropa

Jörg K. Hoensch
Kaiser Sigismund
Herrscher an der Schwelle zur Neuzeit 1368–1437
1996. 652 Seiten mit 33 Abbildungen
und 5 Karten. Leinen

Jörg K. Hoensch
Geschichte Böhmens
Von der slavischen Landnahme bis zur Gegenwart
3., aktualisierte und ergänzte Auflage. 1997
588 Seiten mit 5 Karten. Leinen

Edgar Hösch
Geschichte der Balkanländer
Von der Frühzeit bis zur Gegenwart
3., durchgesehene und erweiterte Auflage. 1996.
382 Seiten mit 4 Karten. Leinen
(Beck's Historische Bibliothek)

Karl Schlögel (Hrsg.)
Der große Exodus
Die russische Emigration und ihre Zentren 1917–1941
1994. 448 Seiten mit 29 Abbildungen
und 16 Tafeln. Leinen

Hans-Joachim Torke (Hrsg.)
Die russischen Zaren 1547–1917
1995. 406 Seiten mit 24 Abbildungen. Leinen

Manfred Hildermeier
Geschichte der Sowjetunion 1917–1991
Entstehung und Niedergang des ersten sozialistischen Staates
1998. Etwa 1100 Seiten. Leinen

Verlag C. H. Beck München

Osteuropa

Thomas Urban
Deutsche in Polen
Geschichte und Gegenwart einer Minderheit
3., aktualisierte Auflage. 1994. 224 Seiten mit 3 Karten. Paperback
(Beck'sche Reihe Band 1012)

Adam Krzeminski
Polen im 20. Jahrhundert
Ein historisches Essay
2., überarbeitete und erweiterte Auflage. 1998
Etwa 240 Seiten mit etwa 4 Karten. Paperback
(Beck'sche Reihe Band 476)

Andreas Kappeler
Kleine Geschichte der Ukraine
1994. 286 Seiten mit 5 Karten. Paperback
(Beck'sche Reihe Band 1059)

Andreas Kappeler
Rußland als Vielvölkerreich
Entstehung – Geschichte – Zerfall
2., durchgesehene Auflage. 1993. 395 Seiten mit 11 Karten. Leinen

Anemie Schenk)
Deutsche in Siebenbürgen
Ihre Geschichte und Kultur
1992. 191 Seiten mit 60 Abbildungen. Gebunden

Friedrich Prinz
Szenenwechsel
Eine Jugend in Böhmen und Bayern
1995. 210 Seiten. Paperback
(Beck'sche Reihe Band 1136)

Verlag C. H. Beck München

Inhaltsverzeichnis

Vorwort

Die Kommunikations-Branche durchläuft einen fundamentalen Wandel. Seit dem Einzug von Web 2.0 und der massenhaften Nutzung der sozialen Medien stehen Kommunikationsabteilungen und Agenturen gleichermaßen vor der Herausforderung, ihre kommerziellen Botschaften einer Öffentlichkeit zu präsentieren, die sich dank einer Vielzahl von Filtertechnologien zunehmend immun gegenüber einer einseitigen Platzierung von Unternehmensmeldungen zeigt. Die Tage der klassischen Pressemitteilung sind gezählt und Berufseinsteiger bis hin zu gestandenen Profis stehen vor der Aufgabe, sich dem eingeforderten Dialog ihrer Zielgruppe zu stellen.

Eine wirksame Strategie stellt die Methodik des Storytellings dar, um Dialoge gezielt zu fördern und um Botschaften in einer neuen Medienlandschaft zu inszenieren.

Dieses Buch bietet einen Einstieg in diese Disziplin und liefert die nötigen Hintergründe und Tipps zur praktischen Anwendung.

Amos   Berlin, 15. August 2012

Wie kommunizieren Unternehmen?

1

Lernziele

- In diesem Kapitel werden die Grundlagen der Unternehmenskommunikation erläutert und erklärt, wie Storytelling in den Kommunikationsmix passt.
- Sie lernen, mit welcher Methodik Geschichten konstruiert werden und welche Elemente eine Dramaturgie hat.

Aufmerksamkeit und Reputation

Seitdem Unternehmen industrielle Produkte herstellen und anbieten, haben sie die Notwendigkeit erkannt, auch ihre Kommunikation auf einem Markt der Aufmerksamkeit repräsentieren zu müssen. Wo Produkte in Wettbewerb miteinander stehen, zählt jede Sekunde Aufmerksamkeit von potenziellen Käufern, Meinungsbildnern und dem Markt im Allgemeinen.

▶ **Öffentlichkeitsarbeit stellt neben dem Marketing das wichtigste Werkzeug dar, um seinen Unternehmen Aufmerksamkeit und Reputation zu verleihen.**

Unternehmen und ihre Produkte können niemals für sich selbst stehen, sondern sind auf eine stetige Wechselwirkung mit allen Marktteilnehmern angewiesen. Der Job von PR-Abteilungen und PR-Agenturen besteht letztendlich darin, eine Öffentlichkeit für ihre Botschaften zu schaffen und Botschaften zu konstruieren, die im Wettbewerb mit einer nahezu unendlichen Menge an konkurrierenden Botschaften bestehen können.

Schon hier wird schnell deutlich: Wer nicht kontinuierlich kommuniziert, verliert Aufmerksamkeit, und wer nicht wahrgenommen wird, existiert eigentlich gar nicht, und wir Konsumenten kaufen in der Regel nur Dinge, von denen wir uns eine Meinung bilden können.

Dieser Markt der Meinungen ist das Spielfeld, auf dem der PR-Experte sein Können unter Beweis stellen muss. Und für diese Fragen muss er Antworten finden:

- Wo werden Meinungen gemacht?
- Wer ist für die Meinungsbildung am relevantesten?
- Wie bringe ich meine Botschaft in Umlauf?
- Welche Meinungen will ich erzeugen?

Bis vor wenigen Jahren gab es auf die Frage nach dem „Wo" noch eine recht einfache Antwort: Meinungen werden in den Medien

gemacht. Und Medien werden von Redaktionen gemacht, die für ihr Publikum entsprechend ihrer Ausrichtung (Nachrichten, Sport, Wirtschaft, Unterhaltung etc.) Botschaften herausfiltern, einer Gewichtung unterziehen und aufbereiten.

Das „Wer" kann man damit auch hinreichend beantworten: Es sind die Medienvertreter in ihrer Funktion als Gatekeeper der Kanäle, die sie besitzen. Wenn diese Personen einen Neuigkeitswert in der Botschaft erkennen, wird sie publiziert. Das ist das Ziel von dem, was man deshalb auch gemeinhin als „Pressearbeit" bezeichnet: Redaktionen eine Pressemitteilung so aufzubereiten, dass sie z.B. für den redaktionellen Teil einer Zeitung einen Nachrichtenwert hat.

Man könnte also ketzerisch sagen, dass PR-Abteilungen nichts anderes tun, als Pressemitteilungen an Medienhäuser zu verschicken, die diese dann bereitwillig in ihr Programm aufnehmen, aber die Realität sieht natürlich anders aus. Redakteure sind auch nur Menschen und ein großer Teil der Bemühungen von PR-Experten besteht darin, langfristige Beziehungen zu diesen Meinungsführern aufzubauen, um ihre Botschaften auf persönlichem Wege vermitteln zu können.

▶ **Erfolgreiche PR basierte schon immer auf zwischenmenschlichen Beziehungen und in Zukunft – in Zeiten der sozialen Medien – wird das Führen eines Dialogs auf Augenhöhe sogar an Bedeutung zunehmen.**

Public Relations ist in der Unternehmenskommunikation noch die Profession, die einem realen Dialog am nächsten kommt. Nicht minder wichtig ist die Kommunikation, die absatzorientierte Unternehmen über Marketing und Werbung betreiben. Anstelle des persönlichen Beziehungsmodells treten hier aber Zielgruppenansprachen, die beim Konsumenten eine Verhaltensänderung erzielen oder ein Bedürfnis wecken sollen.

Diese Werbeansprache erfolgt in der Regel immer durch ein Medium, um von der Zielgruppe wahrgenommen zu werden. Konkret heißt das, man verpackt seine Werbebotschaft in ein Format, z.B. einen emotionalen TV-Spot. Diesen Spot bucht man bei einer

Auswahl an TV-Sendern, die mit ihrem Angebot zur anvisierten Zielgruppe passen, und gleicht die Ausstrahlungszeiträume mit deren Sehgewohnheiten ab.

Die klassischen Medien haben in der Regel eine reine Senderfunktion, lassen also keinen Dialog zu. Kommt die Botschaft nicht an, weil sie schlecht verpackt oder platziert wurde (z.B. wird der TV-Spot nicht verstanden und läuft zur falschen Sendezeit), kann man das erst nach Eingang der Marktforschungsdaten und der Einschaltquotenmessung feststellen.

Begibt man sich mit seiner Werbebotschaft in die etablierten Kanäle, findet man sich zudem im direkten Wettbewerb um Aufmerksamkeit mit den anderen kommerziellen Botschaften, die in einem definierten Werbeblock ausgestrahlt werden. Das Problem: Ein Grundrauschen entsteht und Werber müssen ständig neue Strategien finden, um wahrgenommen zu werden.

Man kann zum Beispiel häufiger Werbung schalten, lauter und schriller werden oder sich durch visuelle Kreativität oder ganz einfach Sex Gehör verschaffen. Eines schafft man nicht: Man kommt aus dem Werbesandkasten, den der Werbeblock darstellt, nicht heraus. Das ist im Radio genauso wie auch in Magazinen, Zeitschriften und Plakaten.

Dazu haben die Konsumenten noch eine ganz besondere Fähigkeit entwickelt: Sie blenden Werbung einfach aus. Nicht nur durch technische Möglichkeiten oder Abschalten – sie schalten auf Durchzug und filtern das Grundrauschen der Werbebotschaften aus ihrer eigenen Wahrnehmung. Zunehmend spricht man von einer fortschreitenden Werbemüdigkeit und viele Werber erkennen: es funktioniert so einfach nicht mehr.

Etwa zum Jahr 2000 und spätestens als das Internet zum Massenmedium geworden ist, haben Marketingabteilungen begonnen, mit anderen Strategien zu experimentieren: Guerilla-Marketing, virales Marketing, Buzz-Marketing, um nur ein paar Beispiele zu nennen.

Viele dieser Ansätze sind in dieser Folge als Nischenlösungen in den Marketingmix aufgenommen worden, können für sich allein gesehen aber keine Antwort auf die Probleme geben, die sich in einer neuen Aufmerksamkeitsökonomie der digitalen Medien ergeben.

Die neuen Leitwährungen in den digitalen Medien sind sicherlich der „Like" von Facebook und der ReTweet von Twitter. Sie sind ein Indiz für die Verbreitung von Werbebotschaften und geben Aufschluss darüber, in welchen Netzwerken sie Gehör gefunden haben. Die Verbreitung erfolgt meistens auf viralem Wege, d.h., ihr liegt keine Mediaplanung und Schaltung im klassischen Sinne zugrunde, sondern sie muss schon im Design der Botschaft verankert sein.

▶ **Ganz gleich, ob man Endkunden oder ausgewählte Pressestellen ansprechen will: Die Botschaft muss in der Lage sein, sich selbst zu verbreiten, um dann in den anvisierten Netzwerken die gewünschte Wirkung zu entfalten.**

Dazu muss sie mit den geeigneten Haken und Ködern versehen sein, damit sie beim Empfänger nicht nur die nötige Aufmerksamkeit erzielt, sondern ihn auch zur Verbreitung anleitet. Aus dieser Denke hat sich die Disziplin des viralen Marketings entwickelt (oder auch Word-of-Mouth-Marketing), um es Unternehmen zu ermöglichen, im permanenten Grundrauschen der Internet-Kultur Aufmerksamkeit zu erzeugen.

Doch schnell stellte man fest, dass die Jagd nach dem lustigsten Video, dem verrücktesten PR-Stunt einem weiteren Wettrüsten der Marketingabteilungen gleichkommt und mit einem extrem hohen Aufwand verbunden ist. Niemand kann und will auf Dauer lustig und verrückt sein, zumal dies ein Charakterzug ist, der nur zu den wenigsten Unternehmen passt. Aufmerksamkeit ist wichtig, man muss sich dafür aber nicht den Narrenhut aufsetzen oder zum Marktschreier werden. Auch nicht im Internet.

Seit 2004 bzw. in Deutschland eher ab 2006 hat Facebook die digitale Welt gehörig umgekrempelt. Wo schon bei Google gilt, dass,

wer nicht in den Suchergebnissen gelistet wird, für das Internet eigentlich nicht vorhanden ist, zählt bei Facebook, dass, wer nicht aktiv vernetzt ist, nicht mehr Teil der Konversation ist.

Die Aufmerksamkeit wird also über die Gespräche und das Weiterreichen der kommerziellen Botschaft erreicht. Das Ziel jeder Unternehmenskommunikation ist aber nicht nur das Erzeugen von Wahrnehmung, sondern das Aufbauen und Halten von Kundenbeziehungen. Unternehmen müssen sich Gespräch für Gespräch eine Reputation aufbauen, um ihren Kunden zu beweisen, dass ihre Profile in den sozialen Medien mehr sind als eine Marketingmaßnahme, nämlich ein ernst gemeintes Gesprächsangebot.

Das Erzählen und Inszenieren von relevanten Geschichten – Storytelling – stellt eine Strategie dar, um glaubwürdig und langfristig Aufmerksamkeit und Reputation aufzubauen.

Warum Storytelling?   1.2

Beginnen wir mit einem Szenario:

Heiko Metz, 45, ist Leiter der Unternehmenskommunikation der Gutshof Fleischwurst GmbH & Co. KG. Das Unternehmen hat im letzten Jahr sein 100-jähriges Bestehen gefeiert und ist im Sektor der Qualitätsfleischwürste seit jeher unangefochtener Marktführer. Dem Unternehmensmotto „Gutshof Fleischwurst ist in aller Munde" hat man auch immer mit exzellenten Verbindungen zu Fach-, aber auch Publikumstiteln gerecht werden können.

Dennoch hat Herr Metz allen Grund zur Sorge und das lässt sich auch deutlich an seiner immer dünner werdenden Mappe der aktuellen Presse-Clippings sehen: In den letzten fünf Jahren ist die Quote trotz steigender Bemühungen von 100 platzierten Meldungen pro Jahr auf unter 15 gefallen. Herr Metz ist ratlos. Allem Anschein nach interessiert sich niemand mehr für Qualitätsfleischwürste. Und eine Tendenz in den letzten Quartalsergebnissen zeigt auch deutlich, dass sich das über

kurz oder lang auf den Unternehmensgewinn auswirken wird. Was ist geschehen?

Er greift zum Telefon und ruft Frau Ruge, seinen PR-Kontakt beim beliebten „Fit for Lifestyle"-Magazin an. Frau Ruge hat keine guten Nachrichten für ihn: Aufgrund der rapide sinkenden Auflage des Magazins wird die Redaktion mit dem Schwestermagazin des Verlags – „Lifestyle & Wellness" – zusammengelegt und der Fokus mehr auf Fitness und fleischfreie Ernährung gelegt. Für Wurst ist nur noch bedingt Platz. Herr Metz bedankt sich und legt resigniert auf.

Die Krise der Medien ist in erster Linie eine Krise der Aufmerksamkeit. Die Verlagsbranche ist besonders hart getroffen worden, da der Großteil ihrer Produkte im Internet aktueller und häufig auch völlig kostenlos konsumierbar ist. Was vor einigen Jahren noch ein Nischenphänomen war, ist längst Mainstream: das Lesen am Bildschirm. Und mit dem durchschlagenden Erfolg der Smartphones liegt der Medienkonsumfokus klar auf Online.

So treten die Online-Ableger der Publikumstitel in direkte Konkurrenz zu einer mehr als ebenbürtigen Anzahl an kostenlosen und von Usern generierten Angeboten.

Heiko Metz wird dies schlagartig bewusst, als er auf dem Nachhauseweg in der S-Bahn sitzt. Wo früher Pendler in Tageszeitungen, Magazine und Bücher vertieft waren, verbringt der Großteil der Reisenden die Zeit tippend und streichend über einen kleinen Bildschirm gebeugt. Herr Metz denkt nach: Wo früher eine Schlagzeile oder der Titel eines Magazin andeuten konnten, womit sich der Leser gerade beschäftigt, sieht man nur glänzende Apparate und weiße Kopfhörer ... Wo sind diese Menschen gerade? Und vor allem: Wo sind die Menschen, die sich noch für Fleischwurst interessieren?

Zu Hause angekommen, begrüßt er seine Tochter, die, über ihr Laptop gebeugt, mit ihren Freundinnen chattet und sich in ihrer Vegetariergruppe auf Facebook mit den neuesten Tipps und Infos versorgt. Seine Tochter gehört auch nicht mehr zur Zielgruppe seines Arbeitgebers, was für Herrn Metz auch völlig o.k. ist. Vegetarier stellen immer noch eine Minderheit dar, aber er wundert sich schon, mit welchem Elan und

mit welcher Fülle an Argumenten seine Tochter ihn schon in so mancher Diskussion zu bekehren versuchte.

Vegetarier haben kein PR-Problem, und wenn er seine Tochter so ansieht, geht es um mehr als einen Ernährungsstil, sondern um eine Gesinnung und einen Lifestyle. Vor allem: Es wird viel darüber geredet und diskutiert – besonders in den sozialen Medien im Internet.

Gibt es einen Lifestyle, in dem seine Qualitätsfleischwurst eine Rolle spielt? Wenn es nicht mehr im „Fit for Lifestyle"-Magazin ist: Wo sind die Meinungsführer und wie bringt er sie und ihre Zuhörer dazu, sich für seine Botschaft zu interessieren und darüber zu reden?

Herr Metz sitzt in seinem Arbeitszimmer. Neben sich die Mappe mit den Presse-Clippings und vor sich am Bildschirm eine Website für Vegetarier und solche, die es werden wollen. Er notiert sich seine Überlegungen:

- Bisher haben meine Botschaften durch den Umweg über die Medienvertreter Aufmerksamkeit und Meinungen erzeugt.
- Konsumenten bilden sich ihre Meinung inzwischen aber über andere Kanäle (das Internet, soziale Medien).
- Das einfache Platzieren einer Botschaft im Internet reicht aber nicht.
- Im Internet wird kommentiert und diskutiert.
- Eine Pressemitteilung ist kein Gespräch.
- Um mitreden zu dürfen, müssen Unternehmen wie normale Menschen sprechen.
- Wie sprechen normale Menschen?

Er hält inne und denkt an sein eigenes Gesprächsverhalten. Wann und wie spricht er über Produkte? Auf einem neuen Zettel schreibt er:

- Ich rede über Produkte, die mich begeistern.
- Ich rede mit meinen Freunden und Bekannten darüber. Im echten Leben, aber auch häufig in sozialen Medien.
- Ich preise das Produkt nicht an, sondern erzähle eher eine Geschichte mit persönlichem Bezug dazu.

Wieder hält er inne, nimmt die zwei Blätter und unterstreicht zwei Zeilen: Wie sprechen normale Menschen?... Sie erzählen sich Geschichten mit einem persönlichen Bezug.

Geschichten. Herrn Metz fällt etwas ein, das er vor einigen Wochen auf einem Seminar gehört hat, und googelt: „Storytelling". Bei Wikipedia findet er einen Link mit einer Begriffserklärung: Storytelling ist eine Methode in der Unternehmenskommunikation.

Kann Storytelling als Methodik ein Lösungsansatz für sein Problem sein? Um diese Frage zu beantworten, holen wir etwas weiter aus und überlegen, was Geschichten eigentlich sind.

Das Erzählen von Geschichten ist ja in erster Linie ein ganz natürlicher Vorgang. Menschen tauschen ständig kleine Anekdoten aus, um sich zu erzählen, was sie erlebt haben, und selbst diese Alltagsgeschichten folgen bestimmten Regeln.

Die Geschichte ist die beste Form, um diese Erlebnisse zusammenzufassen und merkbar zu machen.

Das hat zum einen neurologische, aber auch soziale Gründe: Unser Gehirn – ein weit verzweigtes neuronales Netzwerk – funktioniert in der Wahrnehmungsaufbereitung so, dass es ständig versucht, Muster zu erkennen und Zusammenhänge zu konstruieren. Kein Eindruck kann für sich allein stehen, sondern wird immer in einen Bezug zu anderen Ereignissen gestellt. Wenn uns ein Apfel auf den Kopf fällt, konstruieren wir automatisch die Ursache und die Wirkung dazu. Erst dann wird das Ereignis auch als Erinnerung gespeichert.

Dies trifft selbst dann zu, wenn Ursache und Wirkung nicht der Realität entsprechen. Wenn wir vermuten, dass der Apfel heruntergefallen ist, weil sich vorher ein Vogel auf den Ast gesetzt hat, dann speichern wir diese Annahme als Erinnerung ab. Diese Erinnerung besteht aus folgenden Komponenten:

- Ursache und Wirkung: Ein Vogel setzt sich auf den Ast und der Apfel fällt deshalb hinunter
- Zeitliche und räumliche Zuordnung: Der Apfelbaum am Dorfplatz gestern Abend
- Persönlicher Bezug: Der Apfel ist auf meinen Kopf gefallen

Geschichten sorgen für die Einprägsamkeit von Ereignissen. Insbesondere dann, wenn die Ereignisse von weitaus komplexerer Natur sind als das Beispiel mit dem Apfel. Sie erleichtern uns das Lernen, weil sie unserer Art entsprechen, die Welt wahrzunehmen.

Geschichten erleichtern die Kommunikation. Menschen sind soziale Wesen. Der Austausch von Informationen sichert unser Überleben und den Zusammenhalt von Gemeinschaften. Das Vermitteln von Informationen in der Form einer einprägsamen Geschichte war besonders in der Frühzeit die einzige verlässliche Methode, um einen Austausch über größere Entfernungen und vor allem auch über mehrere Generationen zu gewährleisten.

Geschichten schaffen Gemeinschaft und Identität. Gesellschaften und Organisationen definieren sich über ihren Fundus an gemeinschaftlich erzählten Geschichten. Nach innen hin schaffen sie Zusammenhalt und Identifikationsfläche, zeigen aber auch nach außen hin die Grenzen eines Kulturraums auf.

Geschichten brauchen einen guten Erzähler. Storytelling benötigt mehr als einen Versender der Botschaft. Gute Erzähler beherrschen nicht nur die Kunst der Dramaturgie (also des Aufbauens eines Spannungsbogens), sondern verfügen über einen hohen Grad an Empathie. Das heißt, sie passen die Dramaturgie an die Begebenheiten und Motivationen ihrer Zuhörer an. Genau diese Nähe ist es auch, die den Reiz einer gut erzählten Geschichte ausmacht.

Geschichten benötigen Zuhörer. Was sich zunächst so banal anhört, hat eine sehr große Bedeutung. Übersetzen wir diese Behauptung in „Botschaften brauchen eine Zielgruppe", wird klar, was damit gemeint ist: Wer etwas zu erzählen hat, muss sich genau im Klaren darüber sein, wem er es erzählen möchte.

Dazu sollte man sich auch Gedanken machen, zu welchem Zeitpunkt und an welchem Ort man sein Publikum am ehesten erreichen kann.

▶ **Fassen wir zusammen: Storytelling ist sehr effektiv, weil es unserer natürlichen Weise entspricht, Informationen aufzunehmen, zu verarbeiten und zu verbreiten. Geschichten sind identitätsstiftend und schaffen Gemeinsamkeiten.**

1.2.2 Wie passen Geschichten zu den Anforderungen, die moderne Unternehmen an ihre Kommunikationsabteilungen stellen?

Ungeachtet dessen, was ein Unternehmen konkret herstellt und anbietet: Es wird von Menschen organisiert, die in ihrer Gesamtheit die Unternehmenskultur darstellen. Die Unternehmenskultur (oder auch Corporate Culture) definiert sich als „Grundgesamtheit gemeinsamer Werte, Normen und Einstellungen, welche die Entscheidungen, die Handlungen und das Verhalten der Organisationsmitglieder prägen." (Quelle: Gabler Wirtschaftslexikon)

Dieser kulturelle Raum ist keine geschlossene Box: Mitarbeiter kommunizieren nicht nur über interne Hierarchien hinweg, sondern auch nach außen (mit Familie, Freunden, Kollegen und eben auch über soziale Netzwerke).

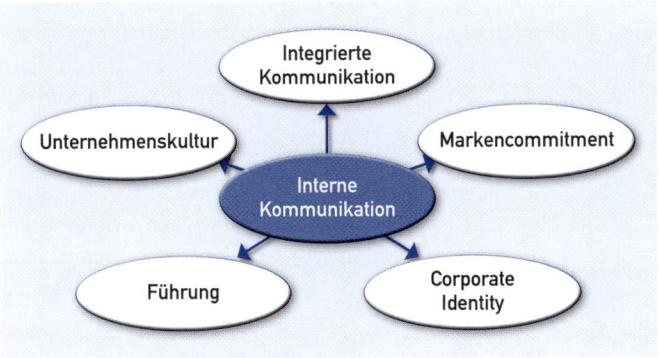

Abb. 1: Interne und externe Kommunikation

Neue Mitarbeiter kommen hinzu, verändern das Unternehmen und vor allem: Es vergeht Zeit. In diesem Prozess entsteht Unternehmenskultur und diese Kultur prägt die Reputation eines Unternehmens. Anders gesagt: Die Gesamtheit der Handlungen und Entscheidungen aller Mitarbeiter einer Firma formen deren Image.

Dieser Prozess läuft zunächst völlig ungesteuert ab, kann aber gezielt zur Beeinflussung der Innen- sowie Außenwahrnehmung eines Unternehmens beeinflusst werden.

Es reicht also nicht, eine Außenwahrnehmung über Kommunikationsmaßnahmen wie z.B. eine Imagekampagne zu konstruieren, man muss auch die permanent ablaufenden Kommunikationsprozesse im Inneren berücksichtigen und genau an dieser Stelle setzt Storytelling als Methode in der Unternehmenskommunikation an.

Storytelling in der Werbung   1.2.3

Gute Werbung hat schon immer Geschichten erzählt. Häufig ist die Methodik den Kreationsabteilungen aber immer noch nicht geläufig. Wenn man sich die Mühe macht und einen Werbeblock im Fernsehen aufmerksam verfolgt (was 99% aller Konsumenten heute nicht mehr machen), kann man sich die Zutaten eines einprägsamen Spots vor Augen führen.

Bereits in den 1970er-Jahren hat Donald Gunn, Creative Director der renommierten Werbeagentur Leo Burnett, eine Kategorisierung vorgenommen, welche Arten von Werbespots besonders erfolgversprechend sind. Dabei ist er auf zwölf Grundmuster gekommen:

1. Das Produkt ist der Star und wird in Aktion gezeigt.
2. Zeige das Problem auf, das dein Produkt lösen kann.
3. Benutze ein Symbol oder eine Analogie, um das Problem aufzuzeigen, das du mit deinem Produkt lösen kannst.
4. Stelle einen Vergleich her, z.B. zum Produkt deines Konkurrenten.
5. Erzähle eine Story, die der Kunde mit deinem Produkt erleben kann.

6. Erzähle eine Story, in der du die Vorteile des Produktes demonstrierst.
7. Simuliere ein Verkaufsgespräch oder eine Präsentation durch einen Verkäufer.
8. Präsentiere eine berühmte oder außergewöhnliche Person in deinem Spot, an die sich jeder erinnern kann.
9. Benutze ein Symbol oder eine Analogie, um die Vorteile deines Produktes aufzuzeigen.
10. Zeige Menschen, mit denen sich deine Kunden identifizieren und das Produkt damit assoziieren können.
11. Zeige die „Unique Selling Proposition" des Produktes auf (also das Alleinstellungsmerkmal).
12. Parodiere ein bekanntes Fernsehformat.

In diesen Grundmustern taucht Storytelling nur zweimal auf. Erfolgreiche Spots, die den anderen Kategorien zugeordnet sind, werden dennoch auch immer Elemente einer Erzählung beinhalten. De facto basieren heutzutage die meisten Spots auf Kategorie 5 oder 6 und nehmen dann Anleihen bei den anderen Kategorien.

Beispiele

- Ein klassisches Beispiel ist ein prämierter Werbespot von Mercedes Benz aus den 80ern, in dem der Mann (der seine Frau betrügt) spät in der Nacht nach Hause kommt und als Ausrede vorbringt, er hätte eine Panne gehabt. Die gehörnte Ehefrau verpasst ihm eine schallende Ohrfeige und fügt hinzu: „Mit deinem Mercedes?" Hier finden sich alle Elemente einer gut inszenierten Story, die als überraschende Auflösung die hervorragende Pannenstatistik des Automobilherstellers kommuniziert (zu diesem Zeitpunkt ein USP).

- Negativbeispiele sind sicherlich sämtliche Werbespots der großen Elektromärkte, die sich darauf beschränken, wie ein Marktschreier im immer gleichen Format die neuesten Produkte und deren Tiefpreise anzupreisen. Die nötige Aufmerksamkeit kann so nur mit massivem Werbedruck erzeugt werden.

- Selbst Supermarktketten bedienen sich des Storytellings in TV-Spots und inszenieren episodenhafte Vignetten mit (vermeintlich) realen Mitarbeitern, die die Liebe und Hingabe zum Sortiment zum Thema haben.

Wir sind es gewohnt, in epischen Strukturen zu denken und wahrzunehmen, so ist es nur logisch, wenn man seine Werbebotschaften auf diesem Weg transportiert.

Fassen wir zusammen: Die heutige Medienlandschaft erfordert eine Verknüpfung aller Kommunikationsmaßnahmen. Diesen Ansatz nennt man integrierte oder 360°-Kommunikation. Verbraucher erleben diesen Medienmix zunehmend als komplex. Botschaften drohen so unterzugehen. Storytelling stellt eine gute Herangehensweise unter den identifizierten Grundmustern dar, um dem entgegenzuwirken

Interne und externe Kommunikation 1.2.4

Ein weiterer Aspekt kommt noch hinzu: Früher war es glasklar, wer im Unternehmen für das Formulieren und Senden der Botschaften nach außen verantwortlich war. Heute kann es ohne weiteres sein, dass mehr als ein halbes Dutzend Abteilungen unterschiedliche Kanäle bespielen. Es gibt auch noch Mitarbeiter, die aus eigenem Antrieb und ohne Auftrag Blogs betreiben und über das Unternehmen sprechen, sowie Fans, die sich auf unabhängigen Seiten und Profilen mit dem Unternehmen und seinen Produkten befassen.

Eine erste Antwort auf das fast inflationäre Aufkommen autorisierter und nicht autorisierter Botschaften in einer wachsenden Menge an Kanälen war das integrierte Marketing (oder auch „360°-Kommunikation"), was zwar das Verteilen der Botschaften nach außen orchestrieren kann, aber noch keinen roten Faden für die Botschafter in den eigenen Reihen bietet.

Das mag sich zunächst vernachlässigbar anhören, ist aber von sehr hoher Bedeutung. Bereits 1999 wurde das Cluetrain-Manifest

(http://www.cluetrain.com/auf-deutsch.html) von den US-Amerikanern Rick Levine, Christopher Locke, Doc Searls und David Weinberger veröffentlicht, das in Anlehnung an Martin Luther in 95 Thesen beschreibt, welchen wachsenden Einfluss die neuen Technologien auf die Kommunikation haben werden und wie dadurch die Macht des konventionellen Marketings schwindet.

Das Manifest wird mit folgendem Satz eröffnet: *„Wir sind keine Zuschauer oder Empfänger oder Endverbraucher oder Konsumenten. Wir sind Menschen – und unser Einfluss entzieht sich eurem Zugriff."*

Das Manifest beschreibt deutlich, dass die Grenze zwischen innen und außen in Zeiten digitaler Kommunikation schwindet. „Märkte sind Gespräche" und auch die Mitarbeiter sind Teilnehmer dieses Marktes.

Das Cluetrain-Manifest hat auch heute nichts von seiner Brisanz verloren, hat es doch schon damals sehr deutlich aufgezeigt, welchen Einfluss die digitale Disruption auf Unternehmen und sogar auf ihre internen Kommunikationsstrukturen haben wird.

Herr Metz ist also gut beraten, sich nicht nur der Außenwahrnehmung der Gutshof Fleischwurst GmbH & Co. KG anzunehmen, sondern auch die internen Kommunikationsprozesse näher anzusehen, um eine Lösung für sein Problem zu finden.

1.3 Storytelling als Strategie

Es ist eine vergleichsweise einfache Sache, mehr Storytelling in seinen Anzeigen und TV-Spots einzufordern. Storytelling entfaltet seine Wirkung im eigentlichen Sinne aber erst, wenn es auch als Strategie verstanden und angewendet wird.

Um noch einmal auf das Cluetrain-Manifest zu verweisen – dort wird in These 18 proklamiert: *„Unternehmen, die nicht realisieren, dass ihre Märkte jetzt von Mensch zu Mensch vernetzt sind, deshalb immer intelligenter werden und sich in einem permanenten Gespräch befinden, verpassen ihre wichtigste Chance."*

Storytelling setzt dort an und versucht, mittels gut erzählter Geschichten Unternehmen dabei zu unterstützen, aktiver Teil der fortwährenden Gespräche in den sozialen Medien zu werden.

Bevor man Geschichten aktiv für die Kommunikation nutzen kann, muss man sie zunächst im Unternehmen selbst entdecken und vor allem feststellen, wer die Erzähler tatsächlich sind. Die Prämisse heißt hier tatsächlich: „Finden und nicht erfinden."

Die besten Erzählungen rund um ein Unternehmen und seine Produkte haben einen wahren Kern und der wird von den Mitarbeitern bewahrt.

Keine Unternehmensberatung und noch weniger eine externe Marketingagentur kann diesen wahren Kern nachträglich konstruieren. Genauso verhält es sich mit den Erzählern. Es geht also nicht um eine neue Methode, ein schillerndes Image zu etablieren, sondern um einen Ansatz, das Innerste nach außen zu kehren und authentisch mit einer Geschichte zu inszenieren.

Herr Metz fragt sich, welche Arten von Geschichten eigentlich in einem Unternehmen stecken können, schließlich geht es ja nicht darum, einen Roman zu schreiben oder ein Drehbuch für einen Film zu entwickeln. Oder etwa doch?

Tatsächlich stecken in der Historie bekannter Unternehmen sehr häufig gute Geschichten, die eine epische Struktur und ein Thema beinhalten. Es muss nicht immer der Moment der Gründung sein, den man für seine Erzählung nutzt. Häufig ist es viel interessanter, z.B. die Haltung zu identifizieren, die das Besondere im Unternehmen ausmacht, und diese adäquat in Szene zu setzen.

Was ist eine Geschichte? 1.3.1

Jeder Mensch kann Geschichten erzählen. Wie schon erwähnt: Das Aufbereiten und Vermitteln von Sachverhalten und Ereignissen in epischen Strukturen ist uns gewissermaßen angeboren. Wir erzählen unsere alltäglichen Geschichten intuitiv, doch welche Strukturen liegen dem zugrunde?

Zunächst ist eine Erzählung die Darstellung oder Wiedergabe eines Geschehens über eine Vermittlungsmethode (mündliche Überlieferung, Text, Bild, Bewegtbild etc). Das Geschehene bezeichnen wir als Geschichte. Dazu kommt noch der Akt des Erzählens selbst – die Narrativität – der eines Erzählers bedarf.

Wer der Schule nicht komplett ferngeblieben ist, weiß vom Schreiben einer Erörterung noch, dass jeder Text eine Basisstruktur von Anfang (Einleitung), einem Hauptteil und einem Schluss hat. Alles, was uns zwischen Anfang und Ende nicht gleich dazu bringt, geistig abzuschalten, bedarf eines Spannungsbogens – der Dramaturgie.

Seit der griechischen Antike sind die grundsätzlichen Strukturen einer Dramaturgie in unserem Kulturraum nahezu festgelegt und werden kaum variiert. Das klassische Drama ist in fünf Akte unterteilt, die eine bestimmte Funktion in der Gesamthandlung innehaben:

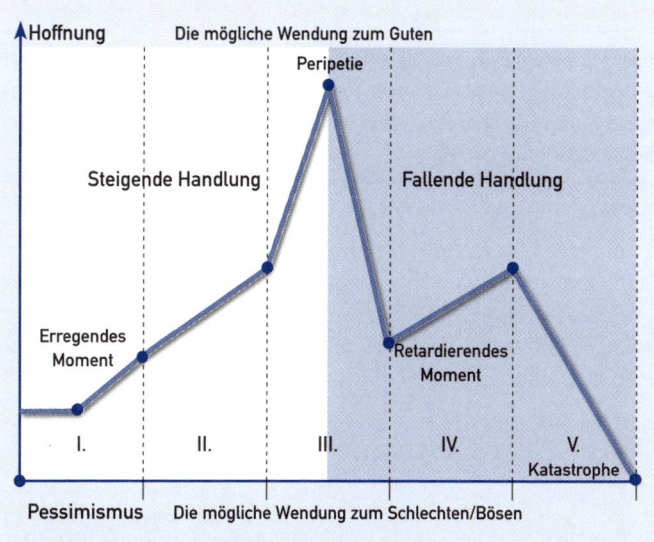

Abb. 2: Drama der geschlossenen Form (Tragödientyp)

Hinter den fünf Akten verbirgt sich Folgendes:

1. Akt: Exposition (Einführung in die Themen und den Personen-
kreis der Geschichte)
2. Akt: Ein Konflikt wird klar
3. Akt: Höhepunkt des Konflikts
4. Akt: Peripetie (der Wendepunkt)
5. Akt: Tragische oder komische Lösung des Konflikts (Happy End
oder nicht)

In Hollywood wird eine vereinfachte Gliederung in drei Akte angewendet, die ganz salopp ausgedrückt in folgende Formel passt:

 (Held + Wunsch) · Hindernisse = Geschichte

Bezeichnend in unserer europäischen Erzählstruktur ist, dass nahezu jede Geschichte einen Konflikt benötigt, um die Spannung
aufzubauen.

Sieben Arten von Geschichten   1.3.2

Geschichten, die man in der Unternehmenskommunikation erzählen und inszenieren kann, folgen den gleichen epischen Strukturen, die man aus der Literatur oder auch vom Film kennt. Christopher Booker erklärt in seinem sehr empfehlenswerten Buch „The
Seven Basic Plots", dass sich jede Geschichte auf der ganzen Welt
letztendlich auf sieben Archetypen zurückführen lässt. Diese Dra-
maturgien sind universell einsetzbar:
1. Overcoming The Monster (Das Besiegen des Monsters)
   ▶ Das Land wird von einem Bösewicht bedroht und der
   Held macht sich daran, ihn zu besiegen.
2. Rags To Riches (Vom Tellerwäscher zum Millionär)
   ▶ Dunkle Mächte bedrohen und unterdrücken den Helden.
   Der Held reift an diesen Herausforderungen und erlangt
   Reichtum, ein Königreich und natürlich die Prinzessin.
3. The Quest (Die Heldenreise)
   ▶ Es gibt etwas, was der Held unbedingt haben will. Mit
   seinen Gefährten macht er sich auf die Suche danach.
4. Voyage And Return (Die Reise und die Rückkehr)

▸ Der Held begibt sich auf eine Reise in ein fernes Land voller Wunder und Bedrohungen. Letztendlich triumphiert er und kehrt als gereifte Persönlichkeit in seine Heimat zurück.

5. Comedy (Die Komödie)

▸ Der Held und die Heldin sind füreinander bestimmt, aber eine dunkle Macht hält sie von ihrem Glück ab. Die Geschichte führt dazu, dass die dunkle Macht für ihr Handeln büßen muss und die Helden endlich zusammenkommen. Am Ende haben alle eine Lektion gelernt und eine oder mehrere Beziehungen kommen zustande.

6. Tragedy (Die Tragödie)

▸ Die Kehrseite von Plot 1. Der Hauptprotagonist ist der Bösewicht und die Geschichte beschreibt seinen langsamen Niedergang in die Dunkelheit, bis er letztendlich besiegt und das Land von seinem bösen Einfluss befreit ist.

7. Rebirth (Die Wiedergeburt)

▸ Wie in der Tragödie, aber dem Hauptprotagonisten gelingt die Kehrtwende und er sieht seinen Fehler ein, bevor er unweigerlich besiegt wird.

1.3.3 Die Heldenreise

Unter diesen Archetypen sticht eine Art von Geschichte in unserem Kulturraum besonders hervor. Es handelt sich um die Heldenreise oder Heldenfahrt (siehe 3. The Quest), die gerade in der europäischen Mythologie ihren Ursprung hat.

Die Heldenreise zeichnet sich in ihrer Grundstruktur durch eine typische Situationsabfolge und Charaktere aus. Diese Dramaturgie findet sich in vereinfachter Form in nahezu jedem Hollywoodfilm wieder.

Der US-amerikanische Drehbuchautor und Publizist Christopher Vogler entwickelte 1998 in seinem Standardwerk „The Writer's Journey" in Bezug auf den Mythenforscher Joseph Campbell und die Archetypenlehre des Schweizer Psychologen Carl Gustav Jung ein Modell der Heldenreise als Anleitung für Drehbuchautoren.

Abb. 3: Zyklus Heldenreise (Aus: Christopher Vogler „Die Odyssee des Drehbuch-schreibers", alle Rechte für die deutsche Ausgabe und Übersetzung Copyright © 1998, by Zweitausendeins Versand Dienst GmbH, www.Zweitausendeins.de)

1. Ausgangspunkt ist die gewohnte Welt des Helden.
2. Der Held wird zum Abenteuer gerufen.
3. Diesem Ruf verweigert er sich zumeist.
4. Ein Mentor überredet ihn daraufhin, die Reise anzutreten, und das Abenteuer beginnt.
5. Der Held überschreitet die erste Schwelle, nach der es kein Zurück mehr gibt.
6. Daraufhin wird er vor erste Bewährungsproben gestellt und trifft dabei auf Verbündete und Feinde.
7. Nun dringt er bis zur tiefsten Höhle vor und trifft dabei auf den Gegner.
8. Hier findet die entscheidende Prüfung statt: Konfrontation und Überwindung des Gegners.
9. Der Held wird belohnt, indem er z.B. den Schatz oder das Elixier raubt.
10. Nun tritt er den Rückweg an, während dessen es zur Auferste-hung des Helden kommt.
11. Diese Auferstehung ist nötig, da er durch das Abenteuer zu einer neuen Persönlichkeit gereift ist.

12. Anschließend tritt der Held mit dem Elixier den Heimweg an. Es wäre natürlich übertrieben und manchmal auch peinlich, wenn sich jetzt jedes Unternehmen als Held inszenieren würde. So, wie es in der Literatur unzählige Genres mit diversen Zwischentönen gibt, sollte man genau abwägen, welchen Ton man wählt und welche Geschichte am besten passt.

1.3.4 Aspekte einer Erzählung

Im Folgenden ist eine Auswahl an Themen aufgelistet, die zeigen, auf welche Aspekte man sich bei seiner Erzählung konzentrieren könnte:

■ **Die Mission:**
Der Gründungsmythos des Unternehmens. Unter welchen Umständen und in welchem Kontext zum Zeitgeist hat sich der Gründer entschlossen, das Unternehmen zu gründen? Welche Hindernisse musste er zunächst überwinden, wer waren seine Widersacher und wer seine Unterstützer?

Beispiele Als Beispiel sei hier die Gründung von Hewlett-Packard in der berühmten Garage erwähnt. Dieses Thema des kleinen, innovativen Start-ups wird immer wieder auch ganz bewusst inszeniert. Auch Apple hat in der elterlichen Garage begonnen, und dieser Mythos beschreibt in der Regel den mühsamen Weg auf der Suche nach Gründerkapital und den richtigen Mentoren, die an das junge Unternehmen glauben, sowie die Konfrontation mit den etablierten Widersachern, die das Neue und Innovative nicht erkennen und so überwunden werden.

■ **Die Gefährten:**
Wer sind die Kreativen, wer die Macher, die das Unternehmen vorangebracht haben? Sehr häufig ist es nicht nur ein kluger Kopf, sondern gleich zwei sich ergänzende Persönlichkeiten, die den Grundstein für ein erfolgreiches Unternehmen legen.

Beispiele Um beim Beispiel Apple zu bleiben, waren es das Computergenie Steve Wozniak und der visionäre, aber auch geschäfts-

tüchtige Steve Jobs, denen es aus ihrer Garage heraus gelang, den Computerriesen IBM mit ihrer Vision des günstigen Personal Computers für jedermann herauszufordern.

■ Die Geheimformel:

Welche besondere Geschichte steht hinter dem Produkt? Das magische Etwas, das jedes Produkt haben möchte. Marketingexperten reden von USP (Unique Selling Proposition), was der Geheimformel nicht wirklich gerecht wird. Hier ist natürlich von Coca-Cola und der sagenumwobenen, streng geheimen Zutat die Rede, die seit Gründung des Unternehmens angeblich im Safe aufbewahrt wird.

Dieses gewisse „Etwas" hat aber nicht nur etwas mit banalen Betriebsgeheimnissen zu tun, sondern sehr häufig mit der Art und Weise und den interessanten Geschichten und Begebenheiten, die in der Herstellung eines Produktes stecken.

Beispiele Googles „20 %-Regel" ist so ein Beispiel: Sie besagt, dass Mitarbeiter einen Tag in der Woche zur völlig freien Verfügung haben, um innovative Ideen zu entwickeln.

■ Die Herausforderung:

Besondere Momente (Innovationen, Krisen) im Kontext von Zeitgeist und Zeitgeschehen, die das Unternehmen und seine Produkte positiv sowie negativ beeinflusst haben, und wie die Macher an diesen Aufgaben gewachsen sind.

Die widrigsten Umstände haben häufig zur Legendenbildung von Produkten und ihren Machern beigetragen. Häufig tauchen solche Geschichten im Zusammenhang mit dem Ende des 2. Weltkrieges auf, als Produkte im militärischen Kontext zu kommerziellen Produkten wurden.

Beispiele Beispielsweise Zippo, Ray-Ban, Lucky Strike und JEEP. Für US-Amerikaner ist der JEEP das Auto, das den Krieg gewonnen hat.

■ Die unerwartete Wendung:

Alternative Nutzung der Produkte, die ursprünglich so nicht vorgesehen war. Wie hat man darauf reagiert?

Beispiele Ein bekannter Fall ist hier die erste Kleinbildkamera von Leica, die eigentlich konstruiert wurde, um Belichtungstests von 35-mm-Kinofilm vorzunehmen.

Auch in der Mode tritt dies häufiger auf. So war Carhartt ursprünglich bekannt für die Produktion sehr robuster Arbeitsbekleidung, die aber in den 1990ern zunehmend von Fashionhipstern in der ganzen Welt in ihren Look integriert wurde. Carhartt reagierte mit dem Schaffen einer eigenen, noch heute extrem erfolgreichen Streetwear-Linie, die von dem Erbe als authentischer Arbeitsbekleidungshersteller profitiert.

■ Die Revolte:

Besondere Momente, die im Zusammenhang mit Fans des Unternehmens stehen. Nahezu jedes Unternehmen hat überzeugte Fans, die auf der einen Seite mit missionarischem Eifer für ihre Lieblingsmarke einstehen, die aber auch einen Sturm der Entrüstung entfachen können, wenn sich das Produkt nicht in ihrem Sinne ändert.

Beispiele Das musste auch die Coca-Cola Company feststellen, als sie 1985 die Rezeptur änderten und die New Coke als Nachfolger des Klassikers auf den Markt brachten. Aufgebrachte Fans schütteten öffentlichkeitswirksam New Coke auf die Straßen und erwirkten so, dass das Unternehmen einlenken musste und die alte Rezeptur wieder einführte.

Auch Regisseur Peter Jackson sah sich unter intensiver Beobachtung, als bekannt wurde, dass er den „Herrn der Ringe" verfilmen wird. Hier waren es glühende Verehrer des Originalromans, die es nicht dulden würden, wenn der Stoff erheblich vom Kanon abweichen würde. Jackson bezog diese Fans von Beginn an in die Produktion mit ein und es gelang ihm, sie zu Verkündern der guten Botschaft zu konvertieren. Der Film wurde bekanntermaßen zum Megaseller.

✉ **Fassen wir zusammen: Es gibt Muster, auf denen jegliche Arten von Geschichten basieren. Diese Muster lassen sich sehr gut auf das Inszenieren der Unternehmenskommunikation anwen-**

den. Jede Geschichte besitzt einen Spannungsbogen – also eine eigene Dramaturgie, wobei die Heldenreise die bekannteste mit der größten kulturellen Verbreitung ist.

Fleischwurst und Heldenreise 1.3.5

Soll nun tatsächlich eine Heldenreise konstruiert werden für ein Unternehmen, das Wurstwaren herstellt?

Herrn Metz erscheint das zunächst etwas dick aufgetragen, aber er findet es einleuchtend, dass auch kommerzielle Kommunikation einer Dramaturgie bedarf.

Wo stecken also die interessanten Geschichten in seinem Unternehmen, das ja immerhin seit 100 Jahren erfolgreich Produkte an den Mann bringt? Herr Metz hat im letzten Jahr an der Produktion des Jubiläumsbuches mitgewirkt und blättert durch die Seiten einer doch recht turbulenten Historie, die mit einem sehr beliebten Metzgermeister in einem kleinen Dorf begann, der den Erfolg des Unternehmens mit einer ganz besonderen Rezeptur für seine Fleischwurst begründete, die noch heute das beliebteste Produkt am Markt ist.

Von einem Kollegen aus der Entwicklungsabteilung weiß er, dass neue Produkte auch heute mit dem gleichen Anspruch hergestellt werden: Sie müssen so gut schmecken, dass die Kunden mit Begeisterung darüber reden. Jeder Mitarbeiter muss zudem in seinem ersten Betriebsjahr mindestens eine Woche an der Theke des historischen Gutshofs stehen, um seine Kundschaft hautnah kennen zu lernen. Einmal im Jahr gibt es außerdem ein Betriebsfest, bei dem alle Einwohner der Region eingeladen sind, um natürlich kostenlos die neuesten Produkte zu probieren und zu bewerten. Alles in allem sind dies inzwischen Traditionen, auf die jeder Mitarbeiter stolz ist. Alle Aktivitäten zeigen nach außen hin, wie sehr das Unternehmen mit der Region verbunden ist.

Eine mögliche (tatsächliche) Geschichte der Gutshof Fleischwurst GmbH & Co. KG wäre die folgende: „1912. Der junge Metzgermeister Herbert Röder ärgert sich. Er hat mit seinem letzten Ersparten einen Gutshof übernommen und stellt fest, dass die Qualität der Wurstwaren nicht seinen Vorstellungen entspricht. Das sieht auch die unzufriedene Kundschaft so.

In seiner Verzweiflung lädt er die verbliebenen Stammkunden ein und befragt sie, was sie an den Wurstwaren in Zukunft ändern würden. Eine Kundin gibt ihm dabei die entscheidenden Rezeptideen und Röder ist so begeistert, dass er sie nicht nur gleich einstellt, sondern auch ein Jahr später heiraten wird. Mithilfe der Ideen von Henriette Röder wurde aus dem kleinen Gutshof in wenigen Jahren ein Unternehmen, das bald auch über die Region hinaus den Ruf von hervorragender Qualität genoss. Jedes Jahr – am Hochzeitstag des Paares – wird seitdem ein Gutshof-Fest für die Bevölkerung ausgerichtet, bei dem jeder Gast um seine Meinungen und Ideen gebeten wird. Das ist bis zum heutigen Tag so und die Mitarbeiter sind stolz darauf, diese Tradition im Sinne ihrer Gründer weiterzuführen.

So hat es begonnen und auch in Zukunft will Gutshof Fleischwurst in aller Munde sein, wenn die treuen Kunden einen Vorschlag haben."

Neben seinen PR-Maßnahmen fällt Herrn Metz auf, dass die restliche Unternehmenskommunikation, für die der Großteil des Budgets eingeplant ist, eine ganz andere Sprache spricht. In Anzeigen und TV-Spots wird ein eher romantisch-traditionelles Bild eines Gutshofes um 1900 gezeigt. Die gute alte Zeit also, in der die gesamte Familie abends nach getaner Arbeit am Tisch sitzt und sich alle beherzt ein Stück Fleischwurst abschneiden.

In Anzeigen und Plakaten verfährt man nach dem gleichen Muster. Prinzipiell gesehen handelt es sich dabei auch um eine Geschichte: die eines Produktes, das die Emotionen einer guten alten Zeit heraufbeschwört. In Werbung und PR bemüht man sich, dieses Moment sehr verdichtet auf ein Motiv oder auf 30 Sekunden Film wiederzugeben und darüber hinaus die traditionell hervorragende Qualität oder neue, praktischere Verpackungseinheiten hervorzuheben.

In diesem Zusammenspiel aus emotionaler und rationaler Ansprache entsteht beim Konsumenten das Image des Unternehmens, das mit rationalen Argumenten unterfüttert wird und zu einer Verhaltensänderung beim Konsumenten führen soll.

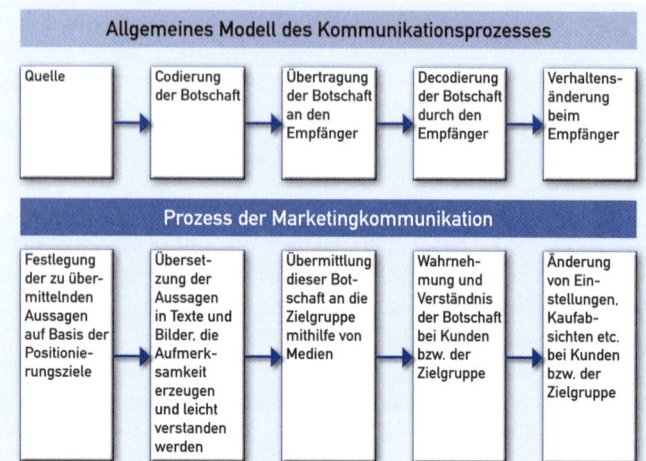

Abb. 4: *Kommunikationsmodell im Marketing*

Genau dieses Modell scheint aber nicht mehr die gewünschte Verhaltensänderung hervorzurufen. Entweder stimmt die Geschichte nicht mehr oder sie wird am falschen Ort erzählt. Schlimmstenfalls ist beides der Fall. Was fehlt?

Eine Geschichte hat Herr Metz nun entworfen. Ist sie die richtige Geschichte? Und vor allem: Wo soll er sie erzählen?

Storytelling und Social Media   1.4

Etablierte Kommunikationskanäle (TV, Print, Radio etc.) haben fast ausnahmslos eines gemeinsam: Sie lassen Botschaften nur in eine Richtung zu. Das ist insofern praktisch, weil Unternehmen auf diesem Weg die Kontrolle über das Gesendete behalten, hat aber den Nachteil, dass man nicht mitbekommt, wie die Kunden da draußen tatsächlich über einen denken. Man ist schlichtweg nicht Teil der Gespräche.

Mit „da draußen" sind heutzutage natürlich die sozialen Medien gemeint. Facebook mit über 23 Millionen deutschen Nutzern

(Stand: Juni 2012) an vorderster Front. Es ist also schon aufgrund der schieren Masse sinnvoll, dort vertreten zu sein, um Gespräche mit (potenziellen) Kunden zu führen.

1.4.1 Was unterscheidet soziale Medien von anderen Kanälen?

„Als Social Media werden alle Medien (Plattformen) verstanden, die die Nutzer über digitale Kanäle in der gegenseitigen Kommunikation und im interaktiven Austausch von Informationen unterstützen" (Quelle: Wikipedia, 27. August 2012).

Wenn man sich das erste Mal selbst bei Facebook oder Twitter registriert, wird schnell klar, was damit gemeint ist, vgl. Screenshots.

Abb. 5: Screenshot Registry Facebook: „Verbinde dich mit den Menschen aus deinem Leben und lass sie teilhaben."

Zunächst einmal wird jeder Nutzer gleich behandelt. Wenn man Teil des Netzwerks sein will, muss man ein Profil anlegen und fängt buchstäblich bei null an. Beide Netzwerke stellen lediglich

die technische Infrastruktur zum Vernetzen mit anderen Menschen und Organisationen zur Verfügung – für die Inhalte und die Aktivität muss man selbst sorgen. Es geht darum, Fans und Follower mit dem richtigen Mix an Geschichten, Anekdoten, News und Informationen für sich zu gewinnen und Teil ihres Netzwerks zu werden.

Abb. 6: Screenshot Registry Twitter: „Finde heraus, was es bei den Leuten und Organisationen, die Dich interessieren, Neues gibt."

Grundvoraussetzungen 1.4.2

Den richtigen Auftakt in den sozialen Medien kann man sich durchaus so vorstellen, wie beim Erhalt einer Einladung zu einer Cocktailparty, bei der man keinen der anwesenden Gäste richtig gut kennt. Man wäre sehr schlecht beraten, wenn man, kaum hat man seinen Mantel abgelegt, lautstark herumposaunt, wer man ist

und was man Tolles kann, und jedem Gast ungefragt seine Visitenkarte in die Hand drückt. Man würde den Rest des Abends sehr schnell sehr allein an der Bar verbringen.

Idealerweise begrüßt man den Gastgeber, lässt sich einer Runde vorstellen und hört zunächst einmal zu, was sich die anderen Gäste zu erzählen haben. Danach bringt man sich ins Gespräch ein, versucht, nähere Kontakte zu knüpfen, und unterhält seine Zuhörer mit amüsanten und interessanten Geschichten. Und wenn sie richtig gut sind und ihr Publikum noch bis spät in die Nacht am wichtigsten Ort einer Party, der Küche, bei Laune gehalten haben, haben Sie sich das geschaffen, worauf es auch in Social Media ankommt: Fans.

Gerade in der auf Vernetzung und Dialog ausgerichteten Infrastruktur von sozialen Netzwerken kommt es für Unternehmen darauf an, Geschichten mit menschlichem Anlitz zu erzählen, die dann auch Verbreitung finden. Niemand folgt einem Unternehmen auf Twitter, das nur auf eigene Pressemitteilungen verlinkt und nicht zurück folgt.

Kein Unternehmen hat etwas von 50.000 fragwürdigen Fans auf Facebook, die nur wegen eines Gewinnspiels auf den Like-Button gedrückt haben. Fans bleiben in der Regel nur, wenn sie sich nicht als Klickvieh, sondern als geschätzte Gesprächspartner wertgeschätzt fühlen. Drastisch formuliert:

> ◥ **Unternehmen, die keine eigene Geschichte zu erzählen haben und nicht auf den Kommunikationsbedarf ihrer (potenziellen) Fans eingehen, werden nicht als aktiver Teil des Netzwerks angesehen und die Unterhaltung findet ohne sie statt.**

1.4.3 Das wichtigste Tool

Es gibt unzählige Maßnahmen und Strategien, Messverfahren und Tools, wie man sich als Unternehmen gut in sozialen Medien aufstellen kann, und auch an Experten zum Thema mangelt es bestimmt nicht. Die zwei wichtigsten Werkzeuge sind dabei völlig

kostenlos und jeder, der sich professionell mit Kommunikation beschäftigt, sollte in der Regel schon darüber verfügen:

1. den gesunden Menschenverstand und
2. die Freude, sich mit anderen auszutauschen.

Allzu gerne zeigt man in Seminaren eines dieser Schaubilder, die die ganze Bandbreite aller nur denkbaren Social-Media-Kanäle demonstrieren sollen, auf denen man als Unternehmen mit seinem Content vertreten sein sollte.

Tatsächlich wird das Wichtigste in diesen Grafiken oft gar nicht abgebildet: Es sind die Menschen mit ihren ganz persönlichen Geschichten und Ansichten, ohne die diese Plattformen nur blanke Gerippe wären. Man wird diesen Qualitäten in keiner Weise gerecht, wenn man versucht, sie als Content zu deklarieren.

Soziale Medien sind aus Menschen gemacht. Und um auf die Analogie zur Cocktailparty zurückzukommen, zeichnet sich eine gelungene Veranstaltung für die Teilnehmer in der Regel durch die Qualität der Gespräche aus. Die Location, die Wahl der Musik, der Speisen und Getränke sind natürlich wichtig für die Stimmung und geben gewissermaßen das Thema vor, aber ohne das Treiben der Gäste gibt es keine Party.

▶ **Fassen wir zusammen: Soziale Medien sind so gesehen eigentlich kein Medium oder ein Kanal. Sie sind eine Infrastruktur, die es ermöglicht, dass User Gespräche führen und Inhalte teilen können.**

Herr Metz recherchiert, für ihn ist eine Frage elementar: Unterhalten sich Menschen auf Facebook über Wurst? Wenn ja – kann er mit seinem Unternehmen eine Rolle dabei spielen und was muss er dafür tun?

Er beschließt, sich ein wenig umzuschauen. Das Ergebnis fällt sehr mager aus. Neben den üblichen Unternehmenswebseiten findet Herr Metz bis auf ein gut besuchtes Facebook-Profil eines Mitbewerbers fast ausschließlich Auftritte kleinerer lokaler Metzgereien.

Dazu gesellen sich aber unzählige Koch- und Ernährungs-Communitys, meistens in Form von Foren, die sich rege über alle denkbaren

Arten von Fleischwaren unterhalten. Und was Herr Metz schon geahnt hat: Die Communitys rund um das Thema vegetarische und vegane Ernährung sind um ein Vielfaches größer und aktiver. Das Feindbild der Wurst aus der Massentierhaltung und voller Zusatzstoffe wird scharf diskutiert und in bestimmten Foren kommt es häufig zum erbitterten Schlagabtausch zwischen Vegetariern und Wurstessern.

Die Fans und die Gegner sind also schon sehr aktiv, nur von den Herstellern ist nicht viel zu sehen. Halten sich die Unternehmen bewusst zurück, um sich der Diskussion nicht aussetzen zu müssen, oder sind die Kollegen von der Konkurrenz einfach noch zu konservativ für die sozialen Medien?

Herr Metz wirft einen genaueren Blick auf seine Auswahl und versucht, die Themen und Gespräche inhaltlich zu sortieren.

Die meisten Unternehmen beschränken sich darauf, ihre Produkte vorzustellen (insbesondere Produktneuvorstellungen) und Fragen zu Inhaltsstoffen und Herkunft zu beantworten. Dazu gesellen sich noch eine Reihe von Gewinnspielen und Promotions, um den Traffic temporär zu pushen. Einige wenige geben Tipps zu Rezepten, Zubereitung und Haltbarkeit. Auch neue TV-Spots werden gerne als Kommunikationsanlass genommen. Das Verhältnis Likes/Gespräche liegt meist im Verhältnis 10 zu 1, was ein Indiz dafür ist, dass es den Fans meistens ausreicht, ein Bekenntnis zur Marke abzugeben, sie sich auf einen Dialog aber nicht einlassen.

In den Foren sind die Inhalte ganz anderer Natur: Dort geht es zum größten Teil um die richtige Auswahl der Produkte, Qualitätskriterien und natürlich Rezepte. Diese Gespräche und Anleitungen werden immer mit persönlichen Anekdoten angereichert und von der Community im Gegenzug mit Meinungen, zusätzlichen Tipps und weiteren Anekdoten kommentiert. Kommerzielle Anbieter sind in diesen Foren nicht vertreten.

Einige kleinere Metzgermeister schaffen sich eine eingeschworene Fangemeinde, indem sie Einblick in den kompletten Arbeitsalltag gewähren. Von der Schlachtung bis zur Theke, von der Vorstellung der Lehrlinge bis zum Anpreisen der Produkte im eigenen Webshop. Die

Klientel ist überschaubar, die Einbeziehung der Kunden scheint aber offensichtlich für eine hohe Kundenbindung zu sorgen.

Herr Metz ist überzeugt, dass er eine Strategie finden wird, um die Geschichte der Gutshof Fleischwurst GmbH & Co. KG in die Gespräche in den Netzwerken einzubringen.

Erzählerrollen und die Identität des Storytellers in den sozialen Medien

Unternehmen können verschiedene Ansätze wählen, um sich in sozialen Medien dem Dialog zu stellen und dort ihre eigene Geschichte zu erzählen. Wie auch bei anderen Kommunikationsmaßnahmen sollte man sich inhaltlich auf ein, zwei Themen beschränken, damit die Gesprächspartner (also die Fans und Follower) eine klare Vorstellung vom Erzähler bekommen (also dem Unternehmen, welches das Profil betreibt).

Rollen, die ein Erzähler einnimmt, können beispielsweise sein:

- Bald geht es los und wir sind schon ganz aufgeregt, vgl. beispielsweise Facebook-Seite zum Film „Prometheus"

- Ich zeige hier, was man alles Tolles und Überraschendes mit unseren Produkten anstellen kann, vgl. beispielsweise Microsoft, Knorr, Tabasco auf Facebook

- Ich zeige hier, was unsere Kunden alles Tolles und Überraschendes mit unseren Produkten anstellen können, vgl. beispielsweise Coca-Cola, Fjällräven, Red Wing Shoes auf Facebook

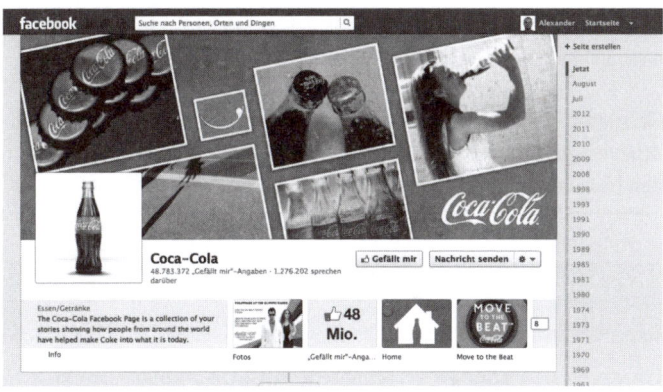

Abb. 7: Beispielhafter Screenshot für ein bestimmtes Rollenverhalten in den sozialen Medien: Coca-Cola auf Facebook

- Schau mal, wo unser Produkt herkommt und wie lange es uns schon gibt, vgl. beispielsweise Facebook-Profil Ray-Ban
- Es gibt wieder was Neues! Vgl. beispielsweise Apple iTunes bei Twitter
- Ich bin hier, um zu helfen und dich ausführlich zu beraten, vgl. beispielsweise „@telekom_hilft"

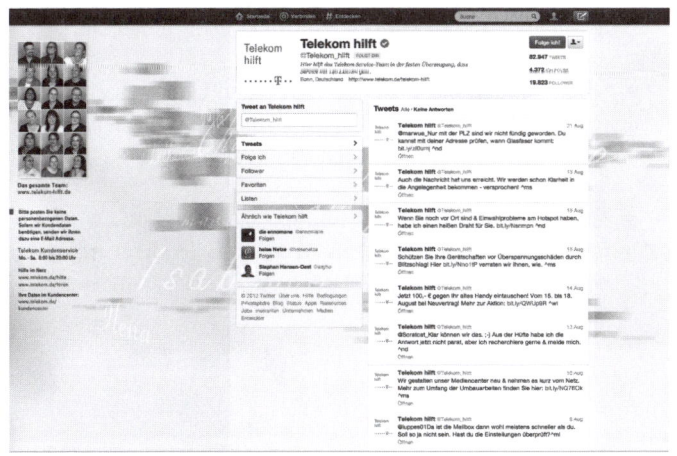

Abb. 8: Beispielhafter Screenshot für ein bestimmtes Rollenverhalten in den sozialen Medien: Telekom auf Twitter

Alle Unternehmensprofile verfolgen eine Gesprächsagenda, die sich natürlich auch von den Eigenschaften des Produktes ableiten lässt. Sehr deutlich bei diesen und bei unzähligen ähnlichen Seiten ist, dass wirkliche Aktivität erst durch die Kommentare der User und das Reagieren des Unternehmens zustande kommt. Die Geschichte entwickelt sich mit dem Dialog.

Dabei sollte man allerdings immer im Hinterkopf behalten, dass man nicht allein über die Gesprächsagenda bestimmt, da man mit den gleichen Rechten und Pflichten auf einer fremden Plattform vertreten ist wie die anderen User auch.

> **Wie in einem realen Gespräch gilt: Wenn das Gegenüber die Unterhaltung auf ein anderes Thema lenkt, weil ihm ein bestimmter Aspekt wichtiger erscheint, ist man gut beraten, darauf auch einzugehen.**

Das gilt natürlich umso mehr für Unternehmen, die ein schlechtes Image in Sachen Service haben. Bestes Beispiel ist die Deutsche Bahn, die seit Jahren mit dem Vorwurf zu kämpfen hat, unpünktlich zu sein. Häufig wird die eigene Gesprächsintention – z.B. das Kommunizieren eines neuen Sparangebots – von einem wütenden Fahrgast unterbrochen, dessen Zug in genau diesem Augenblick zwei Stunden Verspätung hat. Konnte man eine solche Beschwerde früher im Kummerkasten auflaufen lassen und später mit einem standardisierten Servicebrief beantworten, so findet dies heute auf Facebook öffentlich statt.

Man kann jetzt natürlich behaupten, dass diese neuen Formen, sich mit seinen Kunden auseinanderzusetzen für Unternehmen einfach nur mehr Aufwand und mehr Nachteile als klassische Kommunikationsformen mit sich bringen, aber das wäre nur die halbe Wahrheit. Sicherlich ist der Aufwand eines kontinuierlichen Dialogs mit seinen Kunden nicht zu unterschätzen. Die Vorteile überwiegen aber ganz klar:

- Ein Fan oder Follower hat eine klare Entscheidung getroffen. Er möchte im Austausch mit dem Unternehmen stehen, das er mag.

- Fans fühlen sich wertgeschätzt, wenn Unternehmen aktiv Feedback über den Dialog einfordern, um z.B. neue Produkte zu entwickeln.

- Unternehmen können ihre Geschichte langsam entfalten und sind nicht mehr an die drei Sekunden Aufmerksamkeit gebunden, die sich in der Regel mit klassischen Medien ergeben.

- Unternehmen werden Teil der Gespräche, die ohnehin über sie stattfinden und können so aus dem positiven und besonders dem negativen Feedback Schlüsse ziehen, die wiederum als Grundlage für eine neue Storytelling-Strategie dienen können.

- Unternehmen können ihre Fans mit guten Geschichten dazu animieren, als Markenbotschafter zu agieren und diese in sozialen Medien zu verbreiten.

Facebook und Twitter sind die Platzhirsche unter den sozialen Netzwerken und es ist, wie schon erwähnt, aufgrund der Größe dieser Netzwerke mehr als sinnvoll, dort vertreten zu sein. Daneben gibt es aber noch eine Vielzahl weiterer Orte, an denen sich Menschen gerne über Produkte und Dienstleistungen austauschen, nämlich Foren, Blogs, Bewertungsportale etc.

Prinzipiell gilt: Es ist wichtig, im Austausch mit seinen Fans zu sein und regelmäßig zu überprüfen, ob sie ganz spezifische Netzwerke bevorzugen, die man noch gar nicht auf dem Schirm hatte. Häufig sind es immer noch Foren oder ganz spezielle Blogs, in denen man seine einflussreichsten Fans finden und involvieren kann.

Aus diesem Grund ist es über kurz oder lang sinnvoll, einen eigenen Blog zu betreiben. Zum einen, um sich auf diesem Weg besser mit anderen einflussreichen Bloggern zu vernetzen, und zum anderen, um den eigenen Geschichten einen ganz eigenen Raum zu geben, der über die Kürze der Beiträge auf Facebook und insbesondere auf Twitter (140 Zeichen) hinausgeht. Im Gegensatz zu einem Profil bei Facebook oder Twitter kann man auf einem Blog zudem auch sein „Hausrecht" ausüben.

Größere Unternehmen richten sich inzwischen häufiger einen Social Media Newsroom auf ihren Unternehmenswebseiten ein,

der sämtliche Aktivitäten in einem Stream bündelt und abbildet. Dabei kommt es nicht darauf an, wie viele Kanäle man in den sozialen Medien bespielt. Selbst mit dem einfachsten „technischen Set-up" kann man Fans erreichen.

Es kommt darauf an, die richtige Geschichte den richtigen Leuten am richtigen Ort zu erzählen.

Freunde vs. Fans

Die Begriffe sind nun schon mehrmals gefallen und man kommt nicht nur im Zusammenhang mit Facebook nicht mehr darum herum, sie zu benutzen. Die Vorstellungen, was Freunde sind, gehen weit auseinander, deshalb an dieser Stelle ein Beitrag zur Klärung.

Wir alle sind uns sehr sicher zu wissen, was ein Freund im realen Leben ist. Eine freundschaftliche Beziehung zwischen Menschen basiert auf Sympathie und Vertrauen. Das sind Werte, die man Facebook nicht unbedingt gerne zuschreibt, und in der Regel haben die wenigsten Menschen das Bedürfnis, gleich mit einem ganzen Weltkonzern Kumpel auf Lebenszeit zu werden.

Hier wird ganz klar der Versuch unternommen, sich ein Stück von der hohen Emotionalität des Wortes Freund abzuschneiden. Zu Recht stoßen sich viele an diesem Aneignungsversuch. Es gibt aber einen Begriff, der das Verhältnis weitaus besser umschreibt: Fan.

Wikipedia definiert einen Fan als einen Menschen, „*der längerfristig eine leidenschaftliche Beziehung zu einem für ihn externen, öffentlichen, entweder personalen, kollektiven, gegenständlichen oder abstrakten Fanobjekt hat und in die emotionale Beziehung zu diesem Objekt Ressourcen wie Zeit und/oder Geld investiert.*" (Wikipedia, Stand: 04.09.2012)

Kevin Kelly, der Gründer und Herausgeber des US-Magazins WIRED, hat 2008 eine weitaus emotionalere Umschreibung gefunden und auch gleich eine Quantifizierung vorgenommen (vgl. http://www.kk.org/thetechnium/archives/2008/03/1000_true_fans.php/ bzw. http://www.flocutus.de/en/ubersetzungen/1000-wahre-fans/): „*Ein wahrer Fan versteht sich als jemand, der alles und jedes Produkt kauft. Sie fahren 200 Meilen, um eine Gesangsdar-*

bietung zu sehen. Sie kaufen das neu aufgelegte Box-Set in der hochauflösenden Super Deluxe Version, obwohl sie bereits die niedrig auflösende Version des Produktes haben. Sie haben einen Google Alarm auf den Künstlernamen. Sie bookmarken die eBay-Seite, wo die alten, ausverkauften Auflagen auftauchen. Sie kommen auf Eröffnungen. Sie wollen Autogramme in ihren Exemplaren. Sie kaufen das T-Shirt und die Kaffeetasse und den Hut. Sie können die Veröffentlichung der nächsten Arbeit kaum erwarten. Sie sind wahre Fans." (Kevin Kelly, 1000 true fans)

Kelly geht davon aus, dass man lediglich 1.000 dieser wahren Fans als Startbasis benötigt, um ein erfolgreicher Künstler zu sein. Alle Zeichen sprechen dafür, dass diese Größe auch für andere Unternehmungen zutrifft.

Er schreibt weiter (vgl. http://www.kk.org/thetechnium/archives/2008/03/1000_true_fans.php/ bzw. http://www.flocutus.de/en/ubersetzungen/1000-wahre-fans/): "*Die zentrale Herausforderung ist, den direkten Kontakt zu seinen 1.000 echten Fans aufrecht zu halten Sie zeigen ihre Unterstützung direkt. Vielleicht kommen sie zu Hauskonzerten oder sie kaufen DVDs von der Website oder sie bestellen Abzüge von Pictopia. Man sollte versuchen möglichst den vollen Umfang der Unterstützung einzubehalten. Außerdem profitiert man von direktem Feedback und von Wertschätzung.*" (Kevin Kelly, 1000 true fans)

Wenn man bei Fans auch an Fußball denkt, liegt man natürlich goldrichtig. Es sind die so genannten "Ultras", wahrlich fanatische Anhänger, die ihrem Club auch in den harten Zeiten die Stange halten, bei jedem Spiel dabei sind, auf der Tribüne für den emotionalen Support sorgen und sich auch ehrenamtlich betätigen.

Wenn man bei Fans auch an Apple denkt, liegt man genauso richtig. Die spöttisch "Apple-Fanboys" genannten Anhänger sind es, die zwei Tage vor dem Apple Store übernachten, um als Erste das neueste iPhone-Modell in Händen zu halten. Und sie sind es, die ihrem gesamten Freundeskreis in Sachen IT mit missionarischem Eifer zu einer Anschaffung eines Produktes mit dem Apfel-Logo raten. Von den Grabenkriegen in Foren zwischen Mac- und PC-Usern, neuerdings auch iOS- und Android-Usern ganz zu schweigen.

Fassen wir zusammen: Fans sind nicht nur Multiplikatoren und Markenbotschafter, sondern sie sind das annähernd Mögliche, was sich ein Unternehmen unter einem Freund wünschen könnte. Man sollte sie nicht nur sehr ernst nehmen, sondern ihre Wertschätzung erwidern. Und genau diese Fans sind es auch, die nicht nur gerne in einen Dialog auf Augenhöhe einsteigen, sondern auch selbst unzählige und vor allem authentische Geschichten zu erzählen haben.

AUFGABEN

Aufgabe 1:

- Eruieren Sie, welche Auswirkungen der digitale Wandel auf die Unternehmenskommunikation hat:
  - ▸ Welche Branchen sind besonders betroffen?
  - ▸ Welche Abteilungen sind besonders betroffen?
- Beschreiben Sie positive Auswirkungen.
- Bestimmen Sie die negativen Aspekte.

Aufgabe 2:

- Welche Arten von Geschichten kennen Sie, die eine identitätsstiftende Funktion haben?
- Wer ist Erzähler und wer Zuhörer in den Geschichten?
- Welchen Zweck erfüllen die Geschichten, die Sie ausgewählt haben?

Aufgabe 3:

- Welche Werbespots sind Ihnen im Gedächtnis geblieben?
- Welche Werbespots bedienen sich dabei des Storytellings?
- Welche Werbespots bedienen sich eines anderen Musters?

Aufgabe 4:

- Lesen Sie das Cluetrain-Manifest.
- Erwägen Sie, welche Aspekte heute relevant sind.
- Welche Aspekte des Manifests betrachten Sie aus heutiger Sicht als irrelevant?

Aufgabe 5:

- Konstruieren Sie eine Erzählung auf Basis der Heldenreise am Beispiel des Unternehmens Apple.
- Alternativ: Konstruieren Sie eine Erzählung auf Basis der Heldenreise am Beispiel des Unternehmens Mercedes Benz

Aufgabe 6:

Diskutieren Sie:

- Welche Social-Media-Kanäle nutzen Sie persönlich und mit welchen Unternehmen sind Sie im Dialog?
- Welchen Grad an Interaktion erwarten Sie persönlich von Unternehmen?
- Zu welchen Anlässen unterhalten Sie sich persönlich über Unternehmen und Produkte (online sowie offline)?

Aufgabe 7:

Diskutieren Sie:

- Welche Unternehmen fallen Ihnen ein, die sich durch besonders aktive Fans auszeichnen?
- Durch welche Handlungen identifizieren sich diese Fans?
- Was könnten mögliche Gründe dafür sein, dass diese Unternehmen eine so große Anhängerschaft haben?

Bausteine einer Storytelling-Strategie

2

Lernziele
- In diesem Kapitel lernen Sie, wie Storytelling als Strategie eingesetzt werden kann, und wie man dabei vorgeht.
- Wir zeigen auf, wie man ein Unternehmen durch Storytelling in Social Media erfolgreich inszenieren kann.

Auch auf einer Cocktailparty will die Kunst der Konversation erst einmal gelernt sein. Und wenn man sich darüber hinaus als Geschichtenerzähler in unternehmerischer Mission beweisen will, kann ein wenig Vorbereitung nicht schaden.

Diese Aufgabe stellt sich auch Herrn Metz, nachdem er das Grundgerüst der Story für die Gutshof Fleischwurst GmbH & Co. KG geschaffen hat und nun etwas mehr Struktur in sein Vorhaben bringen möchte. Ist seine Geschichte denn die richtige? Wie kann er das überprüfen?

Was wird wie erzählt? 2.1

Ganz gleich, ob es sich um eine lustige Anekdote aus dem Arbeitsalltag oder um eine Hintergrundstory, die zur Gründung eines Weltkonzerns führte, handelt:

Geschichten müssen mit menschlicher Stimme erzählt werden. Die Stärke des Storytellings besteht darin, eine emotionale Brücke zwischen Erzähler und Zuhörer zu schlagen, indem ein persönlicher Bezug aufgebaut wird.

Hat man also einmal festgelegt, welche Geschichte man über sein Unternehmen und/oder Produkt erzählen möchte, gilt es nun zu überlegen, auf welche Art und Weise man bei seinen Zuhörern Emotionen auslöst, sodass die Botschaft auf diesem Wege nicht nur Gehör, sondern auch Aufmerksamkeit findet. Das Stichwort lautet hier Empathie aufbauen.

Zum Vergleich hier zwei Möglichkeiten, einen Sachverhalt zu kommunizieren. Ausgangsbasis: Die neue Gutshof Fleischwurst wird ausschließlich mit Biofleisch aus kontrollierten Betrieben hergestellt und auch die Umverpackung ist biologisch abbaubar. Grundlage für die Produktentwicklung war eine Kundenbefragung.

Ansatz 1:

„Bio ist Trend. Immer mehr Menschen möchten sich nicht nur gesundheitsbewusst ernähren, sondern legen auch Wert darauf, dass die Produkte, die sie kaufen, ethischen Anforderungen gerecht werden. Dies hat eine groß angelegte Kundenbefragung ergeben. Aus diesem Grund wird die neue Gutshof Fleischwurst mit bestem Biofleisch hergestellt. Doch damit nicht genug: Auch die neue Verpackung wird höchsten Ansprüchen genügen und macht die Fleischwurst nicht nur praktisch portionierbar und hält sie länger frisch, sondern ist auch biologisch abbaubar. Die Gutshof Fleischwurst GmbH & Co. KG steht seit über 100 Jahren für beste Qualität und führt diese Tradition nun auch unter dem Biosiegel weiter."

Ansatz 2:

„Wie wollen wir in Zukunft essen? Das haben sich der Firmenchef Karl Röder und wir, die Mitarbeiter der Gutshof Fleischwurst, gefragt und beschlossen, ein neues Kapitel in der Firmengeschichte zu eröffnen. Ohne unsere treuen Kunden wollen wir diese Entscheidungen aber auch diesmal nicht fällen. Also haben wir Sie, wie es bei uns Tradition ist, miteinbezogen und der Wunsch war eindeutig: Mehr Bio bei gleicher Qualität. Beginnend mit der neuen Biofleischwurst von Gutshof werden wir nach und nach unsere Produktpalette auf das Biosiegel umstellen. Damit nicht genug: Auch die neue, praktische Verpackung ist komplett biologisch abbaubar. Wir freuen uns auch in Zukunft über jede Art von Anregung, wie wir unsere Produkte im Sinne unserer Fans verbessern können."

Beide Ansätze haben nahezu den gleichen Informationsgehalt, aber der Schwerpunkt und die Sprache unterscheiden sich stark voneinander. Während Ansatz 1 die Fakten in einer klaren Tonalität hervorhebt, setzt Ansatz 2 ganz stark darauf, das Wir-Gefühl zu betonen. Das Produkt ist also nicht im stillen Kämmerlein entstanden. Der emotionale Anker besteht hier in dem gemeinschaftlichen Beantworten der Frage, wie wir uns in Zukunft ernähren wollen. Dies ist ein übergeordnetes Thema, das mehr Raum für

Diskussionen und Gespräche lässt. Das ist sehr hilfreich, wenn man eine Verbreitung in sozialen Medien erzielen will.

Wer erzählt?

Bei einer klassischen Pressemitteilung bemüht sich der Verfasser um eine objektive Tonalität und bleibt im Hintergrund. Der Fokus liegt auf dem Inhalt der Meldung. Diese Herangehensweise führt in sozialen Medien nicht zum gewünschten Ergebnis, weil sie eben dialogorientiert angelegt sind. Ohne menschliches Gegenüber gibt es kein Gespräch.

Jede Geschichte benötigt einen Erzähler und diese Position ist klar zu definieren. Menschen ziehen es vor, sich mit einer Person oder einer überschaubaren Gruppe zu unterhalten. Erst durch das Herstellen von Vertrautheit lässt sich das schlechte Image des anonymen Verkäufers umgehen.

Wer soll also Erzähler sein? Der Pressesprecher? Das Marketingteam? Der Chef? Vorweg sei gesagt, dass eine hohe Position in der Unternehmenshierarchie noch lange kein Garant für die Fähigkeiten als Geschichtenerzähler sein kann. Nicht jeder Geschäftsführer kann sein Publikum bei einer Keynote im Stile eines Steve Jobs in seinen Bann ziehen und insbesondere Marketingteams haben Probleme, sich in der Kommunikation von ihrem Branchensprech zu lösen.

Zum Erzähler muss man sich berufen fühlen, sonst kauft einem das Publikum die Werte, für die man mit seinen Geschichten eintritt, nicht ab. Die gute Nachricht an alle CEOs, die gerne so eloquent wären, wie es Steve Jobs war, sich aber damit quälen, auf der Bühne im Rampenlicht zu stehen: In nahezu jedem Unternehmen findet sich jemand, der ihnen diese Aufgabe gerne abnimmt. Ist das nicht der Fall, so sollte man sich ernsthaft Sorgen über seine Unternehmenskultur machen, wenn man keine „Evangelisten" in den eigenen Reihen findet.

Den Erzähler kann auch ein Team begeisterter Mitarbeiter aus unterschiedlichen Abteilungen verkörpern, was insbesondere bei

der Kommunikation in sozialen Medien nützlich ist, wenn man glaubhaft die menschlichen Facetten des Unternehmens darstellen möchte.

Welche Entscheidung man auch fällt – man sollte, eine Eignung als Erzähler vorausgesetzt, Folgendes beachten:

- Der Erzähler hält keinen Monolog, sondern eröffnet mit seiner Geschichte einen Dialog.
- Er ist erreichbar und hat eine klare Identität.
- Der Erzähler muss die Sprache seines Publikums sprechen.
- Er muss dort sein, wo seine (potenziellen) Zuhörer sich aufhalten.

2.3 Wo wird mit wem gesprochen?

Die etablierten Leitmedien haben immer noch eine nicht zu unterschätzende Meinungsmacht, wobei festzustellen ist, dass nicht nur die Werbebudgets ins Netz verschoben werden, sondern auch der kulturelle und politische Diskurs zunehmend in den sozialen Medien stattfindet. Es besteht längst eine reichweitenbedingte Notwendigkeit, seinem Publikum ins Netz zu folgen.

Waren beispielsweise früher noch die Polit-Talks am späten Abend das Lagerfeuer, um das sich Meinungsdeutschland geschart hat, holt sich eine wachsende Netzgemeinde dort höchstens noch den Status quo ab, um die Diskussion über Twitter zu vertiefen. Die Übergänge sind fließend und in die andere Richtung ist Twitter inzwischen eine wichtige Informationsquelle auch für die großen Redaktionen geworden.

Darüber hinaus gibt es noch weitere Vorteile: Die Kommunikation findet in Echtzeit statt. Man kann (und muss) schnell reagieren. Hat man im Service früher noch Reaktionszeiten von bis zu 24 Stunden oder mehr vertreten können, erwarten Kunden heute ein Feedback innerhalb weniger Minuten. Im Gegenzug kann ein Unternehmen heute in Echtzeit ein Stimmungsbild einfangen, wenn man z.B. gerade ein neues Produkt vorgestellt hat.

Alles wird messbar. Die Transparenz, welche die sozialen Medien von ihren Usern einfordern, ermöglicht es Unternehmen, ihre Reputation durch ein Monitoring jederzeit abzufragen.

Ein Monitoring sollte neben einem quantitativen Aspekt immer auch einen genauen Blick auf die Qualität der Gespräche beinhalten. Folgende Fragen sollte man sich dabei beantworten:

■ Ort:

Auf welchen Websites diskutieren Kunden über die Produkte? Sind es eigene Websites, die der Konkurrenz oder unabhängige Communitys?

■ Format:

Welcher Formate bedienen sich Kunden beim Gespräch? Gibt es Fotostrecken oder sogar aufwendige Videos von Fans, die das Produkt besprechen?

■ Anlass:

Wann beginnen Kunden über das Unternehmen und die Produkte zu sprechen? War das Unternehmen der Initiator für die Gespräche oder wählen die Kunden unabhängige Anlässe? Welche Anlässe sind das?

■ Tiefe:

Wie ausführlich reden Kunden über die Produkte? Sind es einfache Bekenntnisse (Likes, Bewertungssysteme) oder längere Besprechungen, die schon die Form einer Story haben?

■ Reaktionen:

Sind die Reaktionen auf das Unternehmen und das Produkt eher positiv oder eher negativ? Gibt es Fan-Sites oder Hate-Sites? Welche Argumente bringen beide Gruppierungen in der Diskussion auf? Ist das Unternehmen aktiver Teil der Diskussion oder nur Beobachter?

■ Meinungsführer:

Welche Personen oder Gruppierungen tun sich in der Diskussion regelmäßig hervor? Sind es Fans oder Gegner? Wenn es Meinungsführer im Sinne des Unternehmens sind: Kann man die Personen auch direkt kontaktieren?

Doch Storytelling ist natürlich kein rein digitaler Dialog. Es ist von elementarer Bedeutung, genau zu wissen, an welchen Orten (digital oder in der „realen" Welt) sich die Meinungsführer aufhalten und wer genau diese Personen überhaupt sind. Erst wenn man diese räumlichen und persönlichen Konstellationen identifiziert hat, kann eine erzählerische Dramaturgie greifen.

Sehr gute Beispiele dieser Vorgehensweise finden sich in der Modebranche, die den digitalen Wandel sehr gut bewältigt hat.

Storytelling in der Fashionindustrie

Die Aufmerksamkeitsökonomie der Modebranche beruht seit jeher auf einem komplexen System: Die PR-Abteilungen der Labels versuchen, enge Beziehungen zu den Redaktionen der Fashionmagazine aufzubauen und zu halten. Die Magazine besitzen die Deutungshoheit darüber, was in der kommenden Saison getragen wird und was man zukünftig modisch zu meiden hat.

Die Labels versuchen auf der anderen Seite durch das Schalten von Anzeigen, also die Vergabe von Mediabudgets an die Publikationen, ihre Position im Editorialbereich zu verbessern.

Highlights im Jahresrythmus sind natürlich die großen internationalen Modemessen, auf denen neben der Präsentation der Kollektionen auf den Modenschauen dem Knüpfen der Bande zwischen Marketing, Verkauf und Redaktion die größte Aufmerksamkeit gewidmet wird. Alles in allem handelt es sich um ein symbiotisches System, was nicht zuletzt dem extrem hohen emotionalen Faktor des Produktes Mode zu verdanken ist. Wer den Film „Der Teufel trägt Prada" gesehen hat, bekommt ein gar nicht einmal so realitätsfernes Bild der Branche und der Machtverhältnisse, die das Geschäft bestimmen.

Die Geschichten, die erzählt werden, sind die der großen Designer, des gerade entdeckten Models oder die des kleinen, auf-

strebenden Labels, dessen Teile jetzt von allen VIPs getragen werden. Die Erzähler dieser Geschichten sind die Gatekeeper: die Redakteurinnen der Magazine.

Seit einigen Jahren hat jedoch ein Phänomen dafür gesorgt, dass dieses System nachhaltig gestört wurde. Unzählige Modeblogs auf der ganzen Welt haben die Aufmerksamkeit der Leserinnen weg von den Hochglanzmagazinen hin zu einem neuen Verständnis von individueller Berichterstattung über das Internet gelenkt. Was anfangs von den Redaktionen noch belächelt wurde – Mädchen, die sich mit ihrem Handy in der Umkleidekabine von H&M fotografieren –, ist zur Deutungsmacht in Sachen Stil für die jüngeren, vernetzten Generationen geworden.

Diese jungen Frauen sind zu eigenen Erzählerinnen ihrer Ansichten von Stil und Modebewusstsein geworden und sie haben ein stetig wachsendes Publikum gefunden, das fleißig mitdiskutiert und fotografiert. Diskussionen, an denen die Modemagazine zunächst nicht teilgenommen haben.

Nicht nur haben die Erzähler gewechselt, sondern der Fokus: Interessant wurde, was kreative Menschen auf den Straßen der Großstädte tragen und wie sie ihren individuellen Stil zusammenstellen. Nicht mehr die Models wurden fotografiert, sondern die urbane Boheme, die Stylistinnen und Facehunter, die sonst hinter dem Vorhang stehen. Die Erzählung lautet nun: „Erst das Stilbewusstsein macht die Mode und wir zeigen die Menschen, die diese Fähigkeit haben."

Die Modehersteller haben relativ schnell auf diese Veränderung reagiert und den neuen digitalen Meinungsführerinnen den gleichen exklusiven Status wie einer Moderedakteurin zugesprochen. Die Labels haben den Fashionbloggern Zugang zu den exklusiven Vorabinformationen, aber auch Einlass zu den wichtigen Modenschauen gewährt. Wenn man heute einen Blick auf die Front Row einer Schau wirft, sind nicht selten mehr Modeblogger als Redakteurinnen der Magazine vor Ort.

In diesem Wettstreit um den Platz in der ersten Reihe haben die Redaktionen getreu dem Motto „if you can't beat them join them"

dann endlich reagiert. So finden sich immer mehr Bloggerinnen in den Redaktionen und immer mehr Modemagazine betreiben mit deren Unterstützung Ableger in Form von Fashionblogs.

In einem solchen Kontext ist schon länger zu beobachten, dass die Grenzen der Aufgabenverteilung zwischen Marketing und PR längst fließend sind, da die einflussreichen Ansprechpartner immer häufiger aus dem Lager der Prosumenten – also Konsumenten mit Expertenwissen – stammen.

▶ **Fassen wir zusammen: Immer mehr Konsumenten verstehen sich als Prosumenten und verfügen dank der sozialen Medien über Publikationsmöglichkeiten und Reichweiten, die sonst nur Medienhäusern offenstanden. Diese Prosumenten verändern die Art des Storytellings über Produkte in ihrem Sinne und haben Strategien entwickelt, von denen Kommunikationsabteilungen eine Menge lernen können. Prosumenten sind die neuen Multiplikatoren.**

2.4 Storytelling im Spannungsfeld der Unternehmenskommunikation

Hat ein Unternehmen seine Geschichte gefunden, die Sprache definiert und festgelegt, wer der oder die Erzähler sind, stellt sich natürlich die Frage, welche Abteilung sich nun hauptsächlich mit dieser Aufgabe befassen soll.

Und wie bei vielen neuen Herangehensweisen entstehen genau bei dieser Frage Spannungen. Muss die PR-Abteilung jetzt mehr arbeiten und auch noch Social-Media-Know-how aufbauen, um Storytelling zu betreiben? Soll das Marketing sich von der PR vorschreiben lassen, wie Geschichten in Zukunft kommerziell erzählt werden, oder muss der CEO einen Rhetorikkurs buchen, um eine Keynote im Stil von Steve Jobs zu halten?

Die Wahrheit liegt, wie so häufig, irgendwo in der Mitte. Tatsache ist, dass Unternehmen Strategien entwickeln müssen, um den Anforderungen einer neue Medienlandschaft und den Kommunikationsgewohnheiten einer Generation von Prosumenten gerecht zu werden. Das bedeutet auch, Veränderungen in den internen Struk-

turen vorzunehmen. Unternehmen müssen sich vor Augen führen, dass es Kunden und sogar Fans herzlich egal ist, mit welcher Abteilung sie gerade kommunizieren.

Konsumenten haben eine feine Wahrnehmung entwickelt, was diese Diskrepanzen angeht. Das wird besonders deutlich, wenn man z.B. einen hochemotionalen TV-Spot für einen Mobilfunkprovider sieht und dann wenig später in der computergestützten Vorhölle des Callcenters scheitert.

> **Kunden nehmen Unternehmen als Einheit wahr und ein abteilungsübergreifendes Storytelling stellt eine gute Strategie dar, diese Einheit in Form einer gemeinsamen Geschichte zu inszenieren.**

Und um diese Einheit schon im Prozess authentisch darzustellen, beginnt man mit einer sehr einfachen, aber sinnvollen Maßnahme: Man setzt sich zusammen und sammelt alle Geschichten. Hier liegt auch der große Unterschied zum Formulieren von Unternehmensleitlinien, die einen Idealzustand beschreiben und den Mitarbeitern eine Orientierungshilfe bieten. Die Story eines Unternehmens hat hingegen den Zweck, ein lebendiges Abbild seiner tatsächlichen Kultur zu schaffen, das auch nach außen hin wirkt.

Die zentrale Frage lautet: Wer entscheidet über die Geschichte eines Unternehmens? Das Management? Die Unternehmenskommunikation? Fakt ist, dass die besten Geschichten von einem Unternehmen allerhöchstens initiiert werden können. Was sich tatsächlich verbreitet, entscheiden letztendlich Fans. Und genau an diesem Punkt klaffen Wunsch und Wirklichkeit oft weit auseinander.

Unternehmen vergeuden häufig sehr viel Geld und sehr viel Potenzial, weil sie Entscheidungen im Elfenbeinturm des Managements getroffen haben und zu spät auf ihre Mitarbeiter und vor allem ihre Fans gehört haben. Insbesondere große Konzerne neigen dazu, sich eine Wunschzielgruppe zu konstruieren, und geben in Agenturbriefings an, was genau die Kunden nach einer Marketingmaßnahme denken sollen („Oh! Die neue Zahnpasta hat 20 % mehr Inhalt und ist ab jetzt noch frischer!").

In einem Werbespot, der mit hoher Taktung geschaltet wird, mag das noch funktionieren, aber in den sozialen Medien kann man mit dieser Botschaft nicht Fuß fassen, weil kein Mensch so redet. Die Aussage stellt keine Geschichte dar.

▶ **Storytelling hat die Aufgabe, den roten Faden zwischen den Erzählungen der Kunden und der Unternehmenskommunikation zu bilden.**

2.5 Dramaturgie einer Storytelling-Strategie

2.5.1 Zuhören und sammeln

Der Prozess des Geschichtensammelns stellt schon den Beginn des Geschichtenerzählens dar. Möglichst viele Mitarbeiter des Unternehmens aus allen Abteilungen und in jeder Altersklasse kommen in einem Workshop zusammen und beschreiben ihre persönliche Variante der Unternehmensgeschichte.

Das können Momente sein, in denen sie sich besonders zugehörig gefühlt haben, Anekdoten zu besonderen Ereignissen (neuer Chef, neues Produkt und wie es erfunden wurde etc.) oder interessante Begebenheiten im Umgang mit den Kunden

Diese facettenreichen und subjektiven Ansichten werden sich in der Regel bei bestimmten Erzählsträngen überschneiden und auf diese geteilten Geschichten sollte man als Nächstes sein Augenmerk richten. Spätestens jetzt kann man live feststellen, wer die besten Erzähler im Unternehmen sind.

Häufig sind diese Workshops äußerst identitätsstiftend. In wenigen Stunden stoßen unzählige positive auf eher negative Aspekte, werden offen ausdiskutiert (die Form des Workshops sollte das offen einfordern und ermöglichen) und am Schluss hat man alle Einzelerzählungen in Form eines Zeitstrahls an einer Wand angebracht.

Fans einbinden

Zu diesem Workshop sollten unbedingt auch Fans des Unternehmens eingeladen werden, beispielsweise die Betreiber einer Fan-Community, besonders aktive User auf dem Facebook-Profil etc.

Sie werden im Prozess immer wieder dafür sorgen, dass man nicht Gefahr läuft, sich im Unternehmenselfenbeinturm zu verstecken. Überzeugte Fans können am besten darstellen, in welcher Sprache und mit welchen Nuancen sie ihre authentische Version der Geschichte wiedergeben.

Verdichten und moderieren

Der nächste Schritt ist das Herausarbeiten eines roten Fadens, der die markantesten Erzählstränge berücksichtigt. Bei dieser Aufgabe ist es hilfreich, einen Experten miteinzubeziehen, der einen objektiven, externen Blick auf die Ergebnisse werfen kann und den Prozess unter Gesichtspunkten des Storytellings moderiert.

Wie gesagt: Nicht jeder ist zum Geschichtenerzähler geboren, wenn man aber die richtigen Personen im Unternehmen identifiziert hat, sind sie es, die diesen Schritt bereitwillig mitgestalten werden.

Dieser Prozess sollte nie komplett ausgelagert werden, sonst verliert man das Potenzial, das in diesen Personen steckt, und die Authentizität, die sich durch deren Einbeziehung ergibt. Eine Unternehmenskultur kann von außen identifiziert, aber nicht aktiv gestaltet werden (wichtige Ausnahme: die Fans).

Das Ergebnis dieses Schrittes sollte ein Exposé sein, wie es auch Schriftsteller als Vorbereitung für einen Roman formulieren.

Erzählen und verfeinern

Das Exposé stellt die Blaupause für alle späteren Aktivitäten dar und enthält folgende Aspekte:

- Was ist das Thema der Geschichte und wer sind die Protagonisten?

Beispiele Beispielsweise Hewlett-Packard: der ruhelose Erfinder, der das Unternehmen in der Garage gegründet hat und dessen Mitarbeiter bis heute in diesem pragmatischen Erfindergeist handeln. Oder: Jobs und Wozniak mit Apple als der kleine David, die sich mit ihrem Personal Computer gegen den Goliath IBM mit seinen Großrechnern stellen.

- Den roten Faden: Was wird erzählt? Wo beginnt die Geschichte und an welchem „Kapitel" der Dramaturgie wird der Faden aktuell aufgenommen?

Beispiele Beispielsweise Bionade: die kleine Landbrauerei im Familienbesitz, die mit einer mutigen, ökologisch korrekten Produktinnovation den Softdrinkmarkt aufgemischt hat und jetzt eine neue Geschmackssorte herausbringt, die die Bioläden der Großstädte schon jetzt im Sturm erobert.

- Welche Rolle spielt der Zuhörer und was hat er davon, wenn er der Erzählung folgt?

Beispiele Beispielsweise die Fans der Marke Volkswagen, die auf Facebook berichten, was sie mit ihren Autos schon alles erlebt haben, und sich somit als starke Markenbotschafter fühlen. Oder: die Kosmetikmarke Dove, die die Abkehr von retuschierten Magermodels propagiert hat und die Produkte mit Fotos von realen Kundinnen beworben hat.

- Wann setzt die Erzählung ein und was sind die nächsten Kapitel?

Im Gegensatz zu einem Roman oder einem Film will man natürlich nicht, dass die Geschichte ein definiertes Ende hat. (Es sei denn, man hat ein Produkt, das den Weltfrieden herbeiführt.)

Es gibt immer einen aktuellen Moment, in dem man die Erzählung aufgreift und weiterführt. Das Prinzip basiert mehr auf episo-

dischem Storytelling, wie man es aus einer TV-Serie mit mehreren Staffeln kennt.

Verbreiten und Gespräche führen 2.5.5

Die Geschichte eines Unternehmens verfolgt das Ziel, sich zu verbreiten, und muss deshalb erzählt werden. Sie soll als Grundlage für Dialoge mit Geschäftspartnern, Kontakten aus den Medien und Fans der Marke und der Produkte dienen und eben nicht in einem Jubiläumsbuch im gefälligen Layout erstarren.

Die Orte, an denen diese Gespräche stattfinden, werden auch als Touchpoints bezeichnet und sollten genau definiert werden. Auch hier sollten die Verantwortlichen abteilungsübergreifend und in Rücksprache mit den identifizierten Geschichtenerzählern aus den eigenen Reihen vorgehen.

In diesem Prozess ist die Chance groß, dass man zusätzliche Touchpoints entdeckt, die über die Orte hinausgehen, die man bei einer konventionellen Mediaplanung berücksichtigt.

Mediensprünge einplanen 2.5.6

Damit ist explizit nicht nur die Suche nach neuen Kanälen in sozialen Medien gemeint.

Am Beispiel der Modeindustrie ist es natürlich sinnvoll, ein neues Netzwerk wie pinterest.com zu nutzen, das von unzähligen modebegeisterten Frauen als Wunschzettel und Inspirationsquelle genutzt wird. Es kommt aber auf das Gesamtbild an, was eben auch Orte und Anlässe im realen Leben miteinbezieht. Eine Einladung zu einer exklusiven Cocktailparty hat in diesem Zusammenhang einen höheren emotionalen Stellenwert und kann durch die Kombination mit einem Outfitpost auf Facebook als nächstem Touchpoint dazu noch die gewünschte Reichweite bringen.

Ist man früher davon ausgegangen, dass Mediensprünge (z.B. Cocktailparty > Facebook > Modemagazin) dazu führen, dass die Reichweite und die Aufmerksamkeit sinken, ist in Zeiten einer vernetzten Aufmerksamkeitsökonomie das Gegenteil der Fall.

Hier wird sehr deutlich, dass alle Disziplinen der Unternehmenskommunikation an einem Strang ziehen müssen, um diese Sprünge über diverse Touchpoints sorgfältig zu orchestrieren.

Eine Storytelling-Strategie, die mehrere Touchpoints und ihre Besonderheiten berücksichtigt, kann bewirken, dass die Botschaft auf diversen Wegen ihr Publikum findet und von diesen Personen dann weiterverbreitet wird.

2.6 Beispiel Coca-Cola

Jeder kennt Coca-Cola. Und wahrscheinlich jeder Mensch auf der Welt kennt die Werbung des Unternehmens, die Teil des kollektiven Gedächtnisses und der Popkultur nicht nur in der westlichen Welt ist. Die Marke gehört seit Jahrzehnten zu den wertvollsten der Welt und hat dies nicht nur dem einzigartigen Geschmack ihres Kernproduktes zu verdanken. *„Seit Jahrzehnten begeistert Coca-Cola die Menschen rund um den Globus. (…) So stark wie nie zuvor steht sie für Erfrischung, Entspannung und Lebensfreude.(…) Coca-Cola ist weit mehr als nur ein Erfrischungsgetränk. Über Generationen hinweg hat die Kultmarke den Zeitgeist geprägt – und sie tut es noch heute. Sie hat Trends geschaffen und dabei Werbe- und Designgeschichte geschrieben."* (Vergleiche: http://www.coca-cola-gmbh.de/unternehmen/mythos/index.html)

Wenn man es genau nimmt, sind das Unternehmen und das Produkt unmöglich von seiner Geschichte zu trennen. Bei Coca-Cola könnte man auch so weit gehen und die Behauptung aufstellen, dass erst die Story und dann erst das Produkt da waren.

Die Geschichte ist wohl hinreichend bekannt: 1886 wurde der Softdrink in Atlanta von John Pemberton erfunden und anfangs als Medizin beworben und verkauft. *„1888, kurz vor dem Tod des Erfinders, erwarb der Apothekengroßhändler Asa Griggs Candler für 2.300 US-Dollar die gesamten Rechte an Coca-Cola. 1892 gründete er ‚The Coca-Cola Company'. Ein Jahr später ließ Candler Coca-Cola als Marke schützen und vermarktete sein Produkt schon bald in den gesamten USA und seit 1896 auch im benachbarten Ausland"* (Quelle: Wikipe-

dia 06.09.12). Die ehemalige Apothekerbrause war von Anfang an ein Erfolg, was auf den schon für damalige Zeiten ungeheuren Werbedruck zurückzuführen ist, mit dem das Getränk ab 1905 als Erfrischungsgetränk positioniert wurde.

Wenn es seitdem neue Kanäle gab, um Produkte zu bewerben: Coca-Cola war unter den Ersten, die sie genutzt haben. Und auch sonst hat das Unternehmen in seiner über 125-jährigen Geschichte vieles richtig gemacht, um seinen Platz im Olymp der Softdrinks zu halten: vom eingängigen Markenlogo und der unverwechselbaren Flaschenform über das Franchise-Vertriebsmodell, die nahezu ubiquitäre Verfügbarkeit über eine Vielzahl von Absatzwegen bis hin zu einer stringenten Markenkommunikation. Das Getränk ist nicht nur in den Regalen, sondern auch in den Köpfen allgegenwärtig (ob man es mag oder nicht, sei einmal dahingestellt).

Dazu kommen noch unzählige Legenden, die sich um das Produkt ranken. Sei es die Geheimformel, die angeblich in einem Safe in Atlanta aufbewahrt wird, oder der Mythos, man habe anfangs tatsächlich Kokain als Zutat für das Getränk benutzt, bis hin zur Behauptung, der Weihnachtsmann, wie wir ihn heute kennen, sei eine Werbeerfindung des Unternehmens: Das ist der Stoff aus dem erfolgreiche Unternehmensgeschichten gemacht sind.

Das Unternehmen hat es geschafft, die eigene Geschichte kontinuierlich über einen langen Zeitraum hinweg ohne große Kehrtwendungen und allzu viele logische Brüche zu erzählen und zu inszenieren.

Und auch Coca-Cola steht vor der Herausforderung, sich an eine neue Medienrealität anzupassen. Als Konsequenz hat Coca-Cola das eigene Storytelling und das seiner Kunden in den Mittelpunkt seiner Marketingstrategie bis zum Jahr 2020 gerückt, was einen bemerkenswerten Einblick in die Planungszeiträume des Unternehmens gibt – was man von Schnellschussentscheidungen ähnlich großer Konzerne nicht behaupten kann.

Wie genau die Kommunikationsstrategie des Unternehmens aussieht, kann man auch in diversen Videos auf Youtube sehen.

Zusammengefasst: Das Unternehmen sieht einen Wechsel von kreativer Kommunikation, also vorproduzierter Werbung, zu einer Contentstrategie vor, die kontinuierlich und aktiv Geschichten aus den Marken ableitet, um Gespräche anzuregen. Der Schlüsselsatz in der Strategie lautet: *„Dynamisches Storytelling bedeutet für uns das schrittweise Entwickeln von Elementen der Markenidee, die sich systematisch über multiple Gesprächskanäle verbreiten und die das Schaffen einer einheitlichen und koordinierten Markenerfahrung zum Ziel haben"* (vgl. Strategievideo im Internet).

Coca-Cola ist sich bewusst, dass die geteilten Geschichten der Fans über das Produkt mehr Beachtung und Verbreitung finden als die eigenen Bemühungen, also bezieht man die Fans ein und entwickelt die Kommunikation nicht mehr am Reißbrett, sondern im permanenten Dialog. Im Marketingsprech des Unternehmens nennt man dies „Liquid and Linked Ideas" – also „flüssige und vernetzte Ideen".

Dieser Strategiewechsel ist fundamental, stellt aber eine adäquate Antwort auf die digitale Disruption dar. Diese Entscheidung wird von anderen Konzernen dieser Größenordnung aufmerksam beobachtet werden, da andere Branchen viel unmittelbarer betroffen sind.

Storytelling in der Unternehmenskommunikation hat das Stadium des Experiments also längst verlassen.

Aufgabe 8:

- Warum gibt es immer mehr Prosumenten?
- Welche Entwicklungen könnten sich bei anderen Branchen durch den wachsenden Einfluss der Prosumenten ergeben?
- Wie könnten diese Branchen, im Vergleich mit der Modeindustrie, vorgehen?

Aufgabe 9:

- Diskutieren Sie, welche Auswirkungen dieser Strategiewechsel auf die Werbeindustrie haben wird, also auf Werbeagenturen, Media-Agenturen und Medienhäuser.
- Wo liegen Ihrer Meinung nach die Grenzen dieses Wandels?
- Erörtern Sie, welche Verhaltensänderung der Strategiewechsel bei den Konsumenten bewirken wird.

AUFGABEN

Storytelling in der Anwendung

3

Lernziele

- Dieses Kapitel zeigt exemplarisch die Schritte, die notwendig sind, um eine Storytelling-Strategie in einem Unternehmen einzuführen und umzusetzen.

- Sie lernen, welche Maßnahmen bei einem Shitstorm hilfreich sind.

- Anhand von Worstcases und Bestcases erfahren Sie, wie Unternehmen bereits Storytelling einsetzen.

Im Folgenden wird in unserem Szenario mit Herrn Metz und der Gutshof Fleischwurst die Entwicklung eines Storytellings veranschaulicht.

Das Projekt und der Workshop 3.1

Herr Metz fühlt sich vom Strategiewechsel des Softdrinkkonzerns angespornt. Es ist ihm nach zwei Monaten gelungen, die Geschäftsleitung mit Argumenten und konkreten Beispielen zu überzeugen, und er hat das O.K. bekommen, ein Team aufzustellen, um den Prozess einzuleiten. Zwar ist Herr Metz mit dem Story-Ansatz, den er im Alleingang ausgearbeitet hat, schon sehr zufrieden, aber er versteht, dass er viel Potenzial verschenkt, wenn die Geschichte nicht aktiv von anderen Kollegen mitgeschrieben wird.

Der Workshop

Für einen Freitag, gewissermaßen als Aufwärmprogramm für das alljährliche Firmenfest, konnte er über 30 Mitarbeiter aus allen Abteilungen des Unternehmens zur Teilnahme an einem halbtägigen Storytelling-Workshop motivieren. Um selbst aktiv dabei zu sein, hat er eine Storytelling-Expertin engagiert, die den Tag moderiert. Dazu hat er die Gründerin eines Fanclubs sowie ein sehr aktives Mitglied eines Kochforums eingeladen.

Die Fülle an Geschichten und das Engagement der Teilnehmer haben selbst Herrn Metz überrascht. In einer ersten Runde wurden alle Mitarbeiter aufgefordert, ihre ganz persönliche Firmenanekdote in einem Absatz aufzuschreiben und vorzutragen, danach wurden Gruppen aus den Personen gebildet, bei denen es Überschneidungen in den Geschichten und Ideen gab. In einem dritten Schritt wurde wieder gemeinsam und offen über alle Geschichten diskutiert.

Mit Unterstützung der Moderatorin wurde so Schritt für Schritt eine Erzählung ausgearbeitet, in der sich die meisten Teilnehmer wiederfinden konnten und von der sich jeder vorstellen kann, sie einem Außenstehenden aus dem Stegreif wiederzugeben. An diesem Punkt kamen nochmals die Fans ins Spiel, die eine Einschät-

zung geben konnten, ob sie eine Geschichte in dieser Form erzählen würden.

Der Workshop schließt mit einem Story-Ansatz, der knapp zwei Absätze lang ist. Wie Herr Metz schon intuitiv geahnt hat, sind die Mitarbeiter noch heute von der Gründungsgeschichte gerührt und haben unzählige persönliche Anekdoten gefunden, in denen man genau nach dem Vorbild des Gründers gehandelt hat.

Nicht nur Herr Metz ist mit der „Ausbeute" hochzufrieden. Auch die Mitarbeiter haben so einen Motivationsschub bekommen. Viele berichten später davon, dass sie zum ersten Mal nach ihren Ansichten und Vorstellungen über das Unternehmen befragt wurden, und empfinden Stolz, dass sie aktiv zur Geschichtenfindung beitragen konnten. Beim anschließenden Firmenfest werden noch bis spät in die Nacht Anekdoten ausgetauscht und weiter diskutiert.

Auch die involvierten Fans sind zufrieden und freuen sich über die Wertschätzung. Noch am selben Abend berichten sie im Forum und auf der Fan-Website von ihrem Beitrag zum Workshop.

3.2	**Team und Aufgabenverteilung**

Zwei Personen haben sich im Workshop besonders hervorgetan, und zwar durch ihre Fähigkeit, die Geschichten im Unternehmen zunächst zu finden und diese dann so treffend und emotional zu erzählen, dass alle sie gerne gehört haben.

Herr Metz entschließt sich, Frau Schober aus der Produktion und Herrn Trebitz aus dem Verkauf direkt anzusprechen, um sie zu überzeugen, Teil des Storytelling-Teams zu werden, das er jetzt aufbauen wird. Dazu konnte er noch eine PR-Kollegin gewinnen, die ohnehin seit Jahren dazu drängt, in den sozialen Medien aktiv zu werden, und auch praktische Erfahrung vorweisen kann.

Es ist Herrn Metz bewusst, dass diese Arbeit, bei allem Enthusiasmus, für alle Involvierten einen Mehraufwand bedeutet, der vergütet und koordiniert werden muss, und so spricht er sich mit den jeweiligen Vorgesetzten ab. In einem Artikel hat er gelesen, dass

andere Unternehmen, insbesondere aus der IT-Branche, ähnlich verfahren. Microsoft hat zum Beispiel ein Team von so genannten „Technology Evangelists" (Evangelium bedeutet übersetzt: „die gute Botschaft") aufgebaut, die neben ihrer regulären Tätigkeit auf Kongressen und ähnlichen Veranstaltungen persönlich mit ihrem Wissen und ihren Erfahrungen für das Unternehmen als „Begeisterungsträger" auftreten. Es handelt sich also um Fans der eigenen Firma und ihrer Produkte, die ermächtigt werden, Storytelling zu betreiben. Und genau das schwebt Herrn Metz auch für sein Team vor.

Gemeinsam überlegt man nun, wer sich schwerpunktmäßig auf welche Kanäle konzentriert und wie die Erzählung dort inszeniert werden muss. Das Vorgehen ist vergleichbar mit den Abläufen und der Arbeitsteilung einer Redaktion.

Das Team muss folgende Aufgaben auf der Agenda haben:

■ Redaktionsplan:
Welche Facetten der Erzählung werden wann und in welchen Kanälen inszeniert? Welche Themen und Erzählstränge sollten mit in die Agenda aufgenommen werden?

■ Konsistenz der Story und Reaktion:
Muss die Story an aktuelle Begebenheiten und auf Feedback von Fans und Kritikern angepasst werden?

■ Touchpoints:
Auswahl und Bewertung der gewählten Kanäle unter Berücksichtigung von Reichweite und Feedback.

■ Fans:
Welche Gesprächsfäden existieren bereits mit Fans, Multiplikatoren und Communitys? Wie kann man sie aufnehmen und in die Gesamtstrategie überführen?

■ **Integration:**
Findet sich die gewählte Storytelling-Strategie auch in allen anderen Kommunikationsmaßnahmen wieder? Wo ergeben sich Widersprüche, wo muss gegebenenfalls korrigiert werden?

■ **Interaktion:**
Welche Facetten der Erzählung bieten das größte Potenzial, um Dialoge mit Fans anzustoßen? Welche angrenzenden Themen sind Gesprächsanlass und können in die Erzählung miteingebunden werden?

Fassen wir zusammen: Storytelling als Kommunikationsstrategie stellt einen Prozess dar. Es geht also nicht darum, in Intervallen Kampagnen zu inszenieren, sondern seine Botschaften kontinuierlich in einen Erzählfluss einzubetten. Natürlich finden in diesem Erzählfluss auch Kampagnen ihren Raum, müssen aber logischer Bestandteil des Storytellings sein, um Fallhöhen zu vermeiden. Je konsistenter und prägnanter die Story, umso eindeutiger wird die Identität des Unternehmens und seiner Produkte wahrgenommen.

3.3 Vom Start bis zur regulären Anwendung

Jeder Anfang ist aufregend. Man sollte sich dabei aber die Essenz des Storytellings vor Augen halten: Eine Geschichte muss sich nach einer Dramaturgie entwickeln. Es ist also nicht nötig, alle Kanäle zu Beginn zu bespielen und gleich die gesamte Erzählung auf einmal aufzurollen.

Um noch einmal die Analogie mit dem Betreten der Cocktailparty aufzubringen: Es ist viel sympathischer, wenn man sich schrittweise ins Gespräch einbringt, als gleich mit der Tür ins Haus zu fallen. Größere Konzerne ziehen zwar gerne die Vorgehensweise des Big Bangs vor, verspielen damit aber in dieser Phase häufig die Chance, Beziehungen auf Augenhöhe zu ihren Fans aufzubauen.

 Zuallererst sollte man also sein Set-up bereithaben.

Die Touchpoints

Von der technischen Seite her beschließt Herr Metz, sich mit seinem Team auf folgende Touchpoints zu konzentrieren:

- Digitale Kanäle:
  - ► Ein Unternehmensblog für größere und ausführlichere Geschichten, Meldungen und zur Vernetzung mit anderen Blogs zum Thema Ernährung, Kochen, Bio etc.
  - ► Ein Facebook-Profil zum Aufbau einer Fan-Base, zum kontinuierlichen Erzählen von Geschichten und zum Halten des Dialogs mit den Fans. Hier lassen sich im weitesten Sinne auch Kampagnen platzieren oder promotionale Aktionen durchführen.
- Analoge Kanäle:
  - ► Der Ausbau des regionalen Engagements mit Unterstützung der Mitarbeiter und Einbeziehung der Biobauern, die das Fleisch liefern.
  - ► Ein Gutshof-Fest auf Tour als familiäres Kochevent mit Ernährungsexperten und Köchen.
  - ► Pausenbrotaktionen an Schulen.
  - ► Printanzeigen (angepasst an die Vorgaben der Storytelling-Strategie).
  - ► TV-Spots (angepasst an die Vorgaben der Storytelling-Strategie).

Sich vorstellen

Was bei realen Veranstaltungen selbstverständlich ist, sollte auch in den sozialen Medien zum guten Ton gehören: Als Erstes stellt sich das gesamte Team auf allen Profilen vor und die Mitarbeiter erläutern, welche Aufgabe sie im Unternehmen haben, für welchen Teil der Geschichte sie einstehen und was sie den Fans im Dialog bieten können.

Dieser Schritt – das Zeigen der Gesichter hinter dem Unternehmen – ist sehr wichtig, um Nähe, Gesprächsbereitschaft und Identität zu demonstrieren. Diese Vorstellung des Teams sollte auch immer gut sichtbar in den Profilen platziert sein, damit neu eintreffende Fans auch wissen, mit wem sie es zu tun haben.

3.3.3   Die Aufgabe

Darüber hinaus sollte in einem kurzen Satz erläutert werden, welche konkrete Aufgabe sich das Team gestellt hat:

Beispiele   Ein Fashionlabel stellt z.B. die neuen Kollektionen vor und gibt Einblicke in die Inspirationen der Designer. Eine Band berichtet vom Tournee-Alltag und zeigt regelmäßig Fotos ihrer größten Fans. Der Hersteller einer scharfen Sauce erzählt Geschichten über die Herkunft der verwendeten Chilis und gibt Rezepttipps.

3.3.4   Die wichtigste Regel

Sie lautet: „Du sollst nicht langweilen!" Wenn man beginnt, nach seinem Redaktionsplan Inhalte zu produzieren und zu platzieren, sollte man darauf achten, nicht nur über sich selbst zu sprechen. Es geht darum, situationsbezogen abzuwägen, wann man welche Anekdote am besten anbringen kann, und zu lernen, wann man auch mal zu schweigen hat.

Herr Metz hat zumindest das Gefühl, dass sein Team und er sich in den ersten acht Wochen wacker geschlagen haben. Mit ihrer Mischung aus Rezeptvorschlägen und Ernährungstipps haben sie Fans auf Facebook gewinnen können und die Ankündigung, jedes Wochenende einen Wurstkorb über Twitter zu verlosen, wenn die Follower Fotos ihrer Pausenbrote posten, hat für das nötige Augenzwinkern gesorgt.

Am besten jedoch hat der Auftakt des Gutshof-Festes funktioniert. Die Mischung aus Marktstand mit allen nötigen Zutaten (natürlich auch Gemüse), selber kochen, Brote belegen und Rezepttipps von Ernährungsexperten (ohne den erhobenen Zeigefinger) hat die anvisierten Zielgruppen erreicht und zu interessanten Gesprächen geführt, da auch immer Verantwortliche des Unternehmens vor Ort waren.

Diese realen Events konnten dann auch immer als Anlass zur Berichterstattung und Dokumentation in den sozialen Medien und für klassische PR genutzt werden.

Nach diesen acht Wochen werden alle Maßnahmen und das Feedback von Mitarbeitern, Kunden und Fans gemeinsam bewertet und Änderungen in die Redaktionsplanung eingearbeitet.

In den nächsten Wochen bekommt das Team langsam ein Gefühl für den Erzählrhythmus, die Themen, welche die Fans interessieren, und dafür, wer von ihnen sich als Multiplikator hervortut.

Natürlich gehen auch Sachen schief und man bekommt die eine oder andere negative Äußerung zu hören. Auch mit diesem Feedback muss man umgehen können. Aber wie geht man vor, wenn wirklich etwas aus dem Ruder läuft?

Monitoring der Aktivitäten | 3.4

Auf einer Cocktailparty bekommt man auch nicht jede Lästerei mit, die über einen selbst verbreitet wird. Ist man gut vernetzt, wird einem über eine üble Nachrede aber schon berichtet. Man sollte es mit der permanenten Sorge um die eigene Reputation jedoch nicht übertreiben und zum Überwachungsparanoiker werden.

Ein Monitoring in den digitalen Netzwerken sollte man aber auf jeden Fall betreiben, schließlich hat diese „Cocktailparty" mehrere Millionen Gäste und der Vergleich fängt an dieser Stelle an, bedenklich zu hinken.

Für ein Monitoring gibt es unzählige Softwarelösungen, die unterschiedlich skalierbar sind. Dieses Thema füllt wiederum mehrere Fachbücher, aber an dieser Stelle sei erwähnt, dass es unumgänglich ist, sich einen Überblick zu verschaffen, an welchen Orten über sein Produkt und seine Marke gesprochen wird und wer die Personen sind, die den Dialog aktiv betreiben.

Darüber hinaus ist es natürlich auch relevant, zu wissen, welche Geschichte die Konkurrenz inszeniert und wie diese von deren Fans aufgegriffen wird.

Ein Monitoring dient also dazu, ein regelmäßiges Stimmungsbild einzufangen, um überprüfen zu können, was passiert, wenn die eigenen erzählten Geschichten die Grenzen der eigenen Webseiten und Profile überschritten haben.

Man beginnt am besten damit, eine Liste der Websites, Foren und Communitys in den sozialen Medien anzulegen, an denen bereits über das Unternehmen gesprochen wurde. Als Nächstes richtet man sich eine Basisliste an Suchwörtern, die infrage kommen, ein.

Herr Metz hat eine Liste von 50 Websites, Blogs und Foren, in denen die Gutshof-Produkte regelmäßig erwähnt werden. Auf Twitter und Facebook hat er eine Suche eingerichtet, die nicht nur den Namen des Unternehmens und der Produkte, sondern generell das Thema Kochen, Ernährung, Fleischprodukte und Wurst berücksichtigt.

Gerade diese Suche nach Stichworten (auf Twitter Hashtags genannt und mit einem # angeführt) zeigt ihm nahezu in Echtzeit, wer sich an welchen Orten gerade mit dem Thema Ernährung und insbesondere Wurst beschäftigt.

Die inhaltliche Analyse, die darauf folgt, bringt wichtige Erkenntnisse, in welcher Form die Storytelling-Strategie in den unterschiedlichen Kanälen inszeniert werden muss.

So stellt Herr Metz fest, dass gerade zur Mittagszeit und am Abend zehntausende User Fotos von ihrem Essen mithilfe der Instagram App auf ihren Smartphones schießen. Es ist ein Volkssport geworden, zu demonstrieren, was man gerade auf dem Teller vor sich hat.

Diesen Touchpoint hat das Team noch gar nicht berücksichtigt und überlegt nun, wie man dort aktiv werden kann.

Am Abend zu Hause hat es sich Herr Metz angewöhnt, noch kurz die Statistiken über Zugriffszahlen, Likes, Retweets etc. anzusehen, und ist zunächst erstaunt über einen massiven Anstieg an Besuchern auf dem offiziellen Facebook-Profil.

Neugierig will er überprüfen, was denn zu dieser positiven Entwicklung geführt hat, und öffnet das Profil. Schnell wird ihm klar, dass es ein Problem gibt: Seit 18 Uhr hinterlassen tausende erboster Besucher auf Facebook bitterböse Kommentare und verweisen auf einen Artikel eines sehr einflussreichen Verbraucherschutzblogs, der um 17 Uhr gepostet wurde. Darin wird die Gutshof Fleischwurst GmbH & Co. KG beschuldigt, die Verbraucher bewusst getäuscht zu haben, da die Produkte mitnichten wirklich „Bio" seien, und als Beweis liege ein Laborbericht vor, den man in den nächsten Tagen veröffentlichen werde.

Auch auf Twitter macht der Beitrag tausendfach die Runde und wurde mit den Hashtags #biowurstfail und #gutshof versehen.

Ein Sturm zieht auf 3.5.1

Herr Metz ist entsetzt. Die negativen Kommentare gehen in die tausende und das Unternehmen wird aufs Übelste beschimpft. Leute posten Bilder, die zeigen, wie Gutshof-Produkte in den Müll geworfen werden. Hastig greift er zum Telefon und kontaktiert seine Kollegen, die ebenfalls fassungslos vor ihren Bildschirmen sitzen. Sie haben es mit einem Shitstorm zu tun und müssen nun schnell und besonnen reagieren, meint auch die in Social Media versierte Kollegin.

Als Erstes beschließt das Team, den Geschäftsführer zu kontaktieren, um auf allen Ebenen Klarheit zu schaffen. Der zeigt sich genauso schockiert und versichert, dass die Vorwürfe haltlos seien, er war persönlich an der regelmäßigen Qualitätssicherung der Produkte beteiligt. Das Team verabredet sich im Firmengebäude, um eine erste Reaktion zu verfassen. Eile ist geboten, denn erste On-

line-Portale haben die Geschichte aufgenommen und Eilmeldungen publiziert.

3.5.2   Schnelle Reaktion

Noch bevor das Team weiter in die Krisenplanung einsteigt, formuliert man einen kurzen Blogpost, dessen Link man über die eigenen Profile verbreitet:

„Wir (Herr Röder, der Geschäftsführer, Frau Berkel, Leiterin Qualitätssicherung, und alle Marketingverantwortlichen) sind über die Vorwürfe genauso entsetzt wie abertausende der Fans und zufriedenen Kunden, die auf die Qualität unserer Bioprodukte vertrauen. Wir stellen klar, dass die erhobenen Vorwürfe nicht der Wahrheit entsprechen, und versprechen schnellstens eine Klärung des Sachverhalts."

Noch während dieser Blogpost formuliert wurde, haben enttäuschte Kunden eine Facebook-Gruppe freigeschaltet, die zum Boykott von Gutshof-Produkten aufruft.

Herr Röder, der Geschäftsführer, tobt fast vor Wut und bestellt seine Rechtsanwälte ein, um der Diskussion per Unterlassungsklage ein Ende zu bereiten, aber die PR-Kollegin bringt ihn zur Räson.

Viel vernünftiger ist es, den Dialog mit den Betreibern des Verbraucherschutzblogs aufzunehmen und bis dahin alle entkräftigenden Zertifikate beisammen zu haben.

Darüber hinaus muss man nun die Personen ausfindig machen, die die Negativgeschichte am fleißigsten verbreiten, um sie direkt ansprechen zu können.

3.5.3   Ruhe bewahren – Gesicht zeigen

Wenn man von einem Shitstorm betroffen ist, lautet die erste Regel: „Ruhe bewahren und objektiv bleiben."

Ein solcher Proteststurm, ob unbegründet oder nicht, ruft gerade bei Internet-Communitys eine Menge Emotionen hervor. Häufig wird bei Einzelpersonen eine „David-gegen-Goliath-Haltung"

erzielt; der Wunsch, es den großen, anonymen Konzernen mal so richtig zu zeigen. Und Firmen bekommen diese neu gewonnene Macht der vielen dann mit voller Härte zu spüren.

Deshalb ist es extrem wichtig, in dieser Phase sofort buchstäblich Gesicht zu zeigen: Der Geschäftsführer lässt sich überzeugen, ein Statement in einem Video abzugeben, das die komplette Aufklärung der Vorwürfe verspricht. Er wendet sich auch direkt an die Betreiber des Verbraucherschutzblogs und bittet diese an einen runden Tisch, damit man gemeinsam zur Klärung beitragen könne.

Inzwischen werden in den sozialen Medien die Fans der Marke aktiv und steigen in die Diskussion mit ein. Sie rufen zur Besonnenheit auf, da noch nicht alle Fakten auf dem Tisch liegen. Das Team entschließt sich, moderierend in die Diskussion einzusteigen, und meldet sich an den Orten, an denen die Diskussion am härtesten verläuft mit Namen und Position. Sie versprechen, alle Informationen offen zur Diskussion zu stellen, und verweisen auf eine eigens eingerichtete Website, die die Ergebnisse des runden Tischs, der am Montag stattfinden wird, offenlegen wird und auch Raum zur Diskussion bietet.

Die Maßnahmen zeigen Wirkung und die Stimmung beruhigt sich, da alle auf das Ereignis am Montag warten.

Die Betreiber des Verbraucherschutzblogs haben eingewilligt und man verabredet ein Treffen im Firmensitz am Montag, um die Vorwürfe zu klären.

Der runde Tisch 3.5.4

Das Treffen bringt die Wahrheit schnell ans Licht. Alle Parteien legen ihre Dokumente offen und die Geschäftsführung sowie die Verbaucherschützer geben Einblick in die Prüfungsergebnisse. Das Institut der Verbraucherschützer hat im Prüfungsprozess versehentlich Dokumente vertauscht und dabei fälschlicherweise Proben eines Mitbewerbers der Gutshof Fleischwurst GmbH & Co. KG zugeordnet.

Erleichtert regt Herr Metz an, gemeinsam eine Gegendarstellung zu formulieren und diese auf allen beteiligten Kanälen sowie über die Presse zu verbreiten.

Das Ergebnis: Der Shitstorm flaut ebenso schnell ab, wie er aufgekommen ist.

3.5.5 Shitstorms als Reaktion auf Verfehlungen

Unser Szenario geht davon aus, dass das betroffene Unternehmen unbegründet Opfer des Shitstorms geworden ist. In der Realität ist dies häufig nicht der Fall. Unternehmen machen sich aus vielerlei Gründen angreifbar: falsche Produkt- oder Werbeversprechen, verheimlichte Produktionsfehler, unsoziale und unökologische Produktionsbedingungen, persönliche Verfehlungen prominenter Geschäftsführer etc.

Auch in diesen Fällen sollte nach den gleichen Mustern vorgegangen werden. Der Prozess kann aber nicht mit einer einfachen Entschuldigung beendet werden.

Wer nicht aktiv zeigt, dass er willens ist, für seine Fehler geradezustehen und diese zu korrigieren, büßt auf lange Sicht seine Reputation ein.

Zu Recht! Versetzen Sie sich nur kurz in die Lage der Küstenanwohner im Golf von Mexiko nach dem Öldesaster der Deep Water Horizon oder in die Lage der Opfer der Giftgaskatastrophe von Bhopal oder in die Lage der Contergankindern die zum Teil heute noch auf ihre Entschädigungen warten und zu Opfern von menschenverachtenden PR-Strategien wurden. In Zeiten des Internets wird nichts vergessen.

3.5.6 How to survive a shitstorm

Nach seinem überstandenen Shitstorm lässt sich Herr Metz ein Plakat anfertigen und eingerahmt und immer sichtbar über seinem Arbeitsplatz anbringen.

1. Ruhe bewahren

Wer übernimmt die Verantwortung?

Muss ich gegebenenfalls Experten hinzuziehen?

Niemals Kritik löschen oder gleich mit Anwälten drohen.

2. Schnell reagieren und Gesicht zeigen

Niemals schweigen, sondern direkt und besonnen zu dem Sachverhalt Stellung beziehen, indem man Inhalte schafft.

Nicht anonym verlautbaren, sondern durch personenbezogene Kommunikation Nähe herstellen.

3. Fans mobilisieren und der Diskussion einen Raum geben

Fans und Befürworter offensiv informieren und schon früh eine Plattform schaffen, die alle Informationen transparent darstellt, um die Diskussion zu kanalisieren.

Nichts verschweigen, sondern die Fans mit Argumenten versorgen.

Nicht selbst diskutieren, sondern moderieren.

4. Ergebnisse schaffen

Wenn man tatsächlich etwas verschuldet hat, konkret aufzeigen, wie man Abhilfe schafft.

Ist der Shitstorm völlig unbegründet, klare Verhältnisse schaffen und den wahren Sachverhalt selbstbewusst kommunizieren.

Fassen wir zusammen: Der Shitstorm ist sicherlich die härteste Form der Kritik und im Prinzip kann es jeden treffen. Nicht jede Diskussion ist jedoch gleich als solcher zu bewerten und deshalb ist besonnenes Verhalten umso wichtiger. Letztendlich kann man sich nur wappnen, indem man den Gesprächen in den sozialen Medien kontinuierlich folgt.

| 3.6 | Beispiele negativer und positiver Art |

3.6.1 Negative Beispiele

Nestlé KitKat

Anfang 2010 ist der Lebensmittelhersteller Nestlé massiv in die Kritik geraten, nachdem die Umweltorganisation Greenpeace ein Aufsehen erregendes Video in Umlauf gebracht hat, das im Stil der Werbespots für das Produkt KitKat anprangerte, dass Nestlé für den Schokoriegel Palmöl nutzt, für dessen Gewinnung Urwald in Indonesien abgeholzt wird. Dieser Regenwald gehört zu den letzten Lebensräumen der vom Aussterben bedrohten Orang-Utans. Das Video ist auf Youtube zu finden.

Der appetitverderbende Spot verfehlt seine Wirkung nicht: „Nestlé tötet Orang-Utans" wird als Negativbotschaft viral und die Reputation des Weltkonzerns ist auf einen Schlag bedroht.

So ins Kreuzfeuer genommen, begeht der Konzern jeden Fehler, den man in den sozialen Medien begehen kann. Nestlé reagiert wie ein Souverän, der seine Macht verteidigt, lässt das Video auf Youtube sperren und löscht kritische Kommentare. Doch damit ist die Büchse der Pandora erst richtig geöffnet: Das Video taucht hundertfach wieder auf, nachdem Fans es wieder hochladen, die Kritiker verurteilen die Zensur auf der Facebook-Fanseite von Nestlé aufs Schärfste.

Der Konzern ist nicht mehr Herr der Lage und Greenpeace stellt vor der Firmenniederlassung in Frankfurt am Main eine mobile Twitterwand auf, die jedem Passanten und jedem Mitarbeiter in Echtzeit verdeutlicht, dass dieser Shitstorm nicht mehr zu bremsen ist. Längst haben die etablierten Medien das Thema aufgegriffen und die Strategie von Greenpeace ist voll aufgegangen.

Unter diesem öffentlichen Druck gibt Nestlé schließlich nach und kündigt die Verträge mit dem umstrittenen Palmöl-Lieferanten. Der Imageschaden ist groß und selbst Monate später führte eine Google-Suche nach Nestlé die Ergebnisse des PR-Debakels unter

den ersten Treffern auf. Selbst heute (Stand: August 2012) führt eine Suche auf Youtube unmittelbar auf unzählige Clips, die dem Konzern unethisches Verhalten aller Couleur vorwerfen.

ING-DiBa

Die Bank hat gute Imagewerte und wird auch dank ihrer Werbespots mit Basketballstar Dirk Nowitzki als sympathisches Unternehmen wahrgenommen. Im Januar 2012 wird das Facebook-Profil des Finanzdienstleisters jedoch zu einem Konfrontationsort zwischen überzeugten Veganern und aufgebrachten Fleischessern, weil der Basketballer in einem Werbespot, der in einer Metzgerei seiner Heimatstadt Würzburg spielt, ein Stück Fleischwurst zur Probe bekommt (zu finden auf Youtube.com).

Die ING-DiBa reagiert besonnen, hat aber dennoch große Probleme, die hitzige Diskussion auf ihrem Profil abzuwenden. Vegetarier kündigen an, ihr Konto bei der Bank aufzulösen, und Freunde der Fleischwurst wollen im Gegenzug ihr Geld zur Bank tragen.

Das Unternehmen hat Glück, schließlich hat das Kernprodukt nichts mit Ernährungsfragen zu tun, und es gelingt, die Gegner zur Mäßigung aufzurufen.

United Airlines

Der Musiker Dave Carroll buchte einen Flug von Halifax nach Nebrasca mit United Airlines und musste nach der Landung aus dem Bordfenster mit ansehen, wie seine teure Gitarre beim Ausladen schwer beschädigt wurde.

Seine Beschwerden und Schadensforderungen liefen in den Monaten darauf bei der Fluglinie konsequent ins Leere. Als er dann doch eine Antwort erhielt, die ihn darauf hinwies, dass er sich doch bitte direkt nach Entdecken des Schadens hätte melden sollen, platze ihm der Kragen und Dave entschloss sich zu einer besonderen Maßnahme.

Er nahm einen Country-Song mit dem Titel „United breaks Guitars" auf und produzierte ein kleines Video, das er auf Youtube postete. Binnen kürzester Zeit erreichte der Clip über eine Million Zuschauer. United Airlines lenkte endlich ein, um keinen Imageschaden zu erleiden, und entschädigte den Musiker.

Vodafone

Ein einzelner Beschwerdepost über schlechte Serviceleistungen löste im Juli 2012 einen Shitstorm auf der Facebook-Seite von Vodafone aus. Nachdem eine Kundin sich detailliert über ihr Negativerlebnis ausgelassen hatte, kamen innerhalb einer Woche über 70.000 Likes für ihren Beitrag zusammen. Tausende User kommentierten diesen Beitrag und machten ihrem Unmut Luft.

Eigentlich nichts Ungewöhnliches, da sich Kunden immer wieder beschweren, aber Vodafone hat auf diesen Beitrag erst spät reagiert, weil das Profil übers Wochenende nicht betreut wurde, um dann am nächsten Wochentag auf das Beschwerdeformular der Unternehmenswebsite zu verweisen. Ein großer Fehler, wie sich auch Wochen später noch zeigte, da sämtlicher redaktionelle Content des Unternehmens von den Usern weiterhin als Anlass für Servicediskussionen genutzt wurde.

Die neue Macht der Konsumenten mag einschüchternd sein, aber Storytelling verfolgt hier den Zweck, die Gesichter hinter den Marken und Unternehmen zu zeigen. Und diesen Gesichtern verzeiht man eher, als anonymen Servicestrukturen großer Konzerne. Eines wird an den Worst Cases deutlich:

> **Man darf sich nicht verstecken und niemals seine Fans hinters Licht führen. Reale Missstände im Unternehmen lassen sich nicht durch Storytelling „wegerzählen".**

3.6.2   Genug der Schwarzmalerei – positive Beispiele

Der Shitstorm ist zum Anglizismus des Jahres 2011 gewählt worden und es liegt wohl auch in unserer technischen Neuerungen gegenüber eher kritischen Position, dass dem so ist und die Skepsis gegenüber sozialen Medien noch eine Weile anhalten wird.

Auch um Herrn Metz noch etwas mehr in seiner Entscheidung zu bestärken, sollte man einen Blick auf die Erfolgsgeschichten werfen.

PONS – Deutsche Rechtschreibung Online

Das Online-Wörterbuch von PONS auf www.pons.eu sollte im Jahr 2009 als lebendiges, nutzernahes und diskussionsoffenes Wörterbuch positioniert werden, das immer und überall zur Stelle ist, wenn es gebraucht wird, und seine Nutzer dadurch ermächtigt, stets korrekt zu schreiben. Rechtschreibung 2.0, sozusagen.

Zu diesem Zweck hat das Unternehmen eine Agentur mit einer Kampagne beauftragt. Schmackhaft gemacht werden sollte das Online-Wörterbuch allen, die tagtäglich mit der deutschen Sprache arbeiten und dabei online sind, also z.B. Journalisten, Autoren, Redenschreiber, Schriftsteller, PR-Leute, Werbetreibende, Lektoren oder Germanisten. Diesen „Deutsch-Profis" sollte vermittelt werden, dass im Zweifelsfall die richtige Schreibweise mit einem Klick im Netz zu finden ist.

Die Kampagne hatte zum Ziel, mit ausgewählten Schlüsselspielern in den relevanten Netzwerken Kontakt aufzunehmen, mit ihnen in einen Dialog zum Thema deutsche Rechtschreibung zu treten und darüber das neue Online-Wörterbuch ins Gespräch zu bringen.

Die Idee: zurück auf die Schulbank. Im Zentrum der Einführungsaktion stand ein Teaser-Mailing an ausgewählte Blogger, das einen Testzugang zur Plattform www.pons.eu enthielt. Ihnen wurde per Post ein „Schulheft" im PONS-grünen Einband zugestellt, in dem ein eigener Blogbeitrag abgedruckt war. Der Beitrag war mit einem Rotstift korrigiert und mit einem abschließenden Kommentar sowie einer Gesamtnote inkl. „Fleißbienchen" versehen worden.

Parallel veröffentlichte PONS ein dynamisches Ranking, das anzeigte, wie es um die Orthografie reichweitenstarker Blogs in Deutschland bestellt war: „Die PONS Deutsch-Charts". Wer im Beobachtungszeitraum viel schrieb und dabei auf die Rechtschreibung achtete, durfte sich über weitere Fleißbienchen freuen.

Als Sammelbecken für den Kampagnendialog fungierten das Weblog mit dem Titel „Fehlermeldungen" und der Twitter-Account von PONS.

Das Ergebnis: Nach dem Start der Maßnahmen stieg der Traffic auf dem Sprachenportal um 70 %. (Quelle: Agentur vm-people GmbH)

Warum war diese Kampagne so erfolgreich? Die Geschichte hat die Empfänger buchstäblich in ihre Kindheit zurück versetzt. Selbst, wer als Erwachsener in Zeiten des Internets auf Rechtschreibung keinen Wert mehr legt, ist durch die Erziehung in seiner frühen Schulzeit darauf geprägt worden, dass Rechtschreibfehler und damit schlechte Noten zu Hause Ärger bedeuten. Man sitzt auf einmal wieder auf der Schulbank. Dieser Film lief im eigenen Kopf ab. Die Empfänger konnten die Kampagne gar nicht schlecht finden, da sie sonst ihre eigene Professionalität im Umgang mit deutscher Sprache infrage gestellt hätten. Storytelling ebnet hier den Weg zu ansonsten trockenen und ungeliebten Themen.

Hornbach Baumarkt

Ein Baumarkt ist ein Baumarkt ist ein Baumarkt. Und die Art zu kommunizieren war auf das Anpreisen aktueller Preisaktionen zu saisonalen Produkten beschränkt. Das Problem lag darin, dass sich die Mitbewerber kaum voneinander unterschieden und die Definition über den Preis kein echter USP (Unique Selling Proposal) ist, der eine echte Identifikationsfläche schafft. So war es zumindest bis vor einigen Jahren.

Die Idee: Die Agentur Heimat aus Berlin hat es sich zur Aufgabe gemacht, das zu ändern, und einen wahrhaft fulminanten Strategiewechsel in der Kommunikation für das Unternehmen eingeleitet. Statt der Konzentration auf das Sortiment und die Preise hat man sich die Motivation der Kunden vorgenommen und durch Storytelling dramatisiert. Das Ergebnis ist ein Kommunikationsmix, der für die Baumarktbranche ein absolutes Novum darstellte.

Die Geschichten konzentrieren sich darauf, dass jedes noch so kleine Heimwerkervorhaben zum Projekt überhöht wird. Und wenn es nur das Einschlagen eines Nagels ist, bedeutet es für uns Menschen in einer durchtechnisierten Gesellschaft einen fast archaischen Akt, weil wir dafür unsere Hände benutzen und uns

körperlich anstrengen müssen. Das Selbermachen, das Selbst-
anpacken wurde zum obersten Ziel des Projekts erklärt.

Diese Deklaration als Projekt wurde in TV-Spots, Anzeigen, aber
auch in einem eigens produzierten Kinofilm „Das grenzenlose
Haus" (der auch tatsächlich aufgeführt wurde) inszeniert. Selbst
der Baumarktprospekt wurde zum Projektheft umbenannt, was genau den Nerv der Zeit trifft: Handwerken ist keine Notwendigkeit
mehr, sondern eine Freizeitbeschäftigung, die uns zu den Wurzeln
menschlichen Handelns zurückführt, aber dennoch mit modernen
Methoden betrieben werden kann: Es wird projektiert.
    Dazu wurde auch die Website umstrukturiert und bietet neben
einem Online-Shop einen umfangreichen Servicebereich für
Heimwerker mit Anleitungen für alle Arten von Projekten.

Auch in den sozialen Medien kann Hornbach mit einer gut be-
suchten Facebook-Seite aufwarten (Stand August 2012: über
60.000 Fans), die Heimwerkern mit Rat und Tat zur Seite steht.

Diese Art der Umdeutung mit den Mitteln des Storytellings ist
mehr als Werbung. Auf diesem Weg konnte Hornbach nicht weniger erreichen, als eine neue Deutungshoheit für das Thema Heim-
werken zu erlangen. Das ist Storytelling in Reinkultur.

AUFGABEN

Aufgabe 10:

Beleuchten Sie die Kommunikationsaktivitäten des Sportartikel-herstellers Adidas. Versuchen Sie, die Gesamtstrategie abzuleiten, und diskutieren Sie Übereinstimmungen und Abweichungen.

Aufgabe 11:

- Erstellen Sie eine Liste weiterer Ihnen bekannter Touchpoints (real und digital) und erläutern Sie, wie Sie dort ein Monitoring einsetzen würden. Auf was würden Sie Ihr Augenmerk richten?
- Ein gutes Monitoring kann auch sehr hilfreich sein, wenn die Gespräche in den sozialen Netzwerken nicht nur positiver Natur sind. Wie geht man vor, wenn die Zeichen auf Sturm stehen?

Aufgabe 12:

- Diskutieren Sie die Auswirkungen, die das neue Massenphänomen Shitstorm auf die Gesellschaft und insbesondere die Politik (Stichwort: Wutbürger, Stichwort: Moral) haben wird.
- Welche Aspekte bewerten Sie als positiv und wo sehen Sie Risiken?

Storytelling in der internen Kommunikation

4

Lernziele

- Dieses Kapitel befasst sich mit dem Einsatz von Storytelling als Strategie für die interne Kommunikation.
- Sie lernen, welche Personen Sie involvieren müssen, um Geschichten in den internen Kommunikationskanälen in Umlauf zu bringen, und welche Auswirkung das auf die Unternehmenskultur hat.

Storytelling bietet nicht nur großes Potenzial, wenn es um das Schaffen von Aufmerksamkeit, Involvement und Verbreitung nach außen hin geht. Zunehmend befasst sich die Unternehmenskommunikation auch mit den Effekten, die Gespräche und Geschichten im Unternehmen selbst haben.

Dabei werden neben den offiziellen Kommunikationskanälen auch die inoffiziellen Wege untersucht, die eine Botschaft nehmen kann, und welche Auswirkungen dies auf die Unternehmenskultur haben kann.

Die offiziellen Kanäle sind neben der technischen Infrastruktur (Intranet, E-Mail, Memos etc.) die Entscheidungswege über mehr oder minder ausgeprägte Hierarchien und Teamstrukturen. Je größer ein Unternehmen, desto komplexer sind diese Strukturen und der Abstimmungsbedarf durch Meetings und Protokolle, die verfasst werden müssen.

Entscheidungen werden vom Management getroffen und verantwortet und über die Leiter der Hierarchien nach unten hin umgesetzt. Der Aufwand des Wissensmanagements wächst nahezu exponentiell mit der Größe des Unternehmens und lässt sich ohne digitale Unterstützung nicht mehr bewältigen.

Die inoffiziellen Kanäle, gerne auch als Flurfunk bezeichnet, sind weitaus schwieriger abzubilden und sehr häufig nicht deckungsgleich mit den Entscheidungswegen, die sich durch die Hierarchie ergeben. Das sind das vertraute Gespräch unter befreundeten Kollegen in der Kaffeeküche, die Assistentin, die über umfassendere Informationen verfügt als der Entscheider, oder die Kollegen, die eine geschlossene Gruppe auf Facebook eröffnet haben.

Tatsächlich sind diese inoffiziellen Kanäle das reale soziale Netzwerk des Unternehmens.

Untersuchungen haben ergeben, dass Informationen über diesen Weg weitaus schneller fließen als über den offiziellen „Workflow" und dass sie auch zu effektiveren Entscheidungen führen.

Warum ist das der Fall? Die Vermutung liegt nahe, dass dieser informelle Kanal in seiner Struktur einem Netzwerk entspricht,

das auf der Basis von Vertrautheit und Sympathie geknüpft wurde. Dieses reale Netzwerk besteht aus Kollegen, Verbündeten, Informanten und Freunden und setzt sich über die Grenzen von Abteilungen und Hierarchien hinweg.

Die Verbreitung von Informationen findet häufig in verbaler Form auf persönlicher Ebene statt (das bezieht aber auch eine Vermittlung per E-Mail, Chat o.Ä. mit ein) und man kann es schon ahnen: Was dort ausgetauscht wird, sind Anekdoten und Geschichten und keine Memos oder Protokolle.

Noch vor wenigen Dekaden hat man dieses Verhalten als Störung des Betriebsablaufs eingestuft und einen Kontrollverlust befürchtet, inzwischen weiß man aber, dass diese Netzwerke von elementarer Bedeutung für die Unternehmenskultur sind.

Anders gesagt: Der Spirit eines Unternehmens ist weniger in einem Meeting zu finden als in den Verbreitungswegen und der Qualität der Geschichten, die sich die Mitarbeiter erzählen und so die Unternehmenskultur formen. Können diese Geschichten ungehindert fließen, kann man das erstaunlicherweise auch an der Qualität der Meetings ablesen.

Drei Grundtypen — 4.1

Soziale Netzwerke sind aus Menschen gemacht und, ungeachtet ob sie über eine technische Infrastruktur kommunizieren oder sich in der Küche treffen, kann man drei Grundtypen ausmachen, die in jedem Netzwerk anzutreffen sind und für die Verbreitung von Wissen sorgen (vgl. Gladwell, The Tipping Point, 2000):

■ Connectors – die Verbindungsleute:
Es handelt sich um Menschen, die überdurchschnittlich viele soziale Verbindungen haben und über die Fähigkeit verfügen, Verbindungen über diverse soziale, kulturelle, ökonomische Interessensgruppen zu knüpfen.

Connectors bringen Menschen zusammen und sind die eigentlichen Knüpfer von Netzwerken, in denen sie eine zentrale Position innehaben.

■ Mavens – die Informationshändler:

Diese Menschen sind Experten in einem ganz speziellen Feld und verteilen dieses Wissen in den Netzwerken, weil sie durch die Weitergabe einen emotionalen Mehrwert (z.B. Prestige) erhalten.

Mavens haben die Fähigkeit, Trends aufzuspüren. Sie sind in der Regel Early Adaptors. Am effizientesten sind sie im Verbund mit den Connectors, die ihnen den Weg in die Netzwerke öffnen.

■ Salesmen – die Verführer:

Wie der Name schon sagt, sind Salesmen geborene Verkäufer. Sie haben die Fähigkeit, ihr Umfeld von nahezu allem zu überzeugen. Ganz gleich, ob es Ideen, Meinungen oder Produkte sind. Ihr Werkzeug ist das kunstvolle Erzählen von Geschichten.

4.2 Influentials

In jedem Netzwerk sind diese drei Grundtypen vorhanden, wobei sie aufgrund ihrer besonderen Fähigkeiten gerade mal 20 % der Gesamtheit ausmachen. Ihre Funktion ist von extremer Wichtigkeit. Wegen ihres Einflusses nennt man sie auch Influentials. Sie sorgen dafür, dass Wissen in Form von Geschichten in ein Netzwerk fließt, verbreitet wird und dass die besten Geschichten gekürt werden.

Bei Flurfunk denkt man vorschnell an das Verbreiten von schmutzigen Gerüchten über Kollegen. Tatsächlich kommen auf diesem Weg häufig erst innovative Projekte zustande, die sonst unvollendet auf einer Serviette skizziert geblieben wären. Oder es werden Fehler aufgedeckt, die das Unternehmen sonst Unsummen kosten würden, weil sich die Information zu langsam oder aus einer Absicherungsmentalität heraus gar nicht durch die Hierarchien verbreitet.

Unternehmen mit flachen Hierarchien und transparenten Entscheidungsstrukturen haben so einen Wettbewerbsvorteil, weil sie auf diesem Weg den Influentials mehr Freiraum geben und so eine offene Unternehmenskultur fördern, in denen sich die Geschichten in Innovationen umwandeln lassen.

✉ Fassen wir zusammen: Für die interne Kommunikation ist das bewusste Aufgreifen und Inszenieren der Geschichten, die ohnehin in den informellen Netzwerken des Unternehmen kursieren, ein wertvolles Instrument zur Förderung der Unternehmenskultur. Wer seine Influentials kennt und fördert, hat einen Wettbewerbsvorteil.

Storytelling und Change-Management 4.3

Storytelling-Strategien können auch nützlich sein, wenn größere Veränderungen im Unternehmen anstehen.

Insbesondere bei Unternehmensfusionen kommt es zwangsläufig zu Problemen, wenn zwei gewachsene Kulturen mit unterschiedlichen Wertesystemen aufeinanderstoßen. Dazu gesellen sich dann Gerüchte um Streichungen, Entlassungen und Veränderungen, was die eigene Position angeht. Je kurzfristiger eine Fusion angekündigt wird und je abrupter der Übergang, desto größer sind die Konflikte, die man langfristig intern bewältigen muss. Dies hat mit absoluter Sicherheit Auswirkungen auf die Produktivität und den Gewinn.

Eine Methode ist es, mit Unterstützung professioneller Storyteller zunächst die Influentials in den jeweiligen Netzwerken zu identifizieren und sie sehr früh in den Prozess miteinzubinden. Auf diesem Wege kann man auch gefährliche Gerüchte unterbinden.

Ziel ist es, die Storyteller aus den fusionierenden Unternehmen zusammenzubringen und den Grundstock für eine gemeinsame Erzählung zu finden. Es geht bei diesen Schritten nicht nur darum, verängstigte Mitarbeiter zu beruhigen, sondern tatsächlich eine Annäherung beider Kulturen zu bewerkstelligen. Gerade in solchen Phasen sind Influentials besonders feinfühlig. Fühlen sie sich jedoch nicht ernst genommen und lediglich instrumentalisiert, gefährdet man den gesamten Prozess.

Leider lassen sich Konzerne im Falle einer Fusion allzu gerne eine komplett neue Identität von Branding-Agenturen zurechtzim-

mern, um den Neustart zu demonstrieren. Sie betreiben also Fassadenmalerei, ohne die Kulturen im Inneren einander wirklich näherzubringen. Dabei ist gerade dieser Prozess des Identitätsschaffens mit Unterstützung der Influentials aus den eigenen Reihen der wichtigste Aspekt.

Für diesen Schritt bietet sich ein Storytelling-Workshop an, in dem die Beteiligten den Prozess in Form einer Erzählung ausarbeiten und beschreiben. Das Ziel ist es, so früh wie möglich die informellen Netzwerke zu verknüpfen und mithilfe der Fähigkeiten von Connectors, Mavens und Salesmen effektiv eine gemeinschaftliche Narrative über diesen Weg in Umlauf zu bringen.

Aufgabe 13:

Versetzen Sie sich bitte in die Lage von Herrn Metz. Sie haben innerhalb eines Jahres eine Storytelling-Strategie für die Gutshof Fleischwurst GmbH & Co. KG erfolgreich umgesetzt und werden dem CEO nun wie vereinbart Bericht erstatten. Der CEO ist trotz aller Erfolge immer noch skeptisch. Überzeugen Sie den Chef und erklären Sie die Vorzüge Ihrer Strategie mit einer Geschichte, die nicht länger als 3 Minuten dauern darf.

Storytelling –
ein Ausblick

In der Unternehmenskommunikation ist es wie in der Mode: Alle fünf bis zehn Jahre werden die etablierten Modelle infrage gestellt und neue Ansätze als Allheilmittel angepriesen. Und so wird es auch mit der Methodik des Storytellings sein.

Wohin die Reise geht, kann niemand genau sagen. Dem Erzählen von Geschichten wohnt jedoch die Besonderheit inne, dass es eher um eine Rückbesinnung auf die Wurzeln unternehmerischen Handelns geht. Wir reden von einer Zeit, bevor Sinus-Milieus und SWOT-Analysen erstellt wurden und jede Werbekampagne aufwendig in Pre-Tests durchleuchtet wurde. Eine Zeit, in der die Einkaufswege im Supermarkt noch nicht nach psychologischen Erkenntnissen gestaltet wurden.

Nicht, dass diese Errungenschaften negativ wären, aber viele Unternehmen haben auf diesem Weg etwas Wesentliches verloren: den direkten Draht zu ihren treuen Kunden, den echten Fans.

Ein Dorfmetzger hat noch heute, neben seiner unternehmerischen Tätigkeit, eine soziale Funktion, nämlich der Umschlagplatz

von Klatsch und Tratsch im Dorf zu sein, während er die junge Kundschaft mit einem Stückchen Fleischwurst anwirbt. Ein moderner Lebensmittelkonzern verfügt gar nicht mehr über die Handlungsräume, um diese Funktion auszuführen.

Natürlich – die Zeiten haben sich unwiderruflich geändert, aber wir erkennen durch die Dialoge der Konsumenten in den sozialen Netzwerken, dass sie diese Funktion von Unternehmen wieder einfordern. Das betrifft ganz besonders die eingefleischten Fans, die nahezu jedes Produkt hat:

- die Verrückten, die Schlange stehen, wenn ein neuer, extrem limitierter Sneaker auf den Markt kommt,
- die Nerds, die ihren gesamten Freundeskreis von den Vorzügen eines bestimmten Smartphones überzeugen,
- und der Connaisseur, der seinem Weinhändler in den Ohren liegt, weil er ein Weingut nicht mehr in der Bestellliste aufführt.

Wer von einem Produkt überzeugt ist, will automatisch mehr darüber wissen, sucht eine Identifikationsfläche mit den Machern und erwartet ein Feedback auf sein Bemühen um Kommunikation.

Gemeinsame Geschichten waren schon immer in der Lage, diese Brücke zu schlagen.

Durch soziale Medien werden sich immer mehr Konsumenten als Prosumenten begreifen und immer mehr Menschen werden wissen um die Strategien der Kommunikationsabteilungen, wollen keine Zielgruppe sein, sondern Mitgestalter ihrer Konsumwelten.

Diese neuen Mitgestalter sind mitnichten Werbeverweigerer, sondern mündige Verbraucher, die sich durchaus bewusst sind, dass die alltäglichen Gespräche, die sie führen, zu nahezu 50 % Gespräche über Produkte und Marken sind, weil sie Teil unserer aller Lebensrealität sind.

Genauso, wie man beim Metzger weiß, dass dessen Motivation immer auch kommerzieller Natur ist, so weiß auch ein Fan auf Facebook, dass er sich am Ende des Tages auf Verkaufsgespräche ein-

lässt. Bei allem strategischen Vorgehen und vorgeschobenen Entertainment will dieser Fan spüren, dass dieser Vorgang ernst gemeint ist. Und wie die besten Geschichten einen wahren Kern haben, sollte Storytelling in der Unternehmenskommunikation einen wahren Kern haben, der mit den Werten des Unternehmens deckungsgleich ist.

Hat es früher noch gereicht, die Behauptung aufzustellen, dass man ein tolles Produkt hat, muss man heute die Beweisführung erbringen. Ist man dazu nicht in der Lage, sollte man sich besser eine andere Geschichte aussuchen.

Beispiele Das zeigt sich zum Beispiel an Energie-Unternehmen, die in einer Kampagne „Greenwashing" betreiben wollen und schöne Bilder von Windkraftanlagen zeigen, aber trotzdem den Großteil ihres Umsatzes mit Kernkraftwerken bestreiten.

Die Geschichten müssen nachweisbar ehrlich sein, um die Köpfe und die Herzen der Verbraucher zu erreichen. Dieser Herausforderung wird sich moderne Unternehmenskommunikation stellen müssen und moralisch gesehen kann man das nur als Fortschritt werten, der auch ein bisschen „gute alte Zeit" in sich trägt: Tue Gutes und rede darüber.

Ganz gleich, wo wir in Zukunft erzählen und verkaufen werden, welche neuen Disruptionen das Verhältnis von Unternehmen und Kunden verändern werden: Unternehmen, die Gutes tun, dürfen auch darüber reden.

 Seien Sie der Rede wert.

Hinweise
zu den Aufgaben

Aufgabe 1:

- Eruieren Sie, welche Auswirkungen der digitale Wandel auf die Unternehmenskommunikation hat:
  - ▸ Welche Branchen sind besonders betroffen?
  - ▸ Welche Abteilungen sind besonders betroffen?
- Beschreiben Sie positive Auswirkungen.
- Bestimmen Sie die negativen Aspekte.

Hinweise: Gehen Sie von Produkten aus, die sich mit dem geringsten Aufwand und somit am profitabelsten digitalisieren lassen, z.B. Musik, Filme, Bücher. Überlegen Sie, welche Produktionsschritte sich bei einer Digitalisierung minimieren oder gar wegfallen.

Welche Auswirkungen ergeben sich dadurch z.B. für Subunternehmer, Mittler oder Rohstofflieferanten? Gibt es angrenzende Industrien, die besser aufgestellt sind und so Marktanteile wegnehmen können? Welche Unternehmen haben traditionell einen größeren Fokus auf digitale Kommunikation?

Aufgabe 2:

- Welche Arten von Geschichten kennen Sie, die eine identitätsstiftende Funktion haben?
- Wer ist Erzähler und wer Zuhörer in den Geschichten?
- Welchen Zweck erfüllen die Geschichten, die Sie ausgewählt haben?

Hinweise: Denken Sie an Geschichten, die eine moralische oder erzieherische Funktion haben, z.B. Märchen, Fabeln und Gleichnisse. Will der Erzähler ein Gemeinschaftsgefühl aufbauen, ist er also z.B. selbst Teil der Erzählung, oder will er Identifikation über die Figuren der Geschichte aufbauen? Welche Position beziehen Priester, Reporter und Friseurinnen? Was bezwecken sie mit einer Geschichte?

Aufgabe 3:

- Welche Werbespots sind Ihnen im Gedächtnis geblieben?
- Welche Werbespots bedienen sich dabei des Storytellings?
- Welche Werbespots bedienen sich eines anderen Musters?

Hinweise: Denken Sie an Beispiele aus unterschiedlichen Branchen. Erinnern Sie sich an bestimmte Spots für ein Waschmittel? Was bleibt Ihnen in Erinnerung, wenn Sie an aktuelle Werbung für Automobile denken? Welche Geschichten erzählen Spots für Lebensmittel? Welche Rolle spielt das Produkt in den Geschichten? Funktioniert die Geschichte auch ohne das Produkt und wie bewerten Sie das?

Aufgabe 4:

- Lesen Sie das Cluetrain-Manifest.
- Erwägen Sie, welche Aspekte heute relevant sind.
- Welche Aspekte des Manifests betrachten Sie aus heutiger Sicht als irrelevant?

Hinweise: Beziehen Sie in Ihre Überlegungen den damaligen Stand der Technik und das Nutzungsverhalten eines Users von 1999 mit ein. Es gab also weder Facebook noch Twitter. Wie haben Unternehmen zu dieser Zeit kommuniziert und was hat sich bis heute geändert?

Aufgabe 5:

- Konstruieren Sie eine Erzählung auf Basis der Heldenreise am Beispiel des Unternehmens Apple.
- Alternativ: Konstruieren Sie eine Erzählung auf Basis der Heldenreise am Beispiel des Unternehmens Mercedes Benz.

Hinweise: Beleuchten Sie insbesondere die persönliche Verknüpfung des Mitgründers Steve Jobs und sein persönliches Involvement, dass zur Entwicklung von Produkten wie dem Macintosh und dem ersten iMac nach seiner Rückkehr zu Apple

geführt hat. Welche Rolle spielt die starke Gegnerschaft zu IBM, Microsoft und später Android?

Aufgabe 6:

Diskutieren Sie:

- Welche Social-Media-Kanäle nutzen Sie persönlich und mit welchen Unternehmen sind Sie im Dialog?
- Welchen Grad an Interaktion erwarten Sie persönlich von Unternehmen?
- Zu welchen Anlässen unterhalten Sie sich persönlich über Unternehmen und Produkte (online sowie offline)?

Hinweise: Welche Art von Interaktion empfinden Sie als angenehm, hilfreich und inspirierend? Welche Dinge nerven Sie? Kontaktieren Sie z.B. den Support eher über eine Hotline oder über ein Social-Media-Profil? Ist Ihnen ein Unternehmen durch eine Aktion oder Hilfestellung positiv in Erinnerung geblieben und haben Sie darüber mit Ihrem Bekanntenkreis gesprochen?

Aufgabe 7:

Diskutieren Sie:

- Welche Unternehmen fallen Ihnen ein, die sich durch besonders aktive Fans auszeichnen?
- Durch welche Handlungen identifizieren sich diese Fans?
- Was könnten mögliche Gründe dafür sein, dass diese Unternehmen eine so große Anhängerschaft haben?

Hinweise: Denken Sie dabei an Ihre eigenen alltäglichen Anschaffungen und Ihr Empfehlungsverhalten. Welches Produkt veranlasst Sie selbst dazu, begeistert darüber zu berichten? Ist die Nutzung des Produktes mit bestimmten sichtbaren Ritualen verbunden, beispielsweise die Nutzung eines ganz bestimmten Glases für einen Kräuterschnaps? Schafft das Unternehmen über das Produkt hinaus noch weitere spezifische Inhalte oder Aktivitäten, die für seine Fans besonders interessant sind (wie z.B. die Red Bull Flugtage)?

Aufgabe 8:

- Warum gibt es immer mehr Prosumenten?
- Welche Entwicklungen könnten sich bei anderen Branchen durch den wachsenden Einfluss der Prosumenten ergeben?
- Wie könnten diese Branchen, im Vergleich mit der Modeindustrie, vorgehen?

Hinweise: Denken Sie dabei daran, wie sich der Zugang zu Produktionsmitteln seit den 1990er-Jahren durch die massenhafte und kostengünstige Verbreitung von Computern verändert hat, z.B der Zugriff auf Desktop-Publishing-Anwendungen wie InDesign und Photoshop, oder Software zum Produzieren von Musik, welche die Funktionälität eines ganzen Tonstudios bieten. Wie hat sich das Publizieren mit dem Aufkommen von Blogs und Social Networks verändert?

Aufgabe 9:

- Diskutieren Sie, welche Auswirkungen dieser Strategiewechsel auf die Werbeindustrie haben wird, also auf Werbeagenturen, Media-Agenturen und Medienhäuser.
- Wo liegen Ihrer Meinung nach die Grenzen dieses Wandels?
- Erörtern Sie, welche Verhaltensänderung der Strategiewechsel bei den Konsumenten bewirken wird.

Hinweise: Überlegen Sie dabei, wo die Werbebudgets bislang traditionell verteilt wurden. Welche Abhängigkeiten haben sich z.B. bei Zeitungsverlagen und TV-Sendern durch die Vergabe von Mediabudgets ergeben und wer wird von einer Verlagerung zu Online am meisten profitieren? Überlegen Sie, ob man mit Online-Medien die gleichen (tatsächlichen) Reichweiten erzielen kann.

Aufgabe 10:

Beleuchten Sie die Kommunikationsaktivitäten des Sportartikelherstellers Adidas. Versuchen Sie, die Gesamtstrategie abzuleiten, und diskutieren Sie Übereinstimmungen und Abweichungen.

Hinweise: Beachten Sie die Unterschiede in der Positionierung, die Adidas zwischen der Original- und der Sportslinie betont. Wie unterscheidet sich die Erzählung und wo sind die Gemeinsamkeiten, die wieder auf den Markenkern hinführen? Welche Unterschiede in der Tonart wählt das Unternehmen und wie schafft es die Marke, den Spagat mittels Storytelling zu bewältigen?

Aufgabe 11:

- Erstellen Sie eine Liste weiterer Ihnen bekannter Touchpoints (real und digital) und erläutern Sie, wie Sie dort ein Monitoring einsetzen würden. Auf was würden Sie Ihr Augenmerk richten?
- Ein gutes Monitoring kann auch sehr hilfreich sein, wenn die Gespräche in den sozialen Netzwerken nicht nur positiver Natur sind. Wie geht man vor, wenn die Zeichen auf Sturm stehen?

Hinweise: Denken Sie dabei auch an alltägliche Situationen, die Gesprächsanlass für Produkte bieten. Die Gedanken sind frei – aber welchen Mehrwert kann man Kunden bieten, sodass sie auch in der Realität messbare Meinungen hinterlassen? Diskutieren Sie dabei die Möglichkeiten, die sich durch Mischformen wie Check-ins über Foursquare und daran gekoppelte Rabatte vor Ort ergeben.

Aufgabe 12:

- Diskutieren Sie die Auswirkungen, die das neue Massenphänomen Shitstorm auf die Gesellschaft und insbesondere die Politik (Stichwort: Wutbürger, Stichwort: Moral) haben wird.
- Welche Aspekte bewerten Sie als positiv und wo sehen Sie Risiken?

Hinweise: Versuchen Sie dabei, zwischen dem Stammtischgespräch und dem Internet-Rant zu differenzieren. Beziehen Sie bei Ihrer Diskussion auch die politische Dimension des Ägyptischen Frühlings mit ein. Wo ist der Unterschied im Vergleich

zu einer Protestkultur, wie man sie der Generation der 1968er zuschreiben würde?

Aufgabe 13:

Versetzen Sie sich bitte in die Lage von Herrn Metz. Sie haben innerhalb eines Jahres eine Storytelling-Strategie für die Gutshof Fleischwurst GmbH & Co. KG erfolgreich umgesetzt und werden dem CEO nun wie vereinbart Bericht erstatten. Der CEO ist trotz aller Erfolge immer noch skeptisch. Überzeugen Sie den Chef und erklären Sie die Vorzüge Ihrer Strategie mit einer Geschichte, die nicht länger als 3 Minuten dauern darf.

Hinweise: Sie kennen das Spiel: Sie haben die weltbewegende Idee und keiner hört Ihnen zu. Dann ergibt sich die Chance, dass Sie mit dem CEO allein im selben Aufzug stehen. Sie nehmen all Ihren Mut zusammen und der Rest ist Geschichte.

Literaturhinweise

Bücher:

Booker, Christopher: The Seven Basic Plots. New York 2005

Denning, Stephen: The Leader's Guide to Storytelling – Mastering the Art and Discipline of Business Narrative. 2. Auflage 2011

Freytag, Gustav: Die Technik des Dramas. Ditzingen 1983

Gladwell, Malcolm: The Tipping Point – How Little Things Can Make a Big Difference. 2000

Gottschall, Jonathan: The Storytelling Animal – How Stories Make Us Human. Boston 2012

Levine, Rick, Locke, Christopher, Searls, Doc und Weinberger, David: The Cluetrain Manifesto. Basic Books 2009 (http://www.cluetrain.com)

Vogler, Christopher: Die Odyssee des Drehbuchschreibers. Frankfurt 1997

Links:

Coca-Cola: http://www.coca-cola-gmbh.de

Coca-Cola: http://www.wollmilchsau.de/storytelling-als-zukunft-des-marketings-die-coca-cola-strategie/

Coca-Cola: http://creativeglasses.blogspot.de/2011/10/content-2020-how-coca-cola-sees.html

Cluetrain Manifest: http://www.cluetrain.com/auf-deutsch.html

Facebook: http://de-de.facebook.com/

Kevin Kelly: http://www.kk.org/thetechnium/archives/2008/03/1000_true_fans.php/

Twitter: http://twitter.com/

Stichwortverzeichnis

Verlagsredaktion: Annette Preuß
Grafik und technische Umsetzung: TypeArt, Grevenbroich
Umschlaggestaltung: Thomas Gnahm, Weimar
Titelfoto: © Matthias Tunger / gettyimages®

Informationen über Cornelsen Fachbücher und Zusatzangebote:
www.cornelsen.de/berufskompetenz

1. Auflage

© 2012 Cornelsen Schulverlage GmbH, Berlin

Druck: Beltz Bad Langensalza GmbH

ISBN 978-3-06-151011-4

 Inhalt gedruckt auf säurefreiem Papier aus nachhaltiger Forstwirtschaft

AMOS (Alexander Maximilian Otto Serrano)

W0053696

STORYTELLING IN DER UNTERNEHMENS-KOMMUNIKATION